*Aprender a ler e
a escrever a partir
da* **fônica**

S264a   Savage, John F.
              Aprender a ler e a escrever a partir da fônica : um programa abrangente de ensino / John F. Savage ; tradução: Cynthia Beatrice Costa ; revisão técnica: Adriana Corrêa Costa. – 4. ed. – Porto Alegre : AMGH, 2015.
              223 p. : il. ; 23 cm.

              ISBN 978-85-8055-429-8

              1.Fonética. 2. Ensino - Aprendizagem. I. Título.

                                                            CDU 81'342:37

Catalogação na publicação: Poliana Sanchez de Araujo – CRB 10/2094

John F. Savage

Aprender a ler e a escrever a partir *da* fônica

Um programa abrangente de ensino

4ª edição

Tradução
Cynthia Beatrice Costa

Revisão técnica e adaptação para a língua portuguesa
Adriana Corrêa Costa
Fonoaudióloga e psicopedagoga clínica
Doutora em Educação pela Universidade Federal do Rio Grande do Sul (UFRGS)

AMGH Editora Ltda.

2015

Obra originalmente publicada sob o título
Sound It Out! Phonics in a Comprehensive Reading Program, 4th Edition
ISBN 0073378607 / 9780073378602

Original edition copyright © 2011, The McGraw-Hill Global Education Holdings, LLC, New York, New York 10121. All rights reserved.

Portuguese language translation copyright © 2015,
AMGH Editora Ltda., a Grupo A Educação S.A. company. All rights reserved.

Gerente editorial: *Letícia Bispo de Lima*

Colaboraram nesta edição

Editora: *Priscila Zigunovas*

Capa: *Ângela Fayet / Illuminura Design*

Imagem de capa: © *lhorzigor / Dreamstime.com – Ondas sadias no fundo branco*

Preparação de originais: *Luiza Drissen Signorelli Germano*

Leitura final: *Grasielly Hanke Angeli*

Editoração: *Formato Artes Gráficas*

Reservados todos os direitos de publicação, em língua portuguesa, à
AMGH EDITORA LTDA. uma parceria entre
GRUPO A EDUCAÇÃO S.A. e McGRAW-HILL EDUCATION
Av. Jerônimo de Ornelas, 670 – Santana
90040-340 Porto Alegre RS
Fone (51) 3027-7000 Fax (51) 3027-7070

É proibida a duplicação ou reprodução deste volume, no todo ou em parte, sob quaisquer formas ou por quaisquer meios (eletrônico, mecânico, gravação, fotocópia, distribuição na Web e outros), sem permissão expressa da Editora.

SÃO PAULO
Av. Embaixador Macedo Soares, 10.735 – Pavilhão 5 – Cond. Espace Center
Vila Anastácio – 05095-035 – São Paulo SP
Fone (11) 3665-1100 Fax (11) 3667-1333

SAC 0800 703-3444 – www.grupoa.com.br
IMPRESSO NO BRASIL
PRINTED IN BRAZIL
Impresso sob demanda na Meta Brasil a pedido de Grupo A Educação.

Este livro é dedicado a

Mary Jane

Agradecimentos

Os colegas com os quais trabalhei ao longo dos anos – profissionais, alunos em minhas classes, professores com os quais ainda interajo em oficinas em todo o país – ajudaram a moldar as ideias e a informação contidas neste livro e, por isso, têm o meu sincero agradecimento.

Um agradecimento especial a Jennifer Edge-Savage, por sua indispensável participação em aspectos relacionados à tecnologia.

Meus agradecimentos aos revisores, cujos comentários críticos ajudaram a esclarecer e refinar o conteúdo das páginas que se seguem. Entre eles, estão

Kathy Arzt – *Flagler College*
Carol H. Bader – *Georgia College & State University*
Marty B. Waring-Chaffee – *Cabrini College*
Elizabeth A. Douglas – *Xavier University*
Eva Kleinpeter – *Southern University*
Maureen Reddy – *Clark University*
William H. Rupley – *Texas A&M University*
Amy Spiker – *University of Wyoming*
Nancy Walker – *University of La Verne*

A habilidosa equipe da McGraw-Hill Higher Education também merece o meu sincero agradecimento. Obrigado a Allison McNamara, por seu cuidado, a Sarah Kiefer por seu auxílio e apoio, a Marley Magaziner, por sua experiência editorial, a Lisa Bruflodt, por acompanhar a produção deste livro, a Maxine Barber, por sua habilidosa edição e a Lindsay Schmonsees, por sua ajuda na preparação do manuscrito final.

Como sempre, a minha amorosa esposa, Mary Jane, que continua apoiando projetos de vida.

A todos, ofereço o meu sincero agradecimento.

Sobre o autor

John F. Savage é professor emérito da Lynch School of Education do Boston College, onde foi coordenador do programa de graduação em leitura/letramento por 33 anos. Começou sua carreira como professor quando as famosas cartilhas dominavam o cenário de leitura. Ele ensinava a leitura com uma abordagem fônica/linguística e era um participante engajado quando o método global ganhou popularidade nos programas escolares. Testemunhou as idas e vindas da fônica nas escolas por mais de 40 anos e ainda mantém um papel ativo nas salas de aulas com professores e alunos.

Fotografia de Stacey S. Constas

     Entre as publicações profissionais do Dr. Savage, estão cinco artigos acadêmicos sobre a leitura e as artes da linguagem, como *Teaching reading and writing: combining skills, strategies, and literature* (Ensinando a leitura e a escrita: combinando habilidades, estratégias e literatura; McGraw-Hill, 1998) e *For the love of literature: children and books in the elementary years* (Pelo amor à literatura: crianças e livros nos anos elementares; McGraw-Hill, 2000). Escreveu também muitos outros textos, um livro infantil que aborda a dislexia e outros materiais que variam de artigos de revista a narrações didáticas. Mais recentemente, desenvolveu o *Phonics Plus*, um programa de fônica abrangente para ser adotado da educação infantil ao 4º ano do ensino fundamental (Educators Publishing Service, 2005).

     Célebre palestrante, John F. Savage já conduziu oficinas sobre o ensino da leitura em todos os Estados Unidos, no Canadá, na Europa, na Ásia e na Austrália, onde era bolsista sênior Fullbright.

Sumário

Prefácio 13

1 O lugar da fônica no aprendizado da leitura e da escrita 17

2 Começando: consciência fonêmica e conhecimento do alfabeto 44

3 Ensinando e aprendendo elementos fônicos discretos 86

4 Abordagens de ensino da fônica: instrução integrada e direta 126

5 A fônica e o aprendizado da ortografia 165

6 Concluindo: a fônica em um programa abrangente de leitura 197

Miniglossário de termos da fônica... 213

Índice.. 217

Prefácio

Mais de uma década se passou desde que a legislação No Child Left Behind (Nenhuma Criança Deixada para Trás; NCLB, na sigla em inglês) trouxe a fônica de volta à cena do ensino da leitura nos Estados Unidos. Nos anos que se seguiram, animada pelo componente Reading First (Leitura em Primeiro Lugar) da NCLB, a fônica permaneceu em destaque na vida educacional das crianças.

Por gerações, as crianças ouviram a ordem "Soletre!" toda vez que davam de cara com uma palavra desconhecida ou difícil em um texto. Mas o que significa "soletrar" uma palavra? E como os professores podem ajudar os alunos a desenvolver e aplicar essa estratégia de modo consistente e efetivo no aprendizado da leitura e da escrita?

O lugar da fônica no aprendizado da leitura é há muito tempo um dos assuntos mais debatidos da educação. Dos gregos antigos à atualidade, a importância da fônica no aprendizado da leitura e da escrita tem se perpetuado como um tópico educacional. Pais, pastores, políticos, legisladores, gurus e palpiteiros em geral continuam a conferir à fônica a responsabilidade de tratar do problema do letramento, que se tornou um borrão na consciência nacional norte-americana. Educadores têm entrado em grandes debates sobre o lugar da fônica na experiência educacional das crianças. Disputas da fônica *versus* outras abordagens de ensino da leitura foram se acumulando a ponto de serem caracterizadas como "a guerra da leitura".

Nas escolas, a moda mudou várias vezes, adotando ou virando as costas para a ênfase no código no ensino da linguagem, que se baseia, por sua vez, fortemente na fônica – do método alfabético dos livros didáticos McGuffey Readers ao método "olhar-dizer"; do método global aos livros convencionais com ênfase na fônica-linguística nos anos 1960 e 1970; dos personagens de cartilhas famosas, com ênfase no código, cuja linguagem era controlada pela regularidade ortográfica, aos programas de método global, que enfatizavam o uso do contexto por meio de materiais que oferecessem experiências legítimas de leitura. Nas escolas norte-americanas de hoje, a fônica mantém o seu lugar de importância. A ênfase nas habilidades das crianças de decodificar a linguagem escrita e a pressão para tornar a fônica uma parte importante da instrução inicial da leitura continuam muito fortes.

Conforme as políticas educacionais e as práticas escolares aproximam-se de programas que enfatizam a fônica no início da leitura, torna-se mais e mais relevante que professores tenham consciência do lugar da fônica no grande esquema do ensino da leitura e da escrita para crianças.

Professores têm uma obrigação profissional não apenas de saber *o que* são dígrafos e ditongos, mas também precisam saber *por que* esses elementos precisam ser ensinados e *como* ensiná-los efetivamente. De maneira bem prática, este livro foca em que, por que e como ajudar as crianças a usar a fônica como parte de um programa abrangente de ensino da leitura, que as auxiliará a se tornarem consumidoras e produtoras competentes e confiantes de sua linguagem escrita. Isso era verdade quando saiu a primeira edição deste livro, em 2001, e continua sendo verdade hoje.

CONTEÚDO E ORGANIZAÇÃO

Esta edição atual de *Aprender a ler e a escrever a partir da fônica: um programa abrangente de ensino* consiste em seis capítulos. O Capítulo 1, **O lugar da fônica no aprendizado da leitura e da escrita**, introduz o tópico da fônica, explora o fluxo das tendências históricas da fônica nas escolas, apresenta a pesquisa atual relacionada ao seu ensino e explora alguns argumentos a favor e contra a confiança na fônica no ensino da leitura e da escrita.

O Capítulo 2, **Começando: consciência fonêmica e conhecimento do alfabeto**, trata de tópicos que compõem o fundamento do ensino da fônica (e, mais tarde, da leitura). Educadores passaram a reconhecer a importância vital da consciência fonêmica no sucesso da leitura inicial. As crianças são introduzidas ao sistema alfabético de escrita conforme se tornam familiarizadas com os símbolos do alfabeto. Ambos são partes integrais do letramento emergente e do ensino inicial da leitura e evoluem para a instrução formal da fônica.

O Capítulo 3, **Ensinando e aprendendo elementos fônicos discretos**, concentra-se no "o quê" e no "como" ensinar fônica na sala de aula. Elementos específicos do sistema ortográfico – consoantes, dígrafos, encontros, vogais, sílabas e assim por diante – são descritos, assim como são dadas sugestões práticas de como apresentar esses elementos para os alunos, com uma ênfase especial naqueles que não aprendem a fônica com a mesma facilidade dos outros.

O Capítulo 4, **Abordagens de ensino da fônica: instrução integrada e direta**, analisa as formas diferentes pelas quais a fônica se insere em um programa de linguagem. Alguns programas integram a fônica a práticas contínuas que adotam a literatura infantil como o principal veículo de instrução. Outros programas enfatizam a instrução direta e explícita das relações som--símbolo desde o princípio. O capítulo descreve programas intensivos, explícitos e sistemáticos, como o Orton-Gillingham e o Wilson Language, além de analisar as maneiras pelas quais se pode apresentar a fônica para crianças na escola e em casa.

O Capítulo 5, **A fônica e o aprendizado da ortografia**, explora e explica os aspectos de codificação da linguagem escrita. As crianças podem aprender (até mais) a fônica conforme aprendem a ortografia, assim como quando aprendem a escrever. O capítulo apresenta a ortografia (incluindo o papel da escrita inventada) como parte do processo de escrita e também da instrução, examina outros elementos além do conhecimento da fônica que contribuem para a competência escrita e sugere técnicas práticas para ajudar as crianças a melhorar a sua habilidade ortográfica.

O Capítulo 6, **Concluindo: a fônica em um programa abrangente de leitura**, explora o tópico do ensino abrangente da leitura e o lugar da fônica nesse contexto. O capítulo também aborda os cinco pilares do ensino da leitura nas escolas norte-americanas de hoje: consciência fonêmica, fônica, vocabulário, compreensão e fluência.

Conteúdo atualizado

Esta quarta edição foi escrita para incluir referências profissionais e pesquisas atualizadas, realizadas desde a publicação da última edição. Foram feitas revisões para atender melhor às crianças com dificuldade de aprendizado e aquelas que ainda precisam da fônica nas séries intermediárias e além.

Ênfase na tecnologia

Dada a extensão do impacto da tecnologia no ensino escolar de hoje, esta quarta edição analisa várias formas de impacto tecnológico no ensino da fônica na sala de aula. Junto com comentários sobre programas de computador, esta quarta edição contém um ensaio sobre a tecnologia no ensino da fônica e orientações abrangentes para selecionar programas tecnológicos para o uso na sala de aula.

Novas sugestões de práticas de ensino

Como nas edições anteriores do livro, as Sugestões de ensino aparecem em quase todos os capítulos. Conhecer o conteúdo da fônica é importante; saber elaborar e aplicar estratégias para ensinar esse conteúdo é mais ainda. Esta edição inclui sugestões de ensino adicionais, sobretudo para crianças com dificuldade de leitura.

OUTROS DESTAQUES

Características importantes das edições anteriores foram mantidas, entre elas:
- *Discussões sobre alunos com dificuldade na fônica.* Esta quarta edição mantém a sua ênfase em crianças que precisam de atenção extra no aprendizado da fônica, incluindo aquelas cuja primeira língua não é o inglês.
- *Miniglossário.* O glossário foi ligeiramente ampliado para incluir definições de termos relacionados à fônica e ao ensino da leitura. Os termos do glossário estão em negrito na primeira vez em que aparecem no livro.

O lugar da fônica no aprendizado da leitura e da escrita 1

A fônica faz parte da alfabetização há muito tempo e continua desempenhando um papel importante entre as experiências das crianças nos primeiros anos escolares. Este capítulo:

- traça brevemente a história da fônica nas escolas;
- expõe uma definição básica da fônica;
- apresenta os principais argumentos a favor e contra o uso da fônica no ensino da leitura e da escrita;
- examina a fônica em relação a outros componentes necessários para que as crianças aprendam a ler e a escrever.

O papel da fônica no ensino da leitura para crianças tem sido um ponto de discórdia educacional há muito tempo. Da afirmação de Sócrates, na Grécia Antiga, de que "no aprendizado da leitura, dávamo-nos por satisfeitos quando sabíamos as letras do alfabeto", aos atuais regulamentos que exigem que as escolas norte-americanas incluam fônica direta, sistemática e explícita na educação das crianças, especialistas têm debatido o lugar dela nos programas de alfabetização.

A abordagem fônica permanece um tópico de discussão. A maioria concorda que a fônica é um componente necessário na alfabetização, mas muitos discordam sobre o seu exato lugar nesse contexto.

Ao longo dos anos, houve um vai e vem de ideias acerca do papel da fônica nas escolas. Embora ela nunca tenha desaparecido de vez do currículo, o seu papel no ensino da leitura e da escrita tem variado conforme pesquisas e tendências na educação e na opinião pública. A sua popularidade tem sido cíclica no contexto dessa permanente busca pelo modo mais eficaz de permitir o sucesso das crianças como leitoras e escritoras.

UM BREVE OLHAR AO PASSADO

Historicamente, a concepção de que as crianças deveriam aprender a ler usando letras e sons é razoavelmente bem estabelecida. Os professores da Grécia Antiga exercitavam os alunos nos sons das letras e os envolviam em tarefas para formar sílabas e palavras, e o mesmo método instrutivo era usado por tutores escravos que ensinavam as crianças das altas classes da Roma Antiga. Os romanos governaram a Inglaterra por 350 anos, e as crianças da aristocracia aprendiam a ler latim e inglês. Técnicas similares, que enfatizam letras e sons, eram usadas no ensino da leitura na Idade Média. Àquela época, o texto escrito era uma mercadoria rara. Até a invenção da imprensa, os poucos livros que existiam pertenciam a instituições religiosas e à aristocracia abastada. O **letramento** não fazia parte do dia a dia das pessoas comuns. Mesmo quando textos impressos ficaram mais acessíveis, o letramento permaneceu um privilégio de poucos, embora em mais e mais vilarejos, em suas "escolinhas", professores mal preparados tentassem ensinar a leitura apresentando as crianças ao ABC. No século XVI, a metodologia de leitura ainda era a mesma adotada por antigos gregos e romanos. "Primeiro, aprendia-se o nome das letras; depois, os sons das letras por meio do trabalho com vogais e consoantes, combinações de vogais e consoantes e de sílabas [...]" (MATHEWS, 1966, p. 19).

Método alfabético

Neste lado do Atlântico, **métodos alfabéticos** similares eram usados para ensinar as crianças a ler. *The New England primer* (A cartilha de New England), o primeiro livro didático escrito especificamente para ser adotado em colônias americanas e muito usado do fim do século XVII a meados do século XVIII, começava com letras e sílabas. As crianças aprendiam as letras do alfabeto e as palavras que correspondiam a esses símbolos. As páginas continham letras individuais, seguidas por uma xilografia um tanto rústica e uma parelha de versos rimados relacionados à letra:

A *Na Queda de Adão*
    Pecamos tanto quão.

B *Tua Vida emendar*
    Este Livro observar.
    (o Livro, no caso, é a Bíblia)

O conteúdo era marcadamente religioso e moralista, já que a leitura não era apenas vista como um meio de se letrar, mas também uma forma de alcançar a salvação. Algumas vezes, materiais de ensino de leitura daquela época continham temas religiosos aos quais os símbolos alfabéticos eram simplesmente relacionados (SMITH, 1965).

Já no início do século XIX, outros livros destinados ao ensino da leitura seguiram uma linha parecida, só que, dessa vez, doses fortes de nacionalismo foram somadas ao conteúdo religioso após a Revolução Americana. Antes do início do século XIX, a única abordagem de introdução ao ensino da leitura era o ABC, ou método alfabético, que envolvia aprender as letras do alfabeto e relacionar os sons a esses símbolos (VENETSKY, 1987). A popular cartilha *New american spelling book* (Novo livro americano de soletração, também conhecido como "A cartilha azul e preta"), de Noah Webster, o livro didático mais usado da época, focava o aprendizado dos sons das letras e das sílabas, ensinando as crianças a ler e a escrever (e a pronunciar as palavras também, o que levou ao sistema sonoro singular desenvolvido para o inglês norte-americano, distinto do inglês britânico).

Abordagem olhar-dizer (*Look-Say*)

Enquanto o método alfabético era amplamente adotado no ensino da leitura para crianças de língua inglesa, educadores prussianos defendiam que os pequenos alunos deveriam aprender palavras inteiras como unidades de sentido antes de aprender os sons das letras que formavam essas palavras. O novo **método da palavra inteira, ou global,** – no qual as crianças aprendiam a reconhecer e a pronunciar a palavra como um todo antes de estudar os elementos que a compunham – tornou-se firmemente enraizado nas escolas alemãs, e todo um conjunto de práticas e programas educacionais evoluíram a partir desse ponto de vista. Horace Mann, o reformador do século XIX que, como "Pai da Educação Americana", exercia considerável influência sobre as escolas dos Estados Unidos, visitou a Europa e se apaixonou pelo método global. Ele via essa abordagem do ensino da leitura como muito superior à que era praticada nas escolas norte-americanas. Quando voltou para casa, divulgou a ideia de aprender palavras inteiras de uma vez como um método de ensino da leitura que em muito desafiava o amplamente adotado método alfabético.

Ao longo do século XIX, algumas coleções de livros didáticos foram publicadas para ser adotadas nas escolas, com livros diferentes produzidos para cada ano escolar. A mais popular dessas coleções era a *McGuffey Eclectic Readers* (algo como Coleção eclética McGuffey), com livros publicados entre 1836 e 1844 e mais de 120 milhões de cópias vendidas. A editora McGuffey, com a sua forte ênfase nos elementos fônicos nos anos iniciais, dominou a instrução da leitura por mais de 60 anos. A coleção era intitulada *Eclectic* (Eclética) e continha um aviso para os professores de que os materiais eram "especialmente adaptados para o método fônico, o método de palavra inteira ou uma combinação dos dois". O texto das primeiras lições, porém, claramente indica a ênfase do programa à regularidade fônica no ensino da leitura desde o início.

O cão.   O gato.   O mato.
O cão correu.   Está o gato no mato?
O gato está no mato.

O fim do século XIX testemunhou um interesse renovado pelo método fônico. "O método da palavra inteira estava na moda até cerca de 1890, quando a fônica voltou com uma ênfase renovada, pois, mais uma vez, acreditava-se que tinha mérito" (EMANS, 1968, p. 603). Programas recém-publicados continham introdução oral aos sons, à síntese fonêmica, às marcas diacríticas e a outras tantas práticas de decodificação. Após a virada do século, porém, houve um desvio da leitura em voz alta para interpretação para a leitura silenciosa para compreensão, com uma forte ênfase em abordagens de palavras inteiras. Essa ênfase foi ainda mais fortificada com a chegada de Dick e Jane.

Nascidos em 1927, Dick, Jane, sua família e seus animais de estimação tornaram-se famosos pelo seu mundo "[...] onde a noite nunca chega, os joelhos nunca se arranham, pais nunca gritam, e a diversão nunca para [...]" (KISMARIC; HEIFERMAN, 1996). A editora Scott Foresman, na qual Dick e Jane apareceram pela primeira vez, influenciaram enormemente a maneira como se ensinava a ler. As crianças usavam o método da palavra inteira com um texto estritamente controlado, que as ajudava a aprender as palavras que apareciam com figuras, reconhecendo as palavras inteiras só de olhar, em vez de pronunciá-las letra por letra. O sucesso comercial da coleção da editora Scott Foresman levou outras editoras a lançar os seus clones de Dick e Jane (pares de crianças como Alice e Jerry, Jack e Janet e os respectivos elencos de apoio) em programas similares, que continuaram a perpetuar o método de "olhar-dizer", ou de palavra inteira, no ensino da leitura para crianças. Embora alguns professores usassem a fônica como adjunto suplementar ou incidental em seu ensino, a abordagem olhar-dizer dominou a educação até os anos 1960.

Abordagens decodificadoras

O pêndulo começou a balançar de novo na direção do método fônico em 1955, quando Rudolph Flesch escreveu um livro que se tornou *best-seller Why Johnny can't read* (Por que Johnny não consegue ler). A razão pela qual Johnny não conseguia ler, segundo Flesch, era por ter sido ensinado pelo método olhar-dizer sem ênfase suficiente no aspecto fônico. Flesch rejeitava "o 'isso' e 'aquilo' de Dick e Jane" e pedia um retorno à pronúncia das palavras. Os seus apelos apaixonados captaram a atenção do público, e a fônica rapidamente voltou aos holofotes dos programas de instrução à leitura.

Cerca de uma década depois, em 1967, apareceu outro livro que influenciou profundamente a alfabetização, a primeira edição de *Learning to read: the great debate* (Aprendendo a ler: o grande debate), de Jeanne Chall. O grande debate tratava, justamente, da abordagem com ênfase no código, que se baseava fortemente na fônica, *versus* a abordagem com ênfase no sentido, tipificada por programas olhar-dizer que haviam dominado o ensino da leitura em sala de aula pelos últimos 50 anos ou mais. Com base nos resultados de uma extensa pesquisa, Chall concluiu que as abordagens com ênfase no código produziam resultados muito melhores do que a convencional olhar-dizer. Embora as suas conclusões tenham sido, primeiramente, questionadas e criticadas por colegas, o livro tornou-se uma poderosa força para o estabelecimento da fônica como o método central para ensinar crianças a ler.

Ao mesmo tempo, o campo da linguística estrutural passou a chamar a atenção de alfabetizadores, conforme o trabalho de linguistas como Leonard Bloomfield (1961) e Charles Fries (1962) tornava-se amplamente conhecido. A linguística estrutural enfatizava a importância da regularidade e da consistência entre sons e símbolos na língua escrita para o ensino da leitura de crianças. Apareceram, então, títulos de livros de leitura com padrões linguísticos como *A king on a swing* (Um rei no balanço), e as crianças passaram a ler histórias, entre as suas leituras iniciantes, com passagens rimadas, como *Dad and Nan ran. Ann and Dan ran** (MCCRACKEN; WALCUTT, 1963, p. 6) e *Ben had ten hens in a box. He set the box in a pen and let the hens run* (OTTO et al., 1966, p. 18).** Os programas que enfatizavam a consistência som-símbolo tornaram-se tão populares quanto os de Dick e Jane, que destacavam a abordagem olhar-dizer, e de seus contemporâneos das gerações prévias de livros didáticos de leitura.

Método global

Nos anos de 1970, a tendência no estudo da linguagem moveu-se para a **psicolinguística**, um campo interdisciplinar que examinava a psicologia e a linguagem, em vez de focar apenas a estrutura da linguagem em si. Surgiu uma onda de interesse por uma abordagem holística da leitura e da escrita, e um movimento conhecido como **método global** evoluiu. Em vez de ver a aquisição da leitura como um conjunto de habilidades discretas e isoladas, os defensores do método global, como Kenneth Goodman (1988) e Brian Cambourne (1988), promoviam o uso de uma abordagem integrada para a instrução da leitura. O método global baseava-se fortemente no uso de literatura infantil e outros materiais originais de leitura, e não em histórias montadas a partir de uma estrutura linguística controlada e com base na consistência som-símbolo. Nos livros para

---
* N. de T.: Papai e babá correram. Ann e papai correram. (A tradução é literal e não preserva as rimas da língua inglesa.)
** N. de T.: Ben tinha dez galinhas e uma caixa. Ele colocou a caixa no curral e libertou as galinhas. (Tradução literal.)

leitores iniciantes, a quantidade de literatura aumentou consideravelmente, enquanto a presença da fônica despencou (HOFFMAN et al., 1994).

A fônica não era completamente ignorada nas salas de aula do método global (como dizem alguns críticos), mas às crianças ensinavam "apenas a fônica de que precisavam" para construir o sentido na leitura e na escrita (STRICKLAND, 1995, p. 280). A maioria dos defensores do método global não tinha nada contra o uso da fônica; na verdade, o ensino baseado nas relações som-símbolo era integrado de forma prática, como parte do aprendizado da leitura e escrita (DONAT, 2006; MILLS; O'KEEFE; STEPHENS, 1992). A filosofia do método global, porém, em geral colocava uma ênfase consideravelmente menor no aspecto fônico. Em vez de começar pelo estudo das relações som-símbolo, a alfabetização por esse método integrava e enraizava a fônica no ensino baseado na literatura. Embora não inteiramente negligenciada, a fônica recebia, com frequência, menor atenção como método de alfabetização para crianças.

A volta da fônica

Em 1990, outro livro marcante a respeito do ensino da leitura apareceu no cenário educacional americano: *Beginning to read: thinking and learning about print* (Começando a ler: pensando e aprendendo sobre o texto escrito), de Marilyn Jager Adams. Assim como Jeanne Chall havia feito nos anos 1960, Adams sintetizou pesquisas relacionadas à leitura e concluiu que uma ênfase marcada na fônica produzia resultados muito superiores no ensino da leitura. Apesar de reconhecer a importância do uso de materiais que incentivavam as crianças a ler, Adams deu destaque ao papel central do domínio do código no pensamento sobre o texto escrito e em seu aprendizado. O livro também ajudou a conscientizar os educadores a respeito da importância do aspecto fônico no desenvolvimento do letramento de crianças.

Nos anos de 1990, o debate sobre a fônica esquentou novamente. Decepcionados com os resultados obtidos em testes de leitura, o Poder Legislativo de Estados americanos como Califórnia, Texas e Ohio aprovou leis que exigiam uma ênfase maior no ensino da fônica na instrução das crianças e para futuros alfabetizadores. Especialistas em educação testemunharam diante do Congresso, afirmando que a aplicação da fônica na leitura e na escrita iniciais "não era negociável" no processo de ensino da leitura (LYON, 1997). A partir daí, a fônica passou a desfrutar de uma espécie de renascença nas escolas.

O debate a respeito da fônica atraiu a atenção de publicações nacionais, como *Time*, *Newsweek* e *The Wall Street Journal*, assim como de jornais locais de costa a costa, que reportaram o debate sob a bandeira "método fônico *versus* global". Assim, a fônica tornou-se um tema popular de discussões nas salas dos professores e até nas salas de estar. Tornou-se, ainda, um assunto político, uma campanha proeminente na plataforma de candidatos a cargos locais e nacionais. As escolas viram-se sob uma pressão cada vez maior para reestabelecer a fônica como parte central do currículo nos anos escolares iniciais.

Nem todos os especialistas concordaram com a ênfase crescente do método fônico nas escolas em resposta a essa aparente crise da alfabetização. Reagindo ao que ela chamou de "fônica-fobia", Regie Routman (1996, p. 93) alertou:

> Se definirmos a leitura como entender o que está escrito e não apenas ler as palavras, a ênfase exagerada na fônica não é necessária, além de tomar tempo demais. Outro ponto do currículo terá de ser abandonado. E são as legítimas atividades de linguagem, como ler por prazer e discutir a literatura, que com frequência são deixadas de lado.

Alguns especialistas questionaram até mesmo se havia, de fato, uma crise na alfabetização (BERLINER; BIDDLE, 1995; BRACEY, 1977). Jeff McQuillan (1998) apresentou evidência de que os resultados em testes de leitura de alunos dos Estados Unidos não haviam decaído drasticamente como fora sugerido pela imprensa, nem as crianças norte-americanas estavam entre as piores leitoras do mundo. McQuillan defendeu as abordagens holísticas para letrar e forneceu dados estatísticos que apoiavam a conclusão de que crianças estavam lendo tão bem ou melhor do que a geração anterior. Apesar das vozes desses especialistas, o movimento em direção a uma maior ênfase na fônica nas escolas continua como uma solução proposta a uma suposta crise nos resultados das crianças em testes de leitura e escrita.

Onde estamos hoje? Há muito tempo, o método fônico tem sido um tópico controverso no cenário da educação. De acordo com várias pesquisas de grandes especialistas em letramento, a fônica e a consciência fonêmica permaneceram um "assunto quente" entre os entendidos da área por muito tempo (CASSIDY; CASSIDY, 2007). Embora os ânimos tenham "se acalmado um pouco" (CASSIDY; CASSIDY, 2009, 2010), ainda é dado grande valor à fônica no aprendizado da leitura e da escrita. O conhecido relatório do Comitê Nacional da Leitura* revelou a importância da fônica, e a decisão de política educacional baseada nesse relatório manteve o método fônico na comissão de frente da alfabetização. Um componente importante (e bem fundamentado) da legislação, No Child Left Behind (Nenhuma criança deixada para trás; NCLB, na sigla em inglês), aprovada pelo Congresso norte-americano em 2001, é o Reading first (Leitura em primeiro lugar). Os princípios básicos desse programa têm por base, em sua maioria, o trabalho do Comitê Nacional da Leitura, que identificou a

---

* N. de R.T.: Comitê reunido pelo Congresso norte-americano que envolveu parlamentares, cientistas e profissionais da área da saúde e educação com a finalidade de avaliar as evidências científicas sobre o ensino da leitura.

consciência fonêmica e a fônica como partes essenciais no ensino da leitura. Embora ainda haja resquícios do grande debate, a fônica tornou-se peça central da fase inicial no ensino da leitura.

Como dizem os especialistas, "professores ensinam". E a maioria dos professores tenta encontrar uma medida de equilíbrio em um programa abrangente que atenda às necessidades de todas as crianças em suas salas de aula.

Uma pesquisa envolvendo uma grande amostra nacional de professores do ensino fundamental, que abordou as suas crenças e práticas relacionadas à leitura, mostrou que "a maioria dos professores adota uma abordagem equilibrada e eclética na alfabetização, combinando práticas e princípios fônicos e holísticos" (BAUMAN et al., 1998, p. 641). De forma geral, os professores reportaram que valorizam e ensinam a fônica como parte integral de seus programas, sobretudo nos anos escolares iniciais; 99% dos professores do segundo ano declararam que a fônica era *Essencial/Importante* na sala de aula, embora também valorizem a literatura e atividades ricas em linguagem no ensino da leitura. Outro estudo nacional descobriu que praticamente todos os professores ensinam a fônica como uma habilidade de leitura, embora selecionem elementos para ensinar com base nas necessidades das crianças, e não em uma sequência pré-estabelecida (RANKIN-ERICKSON; PRESLEY, 2000). Em suma, professores *estão* usando a fônica no ensino da leitura, mas, diante das vicissitudes do dia a dia real da sala de aula, adotam uma filosofia balanceada para colocar em prática um programa abrangente de ensino da leitura.

Inovações educacionais têm sido comparadas com a maré. Com elas, vieram novas ideias que levam professores e outros educadores de um lado para outro e que, consequentemente, alteram de forma significativa a sua maneira de pensar e de agir. Editores seguem essa onda e produzem materiais que apoiam e, ao mesmo tempo, influenciam o que se passa nas salas de aula. Mas essas marés, no fim das contas, esvaem-se, mas não sem antes depositar na areia objetos ali no mesmo lugar onde as ondas começaram. Como resultado da experiência, pontos de vista são, porém, alterados. O método global enfatizava a importância do emprego da literatura no processo de alfabetização das crianças. A onda contínua de interesse na fônica focou a atenção dos professores na importância da decodificação no ensino da leitura. O resultado provável é um programa abrangente que atenderá às necessidades de todas as crianças.

Conforme o tempo passa, a tecnologia continua a impactar a leitura que fazemos. Agora, muitos textos são apresentados em formato digital. Romances e livros didáticos podem ser baixados da internet em computadores ou *tablets*. As crianças aprendem habilidades básicas para usar esses recursos, tanto para informação quanto para diversão. Mas, seja da maneira convencional ou digital, o fato é que dizer as palavras em voz alta permanece uma necessidade básica, e a fônica, um componente crucial da leitura.

O QUE É A FÔNICA, AFINAL?

Em síntese, a fônica pode ser definida como um estudo consciente e concentrado da relação entre sons e símbolos, com o objetivo de aprender a ler e a escrever. Vamos pormenorizar os elementos dessa definição:
- *Um estudo consciente e concentrado.* A fônica envolve um corpo de informações que precisa ser dominado e aplicado para que o letramento ocorra. "A fônica é um estudo voltado para si mesmo, valorizado por linguistas, filologistas, autores de dicionários e criptólogos, além de professores" (CHALL; POPP, 1996, p. 4).
- *Das relações som-símbolo.* A relação entre letras e sons fica no núcleo da fônica. A fônica baseia-se no **princípio alfabético**, que exige o conhecimento das correspondências letra-som para a pronúncia e a produção da linguagem escrita.
- *Para o propósito de aprender a ler e escrever.* A fônica é uma ferramenta que ajuda no letramento. Discussões sobre a fônica com frequência perdem-se em acusações a respeito de supostas motivações religiosas e políticas, tanto da parte dos que a defendem quanto da dos que se opõem a ela. Mas, deixando de lado toda a bagagem política, religiosa e social que ela carrega em seu nome, a fônica diz respeito apenas a ensinar crianças a ler e a escrever. O principal objetivo da fônica é ler e escrever – ajudar os alunos a ler com precisão e fluência e a escrever de forma correta e com confiança.

Para compreender a importância da fônica como parte do ensino da leitura e escrita, é importante entender a natureza alfabética do nosso sistema de escrita. A **ortografia** – uma palavra que deriva do grego *ortho-*, que significa "correto", e *-graph*, que significa "escrita" – refere-se ao sistema de escrita convencional de todas as línguas. "O princípio alfabético é sutil. O seu entendimento pode ser o passo mais importante na direção da aquisição do código [...]" (ADAMS, 1990, p. 63).

A ortografia das línguas alfabéticas baseia-se no princípio alfabético, isto é, **fonemas** (sons pronunciados individualmente) são representados na escrita por **grafemas** (símbolos escritos individualmente). A palavra *ler*, por exemplo, possui três sons, /l/ /e/ /r/, e três símbolos, **l, e** e **r**, que representam esses sons um a um. Já a palavra *gato* possui quatro sons /g/ /a/ /t/ e /o/ e quatro símbolos, **g, a, t** e **o**, que correspondem a esses quatro sons. O sistema, porém, não é perfeito. Se atribuíssemos um som para cada letra na palavra *táxi*, por exemplo, não produziríamos a palavra /'taksi/.

A fônica é importante para decodificar e codificar o sistema de linguagem escrita. Um código é um sistema que permite enviar e entender mensagens, um sistema de símbolos que as pessoas usam para se comunicar. Para usar o código de maneira eficaz, a pessoa precisa ser capaz de traduzir o sistema em mensagens que façam sentido.

O código da linguagem escrita consiste em símbolos alfabéticos que representam sons falados. Para decodificar a linguagem escrita, é preciso relacionar uma sequência correta de sons a uma sequência de símbolos de um texto escrito. Já para codificar a linguagem escrita, é preciso selecionar os símbolos escritos adequados que representam os sons das palavras que se quer escrever. Aprender a associar essas correspondências som-símbolo na leitura e na escrita é o ponto central do ensino da fônica na escola.

A CONTROVÉRSIA ACERCA DA FÔNICA

É comum educadores usarem a expressão "o grande debate" para descrever as opiniões conflitantes sobre o lugar da fônica no letramento de crianças. Jornalistas muitas vezes chamam essa briga de "A guerra da leitura". Mas, não importa como seja rotulada, há muito tempo persiste uma controvérsia acerca do lugar da fônica no aprendizado da leitura. A imprensa popular, que reduz com frequência essas opiniões para uma dicotomia simplista, "método global *versus* método fônico", apresenta-as como "métodos inimigos para ensino da leitura" e caracteriza o debate sobre a fônica como uma batalha dolorosa, amarga e irracional. A literatura especializada (ADAMS et al., 1991; CARBO, 1988, 1989; CHALL, 1998a, 1998b) reflete essa paixão e severidade com as quais o debate tem sido desenrolado, com polêmicas polarizadas de educadores respeitados.

Há, de fato, diferenças básicas nas opiniões dos que são a favor de maior ênfase na fônica em comparação com os que defendem menor ênfase na decodificação como parte do ensino da leitura. Contudo, os que defendem uma ênfase inicial no ensino da fônica de forma direta e sistemática veem a decodificação como o primeiro meio de ajudar crianças (e adultos não alfabetizados) a se tornarem indivíduos letrados. Defensores baseiam os seus pontos de vista em dois fatores:

1. A natureza alfabética do nosso sistema de escrita – um sistema no qual sons falados são representados por símbolos escritos – sugere a necessidade de ensinar a relação som-símbolo direta e explicitamente para crianças pequenas.
2. O corpo substancial de evidências baseadas em pesquisas apoia a eficácia da fônica no ensino da leitura.

Em contrapartida, os menos convencidos do valor de uma ênfase forte na fônica nos estágios iniciais da alfabetização baseiam o seu ponto de vista também em duas premissas:

1. Embora o nosso sistema alfabético seja baseado na relação entre os sons falados e os símbolos escritos, ele não é regular nem previsível o suficiente para que se confie exclusiva ou fortemente nele no processo de alfabetização de crianças pequenas.

2. Para leitores maduros e capazes (como pais e educadores esperam que seus filhos e alunos se tornem), a fônica é menos útil do que outras estratégias de reconhecimento de palavras; leitores aprendem a reconhecer as palavras só de olhar e pelo sentido, e não pronunciando símbolos individuais das palavras do texto.

A defesa da fônica

Defensores da fônica baseiam a sua posição principalmente no princípio alfabético, o princípio de que as letras funcionam juntas de forma sistemática para representar sons da linguagem falada. Eles acreditam que entender que os símbolos escritos representam sons falados é absolutamente necessário para o desenvolvimento da leitura. O princípio é visto como "a moldura subjacente que ancora o início do ensino da leitura" (COYNE; KAME'ENUI; SIMMONS, 2001, p. 63).

Quando os antigos fenícios inventaram a escrita alfabética por meio da adaptação dos hieróglifos de seus vizinhos egípcios, usaram símbolos escritos individuais para representar elementos de som, e não ideias e objetos inteiros. Símbolos gráficos individuais eram usados para representar sons falados individuais e se tornaram o código da língua escrita.

Um código é um sistema de envio e recebimento de mensagens. A habilidade de entender mensagens codificadas depende do conhecimento do que significam os símbolos. Decodificar é o processo de transformação de sinais de comunicação em mensagens, traduzindo um código de símbolos em outro. No inglês e em outros idiomas ocidentais escritos, os símbolos escritos (letras do alfabeto) representam sons falados.

As relações som-símbolo constituem o código do inglês escrito.* Assim como o usuário do código Morse usa pontos e traços para mandar e receber mensagens, os leitores **decodificam** o texto ligando o som ou a sequência de sons à letra ou sequência de letras correspondente. Escritores **codificam** mensagens escritas selecionando a sequência apropriada de letras para os sons das palavras que querem representar. No núcleo desse processo de decodificação/codificação está a fônica, um conhecimento da relação entre sons e símbolos que constituem o código da língua escrita, além de uma habilidade de usar esse conhecimento para a leitura e escrita de uma forma precisa e rápida.

---

* N. de R.T.: Essas relações também constituem o código da língua portuguesa escrita.

Há também uma forte base de pesquisa que apoia uma ênfase na decodificação e no uso da fônica no ensino da leitura de jovens crianças, e tal pesquisa influenciou muito o pensamento sobre a fônica nas escolas ao longo dos anos.

Em 1967, o livro *Learning to read: the great debate* (Aprendendo a ler: o grande debate), de Jeanne S. Chall, revisou a bibliografia sobre o ensino da leitura de 1910 a 1965 (um período em que o método global encontrava-se em vasto uso). Chall relatou que uma abordagem inicial ao ensino da leitura que enfatizasse o aprendizado das relações entre letras e sons produzia resultados melhores do que as que adotavam o método olhar-dizer. "É a aquisição do código alfabético, do princípio alfabético, nos primeiros anos escolares, que leva a uma obtenção mais rápida de habilidades de leitura, mais do que uma ênfase em responder ao sentido do texto" (CHALL, 1996). Chall concluiu que as pesquisas apoiavam fortemente os programas que incluíam a fônica sistemática. *O Grande Debate* foi atualizado duas vezes: primeiramente em 1983, com uma síntese de pesquisas sobre leitura de 1967 a 1983, e novamente em 1996, com um resumo do que foi pesquisado de 1983 a 1993 (o auge do método global). Em ambas as revisões, os achados confirmaram a conclusão original de que, embora a leitura em busca de sentido não deva ser ignorada, abordagens de alfabetização com ênfase na decodificação eram mais eficazes ao ajudar os alunos a alcançarem a leitura do que as que não davam essa forte ênfase no aspecto fônico.

Em 1985, *Becoming a nation of readers* (Tornando-se uma nação de leitores), um relatório sobre a situação do ensino da leitura nos Estados Unidos, realizado pela Comissão de Leitura composta pela Academia Nacional de Educação, apresentou outra "[...] síntese cuidadosa e abrangente de um extenso corpo de achados sobre a leitura [...]" (ANDERSON et al., 1985, v.). O relatório reforçou a noção da importância da fônica no ensino inicial da leitura. "Pesquisas em sala de aula mostram que, em geral, as crianças às quais é ensinada a fônica começam melhor no processo de leitura do que aquelas às quais ela não é ensinada" (p. 37). Refletindo o quadro educacional prevalente – no qual a fônica era mais incidental do que uma parte direta da instrução da leitura na maior parte das salas de aula –, o relatório levantou questões sobre os efeitos a longo prazo da fônica na compreensão de leitura das crianças e abordou diversos tópicos relacionados ao ensino da fônica.

Em 1990, *Beginning to read* (Começando a ler), de Marilyn Jager Adams, focou a luz sobre a fônica. Assim como Chall, Adams sintetizou as pesquisas relacionadas ao ensino da leitura, mas também incluiu uma revisão de literatura sobre processos psicolinguísticos no processo de aprendizagem da leitura. Embora reconhecesse as vantagens de outras abordagens de leitura e elogiasse o método global por tornar a literatura um componente integral do início do letramento, o livro enfatizou a importância da fônica. Um resumo do livro de Adams preparado pelo Centro para o Estudo da Leitura, na Universidade de

Illinois, em Champaign-Urbana (STAHL; OSBORN; LEHR, 1990) apresentou algumas das seguintes conclusões:
- **Fônica sistemática e explícita** é uma forma singularmente bem-sucedida de ensinar crianças pequenas ou com dificuldades de leitura a ler.
- Descobriu-se que o conhecimento de letras e a consciência fonêmica têm uma relação forte e direta com o sucesso e a facilidade do aprendizado da leitura.
- Atividades que exigem que as crianças prestem atenção nas letras individuais das palavras, nas suas sequências e nas traduções fonológicas deveriam ser incluídas em qualquer programa de leitura inicial.
- Dizer em voz alta as palavras é uma forma de ensinar aos alunos o que eles precisam saber para compreender um texto.
- A fônica é de suma importância tanto para a leitura habilidosa quanto para a sua aquisição.

Em síntese, Adams reconheceu a natureza complexa do aprendizado da leitura e conseguiu evitar a noção simplista de "fônica no vácuo". Suas conclusões, contudo, deixaram poucas dúvidas sobre a necessidade de ensino explícito do código ortográfico do inglês como parte da instrução inicial da leitura.

Ponto e contraponto da fônica	
Tia Millie	**Tio Max**
Vou dizer o que há de errado com as escolas hoje! Elas não ensinam suficientemente a fônica.	Bobagem! A fônica é ultrapassada e obsoleta. Além disso, ninguém me ensinou fônica, e eu sei ler.
Como se pode ler sem fônica? Você *tem* de saber pronunciar as palavras que não conhece.	Na verdade, não. Em geral, há mais exceções do que palavras que seguem as regras. A fônica pode ser traiçoeira para a criança que está tentando ler.
Sim, mas você tem de usar a fônica para ler palavras novas, não?	Concordo, mas isso não significa que os professores deveriam passar o tempo todo ensinando fônica. Deveriam apresentar mais textos para as crianças.
Mas a fônica abre portas para que as crianças *possam* ler mais!	Os alunos ficarão tão cansados de livros com frases como "O rato roeu a roupa do rei de Roma" que já nem terão mais interesse quando finalmente cruzarem com algo interessante para ler.
Li um livro há não muito tempo sobre como a fônica é importante para a leitura.	E eu li um que dizia que a fônica não é tão importante quanto todos pensavam que era.
Mas veja o primo Alan. Ele repetiu o primeiro ano, mas, quando encontrou um professor que lhe ensinou a fônica, aprendeu rapidamente a ler.	Sim, e a prima Rose? A família pensou que ela era burra porque não sabia ler. Foi quando a fizeram abandonar a fônica que ela floresceu.
Acho que você está errado.	Acho que *você* é quem está errada.

Fonte: Savage (1998).

Outra síntese variada e abrangente de pesquisas sobre o ensino da leitura é *Preventing reading difficulties in young children* (Prevenindo dificuldades de leitura em crianças pequenas) (SNOW; BURNS; GRIFFIN, 1998). Esse trabalho foi feito por um comitê estabelecido pela Academia Nacional de Ciências a pedido do Departamento Norte-americano de Educação e do Departamento de Saúde e Serviços Humanos. O relatório do comitê focou uma vasta variedade de tópicos relacionados ao ensino da leitura, entre os quais o papel dos pais, os componentes de instrução em sala de aula, o preparo dos professores alfabetizadores e o estabelecimento de um plano de pesquisa para o futuro. O comitê reconheceu a complexidade de se aprender a ler e o papel de professores experientes e capazes nesse processo, mas também admitiu a importância de crianças pequenas "[...] aprenderem sobre a natureza do sistema de escrita alfabético e serem expostas, com frequência, às relações regulares de letra-som [...]" (SNOW; BURNS; GRIFFIN, 1998, p. 3). Identificou, ainda, o ensino explícito de sons da fala e da escrita como pilares decisivos dos programas de leitura elaborados para ajudar todas as crianças a ler.

Outro argumento favorável à fônica proveniente de pesquisas foi apresentado no Relatório do National Reading Panel (Comitê Nacional de Leitura). Em 1997, o Congresso norte-americano pediu que o National Institute of Child Health and Human Development (Instituto Nacional de Saúde Infantil e Desenvolvimento Humano; NICHD, na sigla em inglês), em parceria com a Secretaria de Educação, reunisse um conselho de especialistas para determinar o estado da pesquisa relacionada ao ensino da leitura. Como resultado dessa análise, baseada em pesquisas científicas da alfabetização inicial, o conselho concluiu que existem cinco áreas cruciais para o aprendizado da leitura: consciência fonêmica, fônica, vocabulário, compreensão e fluência.

O conselho produziu relatórios finais sobre o seu trabalho (COMITÊ NACIONAL DE LEITURA, 2000a, 2000b), que foram resumidos e amplamente divulgados em *Put reading first: the research building blocks for teaching children to read* (Coloque a leitura em primeiro lugar: os blocos de construção da pesquisa para ensinar crianças a ler, ARMBRUSTER; LEHR; OSBORN, 2001). No que diz respeito ao ensino da consciência fonêmica, o resumo referiu que:
- ajuda crianças a aprender a ler;
- ajuda crianças a aprender a escrever;
- é mais eficaz quando as crianças são ensinadas a manipular fonemas usando as letras do alfabeto;
- é mais eficaz quando foca apenas um ou dois tipos de manipulação fonêmica.

A respeito da fônica, o resumo relatou que o ensino da fônica de forma sistemática e explícita:
- é mais eficaz do que o ensino não sistemático e que o não ensino da fônica;

- melhora o reconhecimento de palavras e a escrita de crianças da pré-escola e do primeiro ano;
- melhora a compreensão da leitura;
- é eficaz para crianças de vários níveis socioeconômicos;
- é particularmente benéfica para crianças com dificuldades de leitura.

Em suma, embora reconheça que a fônica não compõe um programa inteiro de ensino à leitura, a interpretação do Comitê Nacional de Leitura deixa pouca dúvida sobre a importância da fônica direta, explícita e sistemática no ensino da leitura. O relatório recomendou que o aprendizado da fônica fosse introduzido já na educação infantil. Embora discrepâncias sérias entre as conclusões do comitê e a maneira como as conclusões foram relatadas tenham sido identificadas (GARAN, 2002), o resumo atraiu atenção e interesse na comunidade educacional. A maior parte dos estudos feitos desde então tem, em geral, apoiado a eficácia da fônica no ensino inicial da leitura (COMASKEY et al., 2009; VADASY; SANDERS, 2008; SHAPIRO; SOLITY, 2008; AL OTASHA et al., 2008; JEYNES, 2008).

O trabalho do Comitê Nacional de Leitura foi rapidamente criticado, e suas conclusões, questionadas por muitos educadores de destaque na área de letramento –, entre os quais um membro do próprio conselho (YATVIN, 2002) – com base na composição do comitê, dos seus procedimentos, da sua visão a respeito da leitura, da sua seleção de estudos, da sua interpretação dos dados e a maneira como foram relatados. Foi caracterizado como "um esforço de pesquisa extremamente equivocado" (GARAN, 2001), um relatório que "finge unanimidade" (CUNNINGHAM, 2001) e cujo objetivo teria sido "claramente político e desavergonhadamente financeiro" (GARAN, 2002). O relatório também foi criticado por Smith (2003) e Krashen (2004), que examinaram os dados considerados pelo comitê, assim como outras informações, e concluíram que "a interpretação do Comitê Nacional de Leitura dos resultados não é a única possível" (p. 19).

Excetuando-se essas críticas, o trabalho do Comitê Nacional de Leitura foi amplamente disseminado e desempenhou um enorme papel na formulação de recomendações do plano federal de educação No Child Left Behind. O conteúdo do relatório definiu, em sua essência, o plano de ensino da leitura nas escolas.

Resumindo, defensores da fônica usam a natureza alfabética do nosso sistema ortográfico, junto com a pesquisa sobre o ensino inicial, que aponta para uma vantagem na inclusão do ensino direto e sistemático das relações som-símbolo como parte do regime instrucional, para apoiar o lugar da fônica no ensino da leitura e escrita. Embora uma parte dessa pesquisa tenha sido seriamente questionada, a evidência permanece convincente para muitos educadores e elaboradores de políticas.

Parâmetros e avaliação do conhecimento fônico nos Estados Unidos

A legislação federal norte-americana No Child Left Behind, transformada em lei em 2002, expandiu o papel do governo federal na educação e impactou o ensino da leitura em escolas de todo o país. Como acontece na maioria das escolas, ler é uma prioridade no plano federal de educação, e o Reading first é o ponto central do NCLB. Embora não tenha sido recebido sem críticas por promover programas e instrumentos de avaliação e por outros problemas de gestão e de práticas questionáveis, o Reading first continua sendo uma iniciativa nacional que visa a ajudar crianças a se tornarem leitoras bem-sucedidas.

Um componente-chave de NCLB é a credibilidade. Exige-se que os Estados definam parâmetros e criem sistemas de credibilidade para analisar os resultados. Os Estados devem desenvolver e implementar um sistema válido em todo o seu território para medir o desempenho dos alunos de escolas públicas e demonstrar, também, que as crianças encontram-se em progresso anual adequado. A NCLB responsabiliza os distritos escolares e as escolas, individualmente, pelo progresso da alfabetização dos alunos.

Na tentativa de melhorar o desempenho dos alunos, os Estados estabeleceram parâmetros que definem o aprendizado – o que as crianças deveriam saber e ser capazes de fazer no que diz respeito à linguagem e a outras disciplinas. O objetivo desses parâmetros é assegurar que todos os alunos tenham a oportunidade de aprender sobre a linguagem e de desenvolver as competências que lhes permitirão alcançar as suas necessidades de comunicação. Os parâmetros também fornecem uma marca a partir da qual o progresso na leitura (e em outros tópicos escolares) é medido. A fônica é um componente importante nos parâmetros de leitura e de linguagem que os Estados norte-americanos desenvolveram. Apesar de esses parâmetros variarem de Estado para Estado, a maioria exige que a fônica seja ensinada às crianças nos primeiros anos escolares. Os parâmetros do Estado de Massachusetts, por exemplo, estipulam que os "alunos entendam a natureza do inglês escrito e a relação de letras e regras de ortografia" (MASSACHUSETTS ENGLISH LANGUAGE, 2001).

Uma descrição desse padrão inclui referência específica à consciência fonêmica, ao reconhecimento de letras, à habilidade de usar combinações letra-som para decodificar palavras e ao conhecimento de elementos fônicos específicos (*onsets* e rimas, dígrafos e ditongos, sílabas e ortografia, etc.).

Os padrões de ensino variam de Estado para Estado em seu grau de especificidade. Alguns documentos estaduais são tão específicos que sugerem a ordem na qual sons devem ser introduzidos e como esses sons deveriam ser ensinados; outros são bem menos prescritivos. Todos, porém, incluem a fônica como componente essencial do ensino da leitura nos primeiros anos. O grau em que os alunos e as escolas atendem a esses parâmetros é medido por meio de testes de alto risco. São chamados de "alto risco" porque os resultados podem ser usados para tomar grandes decisões educacionais – se um aluno passa de ano ou pode se formar, por exemplo, ou se a escola ou o distrito escolar perdem um financiamento ou se são colocados sob administração especial. Os parâmetros e os testes favoráveis a eles têm uma poderosa influência no ensino da leitura em sala de aula.

As crianças fazem esses testes ainda nos primeiros anos de sua trajetória escolar, em geral no segundo ou terceiro ano. As provas quase sempre dão grande ênfase à compreensão de texto. Elas também medem o vocabulário (o significado de palavras, sinônimos, antônimos, homófonos), a gramática (partes do discurso, estrutura da frase), pontuação, literatura e outros aspectos da linguagem. Incluem, ainda, uma avaliação fônica (veja o quadro a seguir).

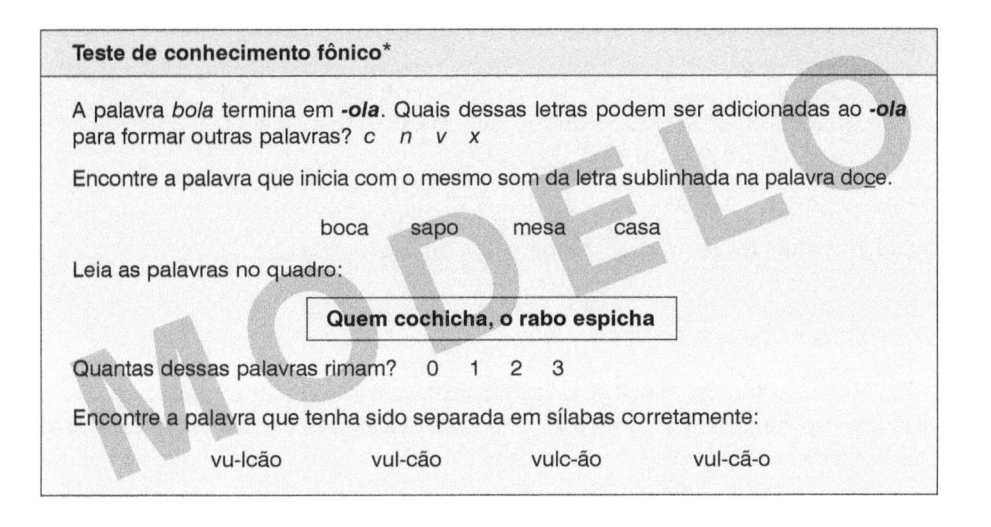

Teste de conhecimento fônico*

A palavra *bola* termina em *-ola*. Quais dessas letras podem ser adicionadas ao *-ola* para formar outras palavras? c   n   v   x

Encontre a palavra que inicia com o mesmo som da letra sublinhada na palavra do<u>c</u>e.

boca   sapo   mesa   casa

Leia as palavras no quadro:

Quem cochicha, o rabo espicha

Quantas dessas palavras rimam?   0   1   2   3

Encontre a palavra que tenha sido separada em sílabas corretamente:

vu-lcão   vul-cão   vulc-ão   vul-cã-o

Ler não é a única habilidade escolar medida nos testes de alto risco, é claro. Geralmente, as crianças também são testadas em matemática, ciências, estudos sociais e, em alguns Estados, também em outras disciplinas. A leitura, porém, é uma constante, e a fônica faz parte da avaliação.

Além dos parâmetros estaduais, o ano de 2009 testemunhou o nascimento dos parâmetros nacionais de leitura e matemática. O propósito desse esforço nacional era escapar à colcha de retalhos de parâmetros usados por Estados norte-americanos individualmente e propor um ponto central comum que pudesse ser usado em nível nacional. Elaborados pela Associação Nacional de Governadores e pelo Conselho de Oficiais da Escola-Chefe Estadual, os parâmetros são

---

* N. de R.T.: Esse texto foi adaptado para fazer sentido para a língua portuguesa. Manteve-se o mesmo objetivo a ser avaliado.

definidos para ajudar os alunos a se saírem bem em uma economia globalizada. Rascunhos iniciais dos parâmetros focam fortemente os componentes de compreensão leitora, embora haja uma ênfase razoável na habilidade de decodificação nos primeiros anos escolares.

As duas organizações profissionais cujos membros estão mais direta e especificamente envolvidos com o letramento – a International Reading Association (Associação Internacional de Leitura) e o National Council of Teachers of English (Conselho Nacional de Professores de Inglês) – também definiram um conjunto de parâmetros relacionados à linguagem. Os parâmetros dessas organizações desenvolveram a decodificação em um contexto mais amplo, com ênfase na compreensão:

> Estudantes utilizam uma ampla variedade de estratégias para compreender, interpretar, avaliar e examinar textos. Eles recorrem aos seus conhecimentos prévios, às suas interações com outros leitores e escritores, ao seu conhecimento do significado das palavras e de outros textos, às suas estratégias de identificação de palavras e ao seu entendimento dos aspectos textuais (p. ex., correspondência som-letra, estrutura de frase, contexto, gráficos). (STANDARDS OF THE ENGLISH LANGUAGE ARTS, 1996.)

Parâmetros nacionais e estaduais tendem a ser muito mais específicos quando se trata de ensinar a ler.

Dúvidas sobre a fônica

Embora muitas conclusões de pesquisas e o sentimento público apontem para um uso cada vez maior da fônica nas escolas, alguns críticos expressam profunda preocupação a respeito da ênfase exagerada na decodificação no ensino da leitura e escrita.

Uma preocupação relaciona-se, especificamente, com a natureza da língua, seja ela inglesa ou portuguesa. Embora esses sistemas sejam baseados no princípio alfabético, as relações som-símbolo são complexas e estão longe de serem perfeitas. A letra **x**, por exemplo, possui sons diferentes nas palavras *máximo* e *bruxa*, e um terceiro em *táxi*. Como, perguntam os críticos, podemos esperar que as crianças dominem um sistema tão complexo e frequentemente irregular?

Às vezes, um som pode ser escrito de diversas maneiras. Por exemplo, pense na quantidade de formas que pode ser escrito o som /s/

> *Tecelão tece o tecido*
> *em sete sedas de Sião.*
> *Tem sido a seda tecida*
> *na sorte do tecelão.*

Às vezes, a mesma letra representa muitos sons diferentes. Conte quantos sons a letra **x** representa na seguinte frase:

Alexandre e Max são muito exibidos: roubaram ameixa, fugiram de um enxame de abelhas, pegaram um táxi e escreveram um texto para contar para a classe.

A leitura requer mais do que o conhecimento básico das relações som-símbolo. O número, a complexidade e a não confiabilidade de muitas dessas relações, além das regras fonotáticas da língua escrita, levam alguns a se preocuparem com o excesso de dependência da fônica como forma de ensinar a ler. "A razão pela qual a fônica não funciona para crianças (nem para computadores) é que as ligações entre as letras e os sons não podem ser especificadas de maneira única" (SMITH, 1985, p. 47).

Os menos comprometidos com a fônica também argumentam que bons leitores não olham para cada letra de todas as palavras que leem. O reconhecimento das palavras não exige identificação de todas as letras da palavra. A decodificação letra-por-letra é desnecessária e até impossível na leitura das crianças. Alguns críticos da fônica defendem que a confiança exclusiva na relação letra-som pode impedir a leitura fluente, pois atenção demais aos aspectos ortográficos pode levar as crianças a ignorar ou perder o sentido do que estão lendo. Ler é um processo de interpretação, não primariamente uma atividade decodificadora. Assim, a interpretação, e não a fônica, deveria ser o primeiro foco do início da alfabetização.

Os críticos defendem, ainda, que as relações som-símbolo no sistema ortográfico do inglês – especialmente no que se refere às vogais – não são confiáveis o bastante para construir um programa de alfabetização baseado inteiramente nele. Embora reconheçam a natureza alfabética do sistema, eles questionam a conveniência de construir toda uma abordagem baseada nesse princípio. Na verdade, alguns dizem mesmo que "o sistema fônico do inglês* opera em um nível de complexidade que, essencialmente, desafia a possibilidade de ensiná-lo" (STRAUSS; ALTWERGER, 2007, p. 299).

A validade das pesquisas que corroboram a fônica também tem sido questionada. Alguns defendem que boa parte da pesquisa que apoia uma ênfase exagerada na fônica sistemática é suspeita (CARBO, 1988; CUNNINGHAM, 2001; SMITH, 1999; TAYLOR, 1999; HAMMILL; SWANSON 2006; CUMMINS, 2007; WYSE; STYLES, 2007). Críticos argumentam que muitas das conclusões dessas pesquisas não são, de fato, fundamentados em dados (ALLINGTON; WOODSIDE-JIRON 1999). Eles expressam preocupação com o fato de que muitos estudos que apoiam a fônica não usam a compreensão ou a aplicação da fônica em experiências verdadeiras de leitura como critério para

---

* N. de R.T.: O sistema de escrita do português é um pouco mais transparente do que o do inglês.

julgar a sua eficácia. Pouquíssimos estudos, também dizem os críticos, exigem que as crianças apliquem conhecimento fônico na leitura (ou escrita) do texto. Muitos estudos são realizados com números pequenos de crianças (em geral, as que têm dificuldades na leitura), e os resultados são generalizados para todas as crianças com desenvolvimento típico, no ambiente de salas de aula comuns. Trabalhando com alunos com dificuldade de leitura que tiveram uma forte trajetória fônica, O'Donnell (2001, p. 9) descobriu que "não há evidência de que a exposição à fônica intensiva permitiu que esses alunos adquirissem nem mesmo uma competência básica para lidar com palavras desconhecidas em situações reais de leitura". E o mais perturbador é que ele observou uma aversão com tudo que tivesse a ver com o texto escrito entre esses alunos.

Examinando políticas estaduais e federais norte-americanas e diretivas sobre como a leitura deveria ser ensinada, Mark Dressman (1999, p. 279) caracterizou essas políticas como "enlaçadas por pesquisas, em vez de baseadas em pesquisas". Ele concluiu que a maior parte dessas pesquisas foi interpretada "para produzir políticas e currículos de alfabetização que são produtos das políticas culturais e suposições normativas de seus autores tanto quanto do uso desapaixonado do método científico [...]" (DRESSMAN, 1999, p. 258).

Em resumo, muitos educadores argumentam que a eficiência na leitura sugere que nos baseamos em outras estratégias além da decodificação quando ajudamos as crianças no aprendizado da leitura. Como as crianças aprendem a ler palavras desconhecidas de um texto se não por meio da fônica? A alternativa é uma adivinhação psicolinguística – não uma adivinhação no sentido de "chute", mas baseada na linguagem armazenada que a criança traz consigo para o contexto. "O ponto principal do ensino sistemático da fônica é que, se realizado muito cedo, ele confunde; se realizado tarde, é desnecessário" (SMITH, 1999, p. 155).

E assim o debate continua. Defensores da fônica constroem os seus argumentos com base no princípio alfabético e citam estudos que apoiam um método direto e sistemático como o elemento central do ensino inicial da leitura eficaz. Outros questionam a validade de muitas das conclusões de pesquisas e propõem uma ênfase em métodos mais baseados no sentido do texto. No dia a dia prático da sala de aula, os professores enfrentam o desafio de descobrir uma abordagem que atenda às necessidades dos seus alunos.

FÔNICA: UMA VISÃO DESAPAIXONADA

Após passar por toda a retórica envolvida nesse grande debate, os professores ainda são deixados com a questão essencial: *Qual é o lugar da fônica no ensino da leitura?*

Essencialmente, a fônica pode ser descrita como um componente "necessário, mas não suficiente" do letramento. Por que necessário? Porque línguas escritas, como o inglês e o português, são baseadas em um princípio alfabético, e, para decodificar palavras desconhecidas, é preciso saber como relacionar os equivalentes falados aos símbolos escritos nessas palavras. É preciso ter um conhecimento das relações som-símbolo que compõem a fônica para ler adesivos de para-choque como

EU ♥ CUMURUXATIBA

E por que não é suficiente? Porque o objetivo da leitura e da escrita é a construção do sentido, e apenas a fônica, por si só, não é ferramenta suficiente para alcançar o sentido. Por exemplo, leia a frase a seguir:

A pequena criança tinha uma expressão facial infratanosa.

Depois, imite essa expressão facial. Para a maioria dos leitores, *infratanosa* é uma palavra desconhecida. Você provavelmente conseguiu ler a frase, mas não reproduzir a expressão facial da criança por não saber o significado de *infratanosa*. Conseguiu pronunciar a palavra usando o seu conhecimento da fônica para "ler em voz alta", relacionando os símbolos aos seus respectivos sons. Provavelmente, você também poderia dizer que *infratanosa* é um adjetivo que descreve a expressão facial da criança. Mas você não conseguiu entender o sentido da palavra, porque o sistema de relações som-símbolo não deu pistas para o sentido. (A palavra *infratanosa* é uma pseudopalavra ou uma palavra sem sentido; pode ser pronunciada, mas não possui sentido real na língua.)

A leitura vai além das meras associações de sons e símbolos. Ler é uma atividade da linguagem, e a linguagem diz respeito ao sentido. A pronúncia não garante a compreensão. Falar palavras sem entender o seu sentido já foi chamado de "papagaiar o texto".

Crianças (ou adultos iletrados) que encaram o desafio de aprender a ler e a escrever não são tábulas rasas. Trazem consigo uma quantidade considerável de compreensão e de informações às tarefas de construção de sentido na decodificação e codificação do texto escrito.

Em seus anos de pré-escola, os alunos aprenderam a usar a linguagem oral para suprir a maior parte de suas necessidades de comunicação. Aprenderam o significado de milhares de palavras e conseguem usar essas palavras para fazer afirmações e perguntas. Desenvolveram um entendimento intuitivo de como a língua funciona. Já passaram por milhares de horas de conversa com pais, irmãos, amigos e outras pessoas com quem mantinham contato diário. Assistiram a milhares de horas de televisão, algumas delas educativas.

Ficaram cercados pelos símbolos do alfabeto em embalagens de comida, caixas de brinquedo, *outdoors* e outras placas de seu ambiente. Se tiverem sorte, tiveram pais, irmãos mais velhos e outros cuidadores que leram para eles, compartilharam com eles as suas histórias e os seus poemas preferidos e os incentivaram a participar de conversas e brincadeiras de linguagem, estimulando conscientemente o desenvolvimento linguístico. Mas, mesmo sem essa trajetória, as crianças ainda podem trazer um rico conhecimento sobre a linguagem para o processo de ensinar a ler.

Conforme começam a aprender a ler e a escrever (e, já adultas, continuam a se envolver com essas atividades), as crianças trazem uma riqueza de experiências junto com um **sistema sinalizador** que as ajuda a se alfabetizar.

Esquema

O esquema é uma teoria cognitiva que dá conta de como seres humanos adquirem e organizam informações. As crianças trazem um rico *conhecimento prévio* ao processo de aprendizado da leitura. O termo *esquemas* refere-se às formas como os seres humanos organizam e armazenam informações. Um esquema é um plano ou um sistema conceitual que organiza o conhecimento. Com base em suas experiências, crianças adquirem conhecimento e constroem conceitos que as ajudam a aprender a ler. Imagine, por exemplo, crianças que leem a frase *Enquanto o aniversariante assoprava as velinhas do bolo, os seus amigos cantavam* ... Com base no esquema que elas construíram a partir de suas experiências em festas de aniversário, as crianças saberão facilmente completar com as palavras *Parabéns a você*. Elas podem supor quais são as palavras com base no alinhamento entre o texto e o seu *conhecimento prévio*.

As crianças também desenvolvem esse esquema com relação ao uso de livros. Quando expostas a livros, elas reconhecem a função da capa, a relação entre o texto e as ilustrações, a progressão da história da capa até a contracapa, entre outros aspectos. Elas também desenvolvem a consciência de que o texto tem um sentido, e que os símbolos na página representam palavras e sons.

As crianças se utilizam do conhecimento prévio no aprendizado da leitura. Quanto mais rico for o conjunto de experiências que elas trazem para a língua escrita, melhores serão as suas chances de construir os sentidos dos textos. As que já tiverem visitado uma fazenda e tido contato com palavras do "mundo da fazenda" reconhecerão mais rapidamente essas palavras ao aprenderem a ler. Crianças cujas experiências tenham sido menos relacionadas com tópicos curriculares também utilizarão sua trajetória, desde que o material de leitura tenha alguma ligação ao seu conhecimento prévio. Nenhuma criança começa a aprender a ler como tábula rasa.

Sistemas sinalizadores

Além do *conhecimento prévio*, as crianças trazem sistemas sinalizadores (ou pistas) para o trabalho de aprender a ler: um semântico, um sintático e um fonográfico (ou grafofônico). A fônica é o elemento essencial do sistema fonográfico, mas as crianças usam os três sistemas sinalizadores ao construírem o sentido do texto.

A *semântica* é o estudo do sentido da linguagem. O sistema sinalizador semântico das crianças inclui todas as palavras que elas sabem. O aumento do vocabulário é rápido nos primeiros anos de vida. É razoável partir do princípio de que as crianças já adquiriram um vocabulário ao ouvir e falar aproximadamente cinco mil palavras, e até mesmo mais do que isso, quando o ensino formal da leitura se inicia. Quando falam as palavras impressas em voz alta, as crianças fazem uma busca nesse passado linguístico de maneira a dar sentido às palavras que encontram no papel.

A *sintaxe* é a estrutura básica da linguagem, o modo com que as palavras são organizadas para que, em conjunto, façam sentido. A sintaxe trata da formação das frases e das regras gramaticais que governam a sua formação. Como parte do processo de aquisição da linguagem, as crianças aprendem a estrutura ou a gramática de seu idioma. Quando chegam à escola, não conseguem diferenciar um adjetivo de um tamanduá, nem sabem dizer se um substantivo é o sujeito ou o objeto da frase. Mas, excetuando-se casos de transtornos graves de linguagem, elas sabem o suficiente da sintaxe de sua língua para organizar orações como *Eu quero um biscoito*, em vez de *Biscoito quero eu um*; sabem, ainda, que a oração *João comeu o peixe* tem significado bem diferente de *O peixe comeu João*. Mais para frente, em sua formação, elas se depararão com a gramática formal e seus desafios, como gerúndios e particípios e como montar uma frase. Mas, no início, as crianças trazem o seu conhecimento básico de gramática para o processo de aprendizado da leitura e aplicam essas pistas sintáticas para dar sentido ao que está no papel.

Fonográfico (ou *grafofônico*), como o nome sugere, refere-se ao sistema de som-símbolo da nossa linguagem. E é aí que a fônica torna-se essencial no aprendizado da leitura. A maioria das crianças ingressa na escola com a parte "fono" do sistema de pistas fonográfico intacta. Em outras palavras, elas conseguem pronunciar a maioria, se não todos, dos fonemas do seu sistema fonológico. A fônica envolve aprender os símbolos correspondentes, que representam esses sons, para que as crianças possam se apoiar nessas pistas de som-símbolo conforme leem um texto.

Esse, portanto, é o lugar da fônica no aprendizado da leitura. A fônica não é um fim em si mesma; é um meio para alcançar um objetivo. Até mesmo o Comitê Nacional de Leitura – cujo trabalho inequivocadamente apoia a instrução fônica direta e explícita – alerta para o endosso generalizado de todos os tipos de instrução fônica: "Programas que foquem demais no ensino das relações letra-som, e não o suficiente na prática (da leitura e da escrita), dificilmente serão eficazes" (2000b, p. 10). A fônica precisa ser uma parte essencial de um currículo para o aprendizado da leitura abrangente, mas não é a única coisa de que a criança precisa para se tornar letrada.

CONCLUSÃO

A manchete de um jornal na prateleira de uma loja de conveniência local gritava: SERIA A FÔNICA UMA CONSPIRAÇÃO DE EXTREMA DIREITA? A matéria havia sido escrita em resposta à afirmação de que promover a fônica era um complô da direita conservadora para impedir que as crianças pensassem por si mesmas ao incentivar "docilidade e obediência entre as classes menos favorecidas, assim mantendo o *status quo* socioeconômico".

Matérias como essa, que às vezes são encontradas na imprensa popular e na internet, transformam a fônica em assunto religioso e político, em vez de educacional. A fônica ganhou destaque na propaganda política na televisão, como tópico de campanhas políticas locais e nacionais. Porém, a fônica não tem nada a ver com religião nem política; tem a ver com ensinar crianças a ler e a escrever.

O letramento é uma meta de qualquer sociedade civilizada e uma competência cada vez mais importante no mundo complexo de hoje. Em qualquer sociedade alfabetizada, as pessoas estão sempre buscando a melhor forma de ensinar crianças a ler e a escrever, para que os da geração mais jovem possam se tornar membros da sociedade inteiramente capazes. Nas escolas, ler e escrever constituem dois terços dos 3 Rs.* O letramento é o coração do currículo nos primeiros anos e permanece relevante para o aprendizado ao longo de toda a formação escolar das crianças. A eficácia geral da escola é frequentemente julgada sob o critério de como os alunos se saem em testes de leitura.

Ao longo dos anos, diferentes abordagens e filosofias têm indo e vindo, mas a questão da fônica sempre fez parte do conjunto. É interessante examinar o debate sobre o assunto no contexto histórico. Muitos dos argumentos de hoje relacionados à fônica são os mesmos que têm sido propostos há centenas de anos. E muitas das técnicas sugeridas para as salas de aula da atualidade são as mesmas usadas séculos atrás. Dado o vai e vem de ideias educacionais, é possível que esses argumentos continuem indo e vindo no futuro.

---

* N. de R.T.: A expressão "três Rs" refere-se a uma abreviatura das três habilidades acadêmicas básicas desenvolvidas nos primeiros anos de escolaridade – leitura, escrita e aritmética. No original, *reading*, '*riting* (*writing*), and '*rithmetic* (*arithmetic*).

A política e a prática educacionais no ambiente da escola atual dão à fônica um lugar de destaque, sobretudo no ensino inicial da leitura. Com base no trabalho do Comitê Nacional de Leitura, o componente Reading First da legislação No Child Left Behind sugere que a fônica e a consciência fonêmica precisam ser dois dos cinco "pilares" de um ensino eficaz e abrangente da leitura.

O segredo para o ensino bem-sucedido da leitura permanece com o professor. "Se aprendemos algo com esse esforço, foi que professores eficazes são capazes de elaborar um conjunto de ingredientes instrutivos para cada criança com quem trabalham" (SNOW; BURNS; GRIFFIN, 1998, p. 2). E a fônica é, certamente, um desses ingredientes essenciais no ensino abrangente da leitura.

REFERÊNCIAS

ADAMS, M. J. *Beginning to read*: thinking and learning about print. Cambridge, MA: MIT Press, 1990.
ADAMS, M. J. et al. Beginning to read: A critique by literacy professionals and a response by Marilyn Jager Adams. *The Reading Teacher,* v. 44, p.370-395, 1991.
AL OTAIBA, S. C. et al. "Reading First" kindergarten classroom instruction and students growth in phonologicalawareness and letter-naming fluency. *Journal of School Psychology,* v.46, p.281-314, 2008.
ALLINGTON, R. L.; WOODSIDE-JIRON, H. The politics of literacy teaching: How research "shaped" educational policy. *Educational Researcher,* v. 28, p. 4-13, 1999.
ANDERSON, R.; HIEBERT, E. H.; SCOTT, J. A.; WILKINSON, I. A. G. *Becoming a nation of readers*: the report of the commission on reading. Washington, DC: National Institute of Education, 1985.
ARMBRUSTER, B.; LEHR, F.; OSBORN, J. *Put reading first*: the research building blocks for teaching children to read. Jessup, MD: National Institute for Literacy, 2001.
BAUMAN, J. F.; HOFFMAN, J. V.; MOON, J.; DUFFY-HESTER, A. M. What are the teachers' voices in the phonics/whole language debate? Results from a survey of U.S. elementary classroom teachers. *The Reading Teacher,* v.51, p. 636-650, 1998.
BERLINER, B.; BIDDLE, D. *The manufactured crisis*: myths, fraud, and the attack on america's public schools. Reading, MA: Addison-Wesley, 1995.
BLOOMFIELD, L.; BARNHART, C. L. *Let's read*: a linguistic approach. Cambridge, MA: Educators Publishing Service, 1961.
BRACEY, G. *Setting the record straight*: responses to misconceptions about public education in the United States. Alexandria, VA: Association for Supervision and Curriculum Development, 1997.
CAMBOURNE, B. *The whole story*: natural learning and the acquisition of literacy in the classroom. New York: Ashton-Scholastic, 1988.
CARBO, M. Debunking the great phonics myth. *Phi Delta Kappan,* v. 70, p. 226-240, 1988.
CARBO, M. An evaluation of Jeanne Chall's response to "Debunking the great phonics myth". *Phi Delta Kappan,* v.70, p.152-157, 1989.
CASSIDY, J.; CASSIDY, D. What is hot, what is not for 2007. *Reading Today,* v. 24, n. 4, 2007.
CASSIDY, J.; CASSIDY, D. What's hot for 2001. *Reading Today,* v. 27, n.1, p. 8-9, 2009/2010.
CHALL, J. *Learning to read*: the great debate. 3rd ed. San Diego: Harcourt Brace, 1996.
CHALL, J. Learning to read: the great debate 20 years later – A response to "Debunking the great phonics myth". *Phi Delta Kappan,* v. 70, p. 521-538, 1998a.
CHALL, J. The uses of educational research: comments on Carbo. *Phi Delta Kappan,* v. 71, p. 158-160, 1998b.
CHALL, J.; POPP, H. M. *Teaching and assessing phonics*: Why, What, When, How – a guide for teachers. Cambridge, MA: Educators Publishing Service, 1996.

COMASKEY, E.; SAVAGE, R.; ABRAMI, P. A randomized efficacy study of web-based synthetic and analytic programs among disadvantaged urban kindergarten children. *Journal of Research in Reading*, v.32, p.92-108, 2009.

COYNE, M. D.; KAME'ENUI, E. J.; SIMMONS, D. C. Prevention and intervention in beginning reading: two complex systems. *Learning Disabilities Research and Practice*, v. 16, p. 63-73, 2001.

CUMMINS, J. Pedagogies for the poor? Realigning reading research for low-income students with scientifically based reading research. *Educational Researcher*, v. 36, p. 564-572, 2007.

CUNNINGHAM, J. Essay book reviews: the national reading panel report. *Reading Research Quarterly*, v. 36, p. 326-355, 2001.

DONAT, D. J. Reading their way: a balanced approach that increases achievement. *Reading and Writing Quarterly*, v. 22, p. 305-323, 2006.

DRESSMAN, M. On the use and misuse of research evidence: decoding two states reading initiatives. *Reading Research Quarterly*, v. 34, p. 258-285, 1999.

EMANS, R. The history of phonics. *Elementary English*, v. 45, p. 602-608, 1968.

FLESCH, R. *Why Johnny Can't Read*: and What You Can Do about It. New York: Harper and Brothers, 1955.

FRIES, C. C. *Linguistics and reading*. New York: Holt, 1962.

GARAN, E. M. Beyond the smoke and mirrors: a critique of the national reading report on phonics. *Phi Delta Kappan*, v. 82, p. 500-506, 2001.

GARAN, E. M. *Resisting reading mandates*: how to Triumph with the Truth. Portsmouth, NH: Heinemann, 2002.

GOODMAN, K. *What's whole in whole language?* Richmond Hill: Scholastic-TAB, 1988.

HAMMILL, D. D.; SWANSON, H. L. The national reading panel's meta-analysis of phonics instruction: another point of view. *Elementary School Journal*, v. 107, p.17-27, 2006.

HOFFMAN, J. V. et al. So what's new in the new basals?: a focus on first grade. *Journal of Reading Behavior*, v. 26, p. 47-73, 1994.

JEYNES, W. H. A meta-analysis of the relationship between phonics instruction and minority elementary school student achievement. *Education and Urban Society*, v. 40, p. 151-166, 2008.

KISMARIC, C.; HEIFERMAN, M. *Growing Up with Dick and Jane*. San Francisco: Harper Collins, 1996.

KRASHEN, S. The phonics debate: 2004. *Language Magazine*, v. 3, p. 18-20, 2004.

LYON, R. Testimony of G. Reid Lyon, Ph.D. on Children's Literacy. Washington, DC: National Institute of Child Health and Human Development, 1997.

MATHEWS, M. M. *Teaching to read*: historically considered. Chicago: University of Chicago Press, 1966.

McCRACKEN, G.; WALCUTT, C. C. *Book A*: basic reading. Philadelphia: Lippincott, 1963.

McQUILLAN, J. *The literacy crisis*: false claims, real solutions. Portsmouth, NH: Heinemann, 1998.

MILLS, H.; O'KEEFE, T.; Stephens, D. *Looking closely*: exploring the role of phonics in one whole language classroom. Urbana, IL: National Council of Teachers of English, 1992.

NATIONAL READING PANEL. *Teaching children to read*: an evidence-based assessment of the scientific research literature on reading and its implications for reading instruction. Washington, DC: National Institute of Child Health and Human Development, 2000a.

NATIONAL READING PANEL. *Teaching children to read*: an evidence-based assessment of the scientific research literature on reading and its implications for reading instruction: reports of the subgroups. Washington, DC: National Institute of Child Health and Human Development, 2000b.

O'DONNELL, M. P. Do intensive phonics programs help struggling readers? *New England Reading Association Journal*, v. 37, p. 4-10, 2001.

OTTO, W. et al. *Catch on*: merrill linguistic reading program. Columbus: Merrill, 1966.

MASSACHUSETTS ENGLISH LANGUAGE. Arts Curriculum Framework. Massachusetts: Massachusetts Department of Education, 2001.

RANKIN-ERICKSON, J. L.; PRESLEY, M. A survey of instructional practices of special education teachers nominated as effective teachers of literacy. *Learning Disabilities Research and Practice*, v. 15, p. 206-225, 2000.

ROUTMAN, R. *Literacy at the crossroads*: critical talk about reading, writing and other teaching dilemmas. Portsmouth, NH: Heinemann, 1996.
SAVAGE, J. F. *Teaching reading and writing*: combined skills, strategies, and literature. New York: McGraw-Hill, 1998.
SHAPIRO, R. L.; SOLITY, J. Code-oriented instruction for kindergarten students at risk for reading difficulties: a replication and comparison of instructional groupings. *Reading and writing: An Interdisciplinary Journal*, v. 21, p. 929-963, 2008.
SMITH, F. *Reading without nonsense*. 2nd ed. New York: Teachers College Press, 1985.
SMITH, F. *Understanding reading*: a psycholinguistic analysis of reading and learning to read. 4th ed. Hillsdale, NJ: Erlbaum, 1988.
SMITH, F. Why systematic phonics and phonemic awareness instruction constitute an educational hazard. *Language Arts*, v. 77, p. 150-155, 1999.
SMITH, F. *Unspeakable acts, unnatural practices*: flaws and fallacies in "scientific" reading instruction. Portsmouth, NH: Heinemann, 2003.
SMITH, N. B. *American Reading Instruction*. Newark, DE: International Reading Association, 1965.
SNOW, C. E.; BURNS, M. S.; GRIFFI, P. *Preventing reading difficulties in young children*. Washington, DC: National Academy Press, 1998.
STAHL, S. A.; OSBORN, J.; LEHR, F. *"Beginning to Read: Thinking and Learning about Print" by Marilyn Jager Adams*: a summary prepared by Steven A. Stahl, Jean Osborn, and Fran Lehr. Urbana, IL: Center for the Study of Reading, University of Illinois at Champaign-Urbana, 1990.
STANDARDS OF THE ENGLISH LANGUAGE ARTS. Newark/Urbana: International Reading Association and National Council of Teachers of English, 1996.
STRAUSS, S. L.; ALTWERGER, B. The logographic nature of English alphabetic and the fallacy of direct intensive phonics instruction. *Journal of Early Childhood literacy*, v. 7, p. 299-319, 2007.
STRICKLAND, D. Whole language. In: HARRIS, T. L.; HODGES, R. E. (Eds.). *The literacy dictionary*. Newark, DE: International Reading Association, 1995.
TAYLOR, D. Beginning to read and the spin doctors of science: an excerpt. *Language Arts*, v. 76, p. 217-231.
VADASY, P. F.; SANDERS, E. A. Code oriented instruction for kindergarten students at risk for reading difficulties: A replication and comparison of instructional grouping. *Reading and Writing: An Interdisciplinary Journal*, v. 21, p. 929-963, 2008.
VENETSKY, R. L. A history of the American reading textbook. *Elementary School Journal*, v. 87, p. 247-265, 1987.
WYSE, D.; STYLES, M. Synthetic phonics and the teaching of reading: the debate surrounding the Rose Report. *Literacy*, v. 41, p. 35-42, 2007.
YATVIN, J. Babes in the woods: The wanderings of the National Reading Panel. *Phi Delta Kappan*, v. 83, p. 364-369, 2002.

2 Começando: consciência fonêmica e conhecimento do alfabeto

A abordagem fônica envolve o estudo da relação entre fonemas e grafemas em nossa língua. Em sua maioria, as crianças usam os fonemas e entram em contato com grafemas muito antes de serem apresentadas a eles na sala de aula. Este capítulo:
- examina a consciência fonêmica e a sua importância no início da leitura;
- discute o ensino do alfabeto elaborado para familiarizar as crianças com os nomes das letras e os seus sons;
- sugere técnicas que realçam os aspectos mais importantes do aprendizado inicial de crianças pequenas.

O desenvolvimento inicial das crianças na fônica passa pela consciência fonêmica e pelo conhecimento do alfabeto, dois fatores que se provaram alicerces do ensino inicial da leitura e os melhores preditores do seu sucesso no aprendizado posterior. A consciência fonêmica envolve a habilidade de reconhecer e manipular os sons básicos que compõem as palavras faladas. Já o conhecimento do alfabeto envolve saber os nomes das letras e, mais tarde, também os seus sons, o que se funde ao ensino formal da fônica. A crescente consciência por parte das crianças dos sons e símbolos de sua língua é manifestada por meio da ortografia inventada (ver Cap. 5) em suas tentativas iniciais de escrever sozinhas.

CONSCIÊNCIA FONÊMICA

Os fonemas são as unidades básicas da fala. São unidades mínimas e indivisíveis que compõem os átomos das palavras faladas. Estar ciente dessas unidades básicas é o que se entende por consciência fonêmica.

A consciência fonêmica é o entendimento de que as palavras faladas e as sílabas são formadas por sequências de sons básicos discretos e pela habilidade de ouvir, identificar e manipular esses sons. Após já ter sido definida e descrita de maneiras variadas por especialistas diferentes (CALIFORNIA DEPARTMENT OF EDUCATION, 1996; EHRI; NUNES, 2002; SNOW; BURNS; GRIFFIN, 1998; STANOVICH, 1994; SULZBY; TEALE, 1991; WILLIAMS, 1995; YOPP; YOPP, 2000; BECK, 2006), a consciência fonêmica essencialmente envolve o conhecimento dos sons básicos das palavras e a habilidade de manipular esses sons de maneiras diversas. Torgesen e Mathes (2000, p. 2) a definem da seguinte forma: "[...] sensibilidade à, ou consciência da, estrutura fonológica das palavras da sua língua. Em síntese, envolve a habilidade de perceber, de pensar sobre e manipular os sons individuais das palavras".

A consciência fonêmica envolve mais do que a habilidade de ouvir ou produzir fonemas em palavras faladas; diz respeito, na verdade, à atenção consciente aos sons que formam as palavras, e não ao sentido dessas palavras. A consciência fonêmica ajuda as crianças a ficarem mais atentas ao funcionamento da língua. Embora não seja importante no aprendizado da fala, ela é importante no aprendizado da leitura. "Falantes e ouvintes não necessitam ter consciência dos fonemas; leitores e escritores iniciantes, sim" (RICHGELS, 2001, p. 274).

Embora às vezes sejam usados como sinônimos, os termos *consciência fonológica*, *consciência fonêmica* e *fônica* não significam a mesma coisa.

Consciência fonológica é um termo geral que se refere ao entendimento dos aspectos sonoros da linguagem falada. Inclui a habilidade de separar as frases faladas em palavras individuais e de separar as palavras faladas em sílabas.
Consciência fonêmica foca especificamente os fonemas, as unidades básicas dos sons falados. A consciência fonêmica está sob um "guarda-chuva" maior, que é a consciência fonológica.
Fônica envolve símbolos escritos. As consciências fonológica e fonêmica envolvem a linguagem oral; já a fônica, o texto escrito. Claro que são relacionadas, já que o texto escrito representa sons falados, mas as crianças podem reconhecer os sons das palavras sem saber as letras que as representam.

As crianças não precisam saber as letras do alfabeto para participar de atividades de consciência fonêmica, embora os professores com frequência integrem ambos os aspectos no ensino inicial da leitura, já que a instrução da consciência fonêmica é mais eficaz quando os alunos são ensinados a manipular fonemas ao mesmo tempo em que aprendem a usar letras. Pesquisas indicam que o exercício dessa consciência de fonemas, acompanhado pelo ensino da correspondência grafema-fonema, é mais eficaz do que o exercício da consciência fonêmica por si só (TROIA; ROTH; GRAHAM, 1998).

A consciência fonêmica é uma área cada vez mais importante da pesquisa e do ensino da leitura. Por muito tempo, educadores especializados em letramento consideravam óbvio que, se as crianças conseguiam produzir linguagem oral, elas só podiam estar conscientes dos sons das palavras faladas. Embora a consciência dos sons das palavras seja automática para algumas crianças, a maioria precisa de ajuda para adquirir o entendimento de como os sons se juntam para formar palavras.

Na língua falada, os sons se fundem no que os antigos gregos chamavam de "rio de som". Conforme aprendem a falar, as crianças combinam séries de sons aleatórios até aprenderem a juntar pequenos segmentos de sons de modo a formar combinações que signifiquem algo. Elas aprendem, por exemplo, que, quando juntam /p/, /a/ e /y/, essa combinação nomeia alguém que lhes é muito importante. Combinar esses sons em geral produz uma resposta ou reação muito positiva dos adultos importantes de seu ambiente, e os pequenos aprendem, assim, a repetir essas combinações significativas de som. Conforme continuam aprendendo a falar, seu rio de linguagem corre sem muita atenção à separação dos segmentos sonoros que compõem as palavras. Os sons que elas fazem não são acusticamente distinguíveis uns dos outros. As crianças aprendem a juntar sons sem ter a consciência de seus elementos individuais – os fonemas – que formam as palavras faladas por elas.

Embora as crianças componham sequências de sons para formar palavras, a consciência dos segmentos que formam essas palavras não é automática. "Em programas fônicos convencionais, uma consciência assim (da composição fonêmica das palavras) geralmente era considerada óbvia, e nisso está a força da pesquisa sobre a consciência fonêmica" (SNOW; BURNS; GRIFFIN, 1998, p. 55).

A consciência fonêmica é parte do conhecimento metalinguístico envolvido no letramento emergente. A consciência metalinguística é definida como a "atenção consciente, por parte do usuário da língua, da língua como um objeto por si só" (HARRIS; HODGES, 1995, p. 153). Envolve a habilidade de refletir e conversar sobre os conceitos da língua. Por meio de seus contatos iniciais com os livros, as crianças adquirem conceitos sobre a língua escrita. Desenvolvem uma compreensão do que é o texto escrito e de como ele se relaciona à fala, do direcionamento da linguagem escrita, da relação entre fala e escrita e de outros componentes de como a língua funciona. Esse conhecimento começa cedo, com o contato com livros em casa, e continua com as lições de leitura compartilhada, com a experiência com histórias e outras atividades de leitura-escrita que, em geral, fazem parte do ambiente do aprendizado da primeira infância. Embora muito desse conhecimento metalinguístico se estenda para além da consciência fonêmica, o conhecimento dos sons das palavras é, certamente, uma parte da metalinguística.

A importância da consciência fonêmica

Por que a consciência fonêmica é tão importante no processo de alfabetização de crianças? Para leitores iniciantes, a consciência fonêmica forma a base da fônica que ajuda os alunos a adquirir a habilidade de decodificar rápida e corretamente. Sem ela, o ensino da fônica deixa de fazer tanto sentido, já que as crianças sem consciência fonêmica suficiente têm dificuldade de relacionar os sons falados às letras. "Na produção da fala, não há distinção clara entre fonemas, porque um fonema se sobrepõe ao outro. Mas a consciência fonêmica é necessária para o aprendizado da decodificação de uma língua alfabética, pois decodificar o texto escrito depende do mapeamento de fonemas para grafemas" (JUEL, 1988, p. 437). Torgesen e Mathes (2000, p. 4-5) listam as seguintes razões do porquê a consciência fonêmica é importante no aprendizado da leitura:

(1) Ajuda as crianças a entender o princípio alfabético (como as palavras que elas falam são representadas na escrita); (2) Ajuda-as a perceber os padrões com que as letras representam os sons nas palavras (como combinar letras aos sons na decodificação de palavras); e (3) Torna possível gerar possibilidades para palavras no contexto em que são apenas parcialmente pronunciadas (dá às crianças pistas de como decodificar palavras não conhecidas).

Vacca et al. (2009, p. 148) resumem a importância da consciência fonêmica da seguinte maneira: "A consciência fonêmica é importante porque desempenha um papel causal no aprendizado da leitura, aprimora o leitor para o texto escrito e ajuda a dar sentido ao ensino fônico".

A pesquisa sobre a consciência fonêmica e a sua importância no início da aprendizagem da leitura é muito impressionante no que diz respeito à forte correlação entre a consciência fonêmica e o letramento (ADAMS, 1990; EHRI; NUNES, 2002; NATIONAL READING PANEL, 2000; SULZBY; TEALE, 1991; MANYAK, 2008). Sumários de pesquisa relacionados à consciência fonêmica reportam que essa habilidade é a mais fortemente relacionada ao ensino da leitura e possui um valor preditivo poderoso no seu sucesso, muito mais do que outros fatores gerais como inteligência, prontidão para leitura e compreensão auditiva. "O nível de consciência fonêmica de uma criança ao entrar na escola é vastamente considerado o determinante isolado mais forte do sucesso da sua experiência no aprendizado da leitura – ou, de modo oposto, da probabilidade de ela falhar." (ADAMS et al., 1998, p. 2). A habilidade para desempenhar tarefas de consciência fonêmica é "[...] o melhor prognosticador da facilidade na aquisição inicial da leitura – melhor do que qualquer outro, inclusive o QI" (STANOVICH, 1994, p. 284).

A falta de consciência fonêmica traz um prejuízo importante para o aprendizado da leitura. A consciência fonêmica é um dos principais fatores que separam leitores proficientes dos ineficientes. Dada a forte relação entre consciência fonêmica e o sucesso na leitura, pode-se dizer que a falta de consciência fonêmica é um obstáculo a ser ultrapassado no início da leitura, e que a consciência fonêmica é um dos principais fatores que separam leitores típicos dos leitores com dificuldades. "Vinte anos de pesquisa mostraram consistentemente que muitos leitores iniciantes, e quase todas as crianças com transtorno de leitura, têm dificuldade nas tarefas de consciência fonológica" (MOATS, 1994, p. 83). Crianças que entram no primeiro ano com pouca consciência fonêmica correm um risco maior de fracassar no aprendizado da leitura e da escrita.

O nível de consciência fonêmica da criança que ingressa no primeiro ano do ensino fundamental é mais importante para prever o seu sucesso na leitura do que qualquer tipo de instrução (i.e., mais tradicionais e baseadas em habilidades ou abordagens mais holísticas) que ela irá receber. Devido à natureza ortográfica da língua inglesa, e da portuguesa, por exemplo, a habilidade das crianças de reconhecer e manipular os sons é essencial em qualquer abordagem ou modelo de instrução da leitura adotado em sala de aula.

A consciência fonêmica é importante no aprendizado da ortografia e da escrita também (JUEL, 1988; ORTON, 2000). Conforme as crianças pequenas desenvolvem as habilidades de ortografia e escrita, elas precisam reconhecer os sons das consoantes e das vogais das palavras, para assim selecionar as letras que representam essas palavras em suas primeiras tentativas de escrever narrativas, poemas, mensagens e outras formas de composição.

Enquanto estudos que abordam a relação entre a consciência fonêmica e o sucesso inicial da leitura consistentemente mostram uma alta correlação entre os dois, alguns têm questionado a natureza dessa relação – ou seja, a competência fonêmica leva ao sucesso na leitura, ou as crianças adquirem a consciência fonêmica como resultado da conquista da competência de leitura? Desconsiderando essa questão, o fato é que a consciência fonêmica continua um elemento importante para o letramento emergente da criança e um componente importante no ensino inicial da leitura.

Desenvolvendo a consciência fonêmica

A consciência fonêmica não é uma entidade ou habilidade unitária e singular. Ela se desenvolve gradualmente ao longo da educação infantil, mas não é também uma habilidade que as crianças desenvolvam espontaneamente. Envolve uma variedade de tarefas, que variam da habilidade de identificar palavras à habilidade de decompor sílabas e reconstruí-las, formando novas palavras.* Envolve tarefas apropriadas a alunos iniciantes e outras que são adequadas, no que diz respeito ao desenvolvimento, ao fim do primeiro ano do ensino fundamental.

---

* N. de R.T.: Nesse parágrafo o autor usa o termo consciência fonêmica (phonemic awareness) embora esteja se referindo à consciência fonológica (phonological awareness).

No mundo prático da sala de aula, os alunos pequenos podem desenvolver a consciência fonológica e a fonêmica por meio de atividades diretas e explícitas, de ocasiões incidentais ou informais que surgem muitas vezes na rotina da classe e de atividades que surgem por meio da literatura infantil. As ocasiões para esses três tipos de práticas aparecem a todo momento no contexto da educação infantil.

Atividades diretas envolvem o ensino específico que é usado para desenvolver a consciência fonológica e fonêmica. As crianças são instruídas para contar o número de sílabas da palavra *computador*, identificar o som inicial da palavra *mesa*, dizer quais palavras rimam com *bola*, determinar qual palavra é criada quando o som /b/ é excluído da palavra *bela* e dizer qual palavra é formada quando os sons /u/, /v/ e /a/ são unidos. Essas atividades diretas e claras envolvem a manipulação de sons nas palavras e focam a consciência fonológica e fonêmica que se provaram importantes no ensino da leitura.

Ocasiões incidentais surgem ao longo de todo o dia para ensinar e praticar a consciência fonológica e fonêmica no contexto de brincadeiras de linguagem e outras atividades orais. Quando a rotina da aula é ditada e transcrita, o professor pode chamar a atenção para quantas sílabas há na palavra *lanche*. Enquanto as crianças formam fila para ir ao parquinho, o professor diz "O líder da fila hoje é o /z/.../ɛ/" (Zé) ou "As primeiras crianças da fila serão os meninos cujos nomes rimam com 'el'" (Rafael e Gabriel). Essas ocasiões incidentais são oportunidades para praticar tanto a consciência fonológica quanto fonêmica, pois o professor pode chamar a atenção para os elementos sonoros durante o dia a dia escolar.

O Comitê Nacional de Leitura (NATIONAL READING PANEL, 2000) sugere que o ensino da consciência fonêmica passe de tarefas simples para tarefas mais complexas, abordando a manipulação dos fonemas com as letras e um ou dois tipos de manipulação fonêmica por vez, e que o ensino para grupos pequenos é mais eficaz do que para a classe inteira ou para um só aluno. Ao descrever como o ensino da consciência fonêmica deveria ocorrer na sala de aula, Yopp e Yopp (2000) sugerem que deve ser apropriado ao nível de desenvolvimento dos alunos e também deliberado e direcionado a um objetivo, e ser apenas parte de um programa de letramento mais vasto realizado em um ambiente rico em linguagem e literatura. Além do ensino para crianças bem pequenas, a consciência fonêmica não é menos importante para alunos um pouco mais velhos e para os que estão sendo alfabetizados. Embora a natureza da tarefa permaneça a mesma, as técnicas de ensino obviamente precisam ser ajustadas à idade e ao nível de desenvolvimento do aluno.

A literatura infantil pode ser de maneira eficaz integrada e balanceada com as atividades de consciência fonêmica. "Muitos livros infantis dão ênfase ao sons falados por meio da rima, aliteração, assonância, substituição fonêmica ou segmentação e fornecem as brincadeiras de linguagem como traço dominante" (YOPP, 1995a, p. 27). Livros para crianças que focam as brincadeiras de linguagem – como os livros populares estrelados pelo Dr. Seuss, o *Is Your Mama a Llama* (Sua mamãe é uma lhama?), de Débora Guarino, e clássicos como *Henny Penny*, recontados por Paul Gaudone e outros autores* – são veículos para ajudar as crianças a prestar atenção aos sons de sua linguagem ao mesmo tempo em que se divertem com as histórias. Livros como esses contêm elementos de rima, aliteração e substituição de sons. Já que as brincadeiras de linguagem são um traço explícito das obras, as histórias exigem que os pequenos prestem atenção aos sons de sua língua. Além disso, são pura diversão! Pré-escolares e alunos do primeiro ano adoram ouvir histórias, respondendo aos sons e repetindo frases muitas e muitas vezes.

Versos populares entre as crianças são um veículo especialmente frutífero para o desenvolvimento da sua consciência fonêmica. Pesquisas indicam que "[...] uma relação forte e altamente específica foi encontrada entre o conhecimento de versinhos infantis e o desenvolvimento de habilidades fonológicas, que permaneceram significativas quando diferenças de QI e contexto social foram controlados." (MACLEAN; BRYANT; BRADLEY, 1987, p. 255). A experiência das crianças com versinhos não apenas desempenha um papel importante em seu desenvolvimento fonológico, como também agrada aos ouvidos e as envolve em algo que faz parte de sua herança cultural há centenas de anos.

Listas de livros que se prestam especialmente ao desenvolvimento da consciência fonêmica em língua inglesa foram sugeridos por Bishop et al., (2000), Opitz (1998) e Yopp (1995b). Opitz também sugere atividades que ajudem os pais a usar esses livros em casa. "A pesquisa do Comitê Nacional de Leitura também descobriu que o uso de *softwares* para computadores, desde que adequados ao nível de desenvolvimento da criança, funcionam eficazmente no ensino da consciência fonêmica" (COWEN, 2003, p. 64-65).

Entre os componentes da consciência fonológica/fonêmica, estão:
- a **rima**, a habilidade de reconhecer e de produzir palavras que rimem;
- a **segmentação**, a habilidade de separar palavras em componentes fonológicos;
- o **isolamento**, a habilidade de identificar sons individuais dentro das palavras;
- a **exclusão**, a habilidade de apagar elementos fonológicos ao falar palavras;
- a **substituição**, a habilidade de criar uma nova palavra substituindo um fonema por outro;
- a **síntese**, a habilidade de identificar uma palavra baseando-se na escuta dos fonemas discretos que a compõem.

---

* N. de R.T.: Em português temos, por exemplo, *ABC doido*, de Ângela Lago, e *Ciranda das vogais*, de Zoé Rios, ambos sugeridos pelo MEC (BRASIL, 2012).

Cada um desses componentes pode ser parte de atividades incidentais e diretas de ensino como parte de um programa de letramento abrangente nos primeiros anos escolares. O ensino da consciência fonêmica é mais eficiente quando foca um ou dois componentes de uma vez, em vez de muitos ao mesmo tempo. Além disso,

> [...] o ensino deve se desenrolar em uma sequência lógica de atividades que exigem habilidades metafonológicas gradualmente mais sofisticadas... Por exemplo, já foi demonstrado com relativa consistência que algumas habilidades metafonológicas parecem mais fáceis do que outras e, por isso, surgem mais cedo no desenvolvimento da criança. Especificamente, rimar é mais fácil do que sintetizar sons, que é mais fácil do que segmentar sons, que é, por sua vez, mais simples do que a exclusão fonêmica. (TROIA; ROTH; GRAHAM, 1998, p. 5).

Além disso, integrar os símbolos do alfabeto nessas atividades reforça a consciência de sons e o conhecimento do alfabeto. "Um consenso emergente sugere que, após a educação infantil", o ensino da consciência fonêmica é mais eficaz quando é aplicado no contexto da língua escrita. (Beck, 2006, p. 29).

Rima

Rimar, comparando e contrastando sons, talvez seja o aspecto mais essencial da consciência fonológica, um indicador claro das habilidades fonológicas. Qualquer pessoa que já tenha ouvido crianças no parquinho conhece bem a propensão infantil a construir versos de sons similares (muitas vezes sem sentido) baseando-se nos nomes dos colegas e em outras palavras usuais. Embora possa ser a mais fácil de todas as tarefas de consciência fonológica, rimar exige, sim, um nível de abstração na abordagem do som das palavras. "Para dizer se as palavras *boné* e *chulé* rimam, a criança precisa ser capaz de abstrair o som /ɛ/ das duas palavras, compará-los e perceber que são o mesmo som" (GUNNING, 2000, p. 3).

A habilidade de rima envolve tanto a capacidade para reconhecer quanto para produzir uma rima.

O foco no *reconhecimento* de palavras que rimam pode começar assim que as crianças perceberem que algumas palavras "combinam" e outras não. As crianças sempre adoram o elemento da rima quando ouvem versinhos nos primeiros anos da educação infantil. Na verdade, é a partir desses poemas que elas, em geral, adquirem o conceito da rima.

Sugestões de ensino

Reconhecendo palavras que rimam

Combinando
Com uma pilha de figuras, o professor pede aos alunos que indiquem palavras que rimam:
"Mostrem-me a figura que rima com *sabão*."
As crianças mostrarão, por exemplo, o desenho do balão.

Pares mínimos
O professor pede que as crianças formem pares de palavras e digam se elas rimam:
gato-pato   copo-bola   cão-mão
As crianças respondem com "Sim" ou "Não" levantando plaquinhas com "S" ou "N" ou com o sinal de polegar para cima ou para baixo.

Classificando palavras
O professor diz três palavras, sendo que uma delas não pertence a esse grupo pois não rima com as outras. As crianças deverão indicar qual a palavra não pertence ao grupo:
gato-pato-vaca   copo-bola-cola   cão-céu-mão
De novo, as crianças respondem com "Sim" ou "Não" levantando plaquinhas com "S" ou "N" ou com o sinal de dedão para cima ou para baixo.

SENTA!
O professor mostra três palavras, duas entre elas rimam, para cada criança. Estas falam as palavras na ordem (ou o professor fala as palavras da criança com a mão na cabeça dela) e, quando a palavra que não rima é dita, a classe inteira grita "SENTA!".

Cadeiras que rimam
Como uma variação da tradicional dança das cadeiras das festinhas infantis, arrumam-se as cadeiras em círculo. O professor diz uma série de palavras em grupos de rimas enquanto as crianças andam ao redor das cadeiras – por exemplo, *mão, não, anão*; *pato, gato, rato, mato*; *asa, casa, brasa*; *céu, mel, véu*. A cada vez que o professor mudar de grupo, as crianças sentam-se nas cadeiras ou mudam de direção.

Figuras que rimam
As crianças podem fazer desenhos ou encontrar figuras em revistas cujos nomes rimam – por exemplo, *anel, papel, céu* ou *caracol, girassol, anzol* – e juntá-los em grupos. As figuras podem ser distribuídas para os alunos, que devem encontrar os seus "companheiros de palavras". (As mesmas figuras podem ser usadas mais vezes para outras atividades de consciência fonológica/fonêmica.)

Ei, isso rima!
O reconhecimento das rimas pode ser aplicado quando os professores ditam frases, algumas das quais com palavras que rimam e outras não. Por exemplo:

Há um movimento no vento.
Há um pote de mel no céu.
Há um lápis no chão.
Há uma menina bela na janela.

As crianças dirão quais frases possuem palavras que rimam.

A *produção* de elementos que rimam é um segundo nível do exercício da rima. Reconhecer que, às vezes, *gato* rima com *mato* é um nível: produzir uma palavra que rima com *gato* já é outro nível.

Versinhos infantis são recursos importantes na prática da rima. Além da alegria de compartilhar versinhos, rudimentos de consciência fonêmica podem ser plantados nas crianças que os aprendem.

Sugestões de ensino

Produção de palavras que rimam
Passe a bola
As crianças se sentam em um círculo com uma bola de borracha ou um saquinho de arroz. Uma criança diz uma palavra, como *gato*. Ela joga a bola ou o saquinho de arroz para um colega, que deve dizer palavras que rimam com aquela – *mato, rato, pato,* etc.
Sons de animais
As crianças adoram imitar os sons dos animais. O professor (ou um dos alunos) pode inventar charadas simples que envolvam palavras que rimam com sons de animais. Por exemplo: "Estou pensando em palavras que rimam com o som que a vaca faz." (*urubu, baú, caju*) "Estou pensando em palavras que rimam com o som que o cachorro faz." (*tchau, quintal, cacau*) As crianças podem elencar palavras que existam ou não, desde que rimem.
Complete a rima

O professor lê versos de uma cantiga ou parlenda popular, fazendo uma pausa antes das palavras que rimam:
  Um, dois, feijão com (pausa)
  Três, quarto, feijão no (pausa)
ou
  Corre, Cutia
  Na casa da (pausa)
As crianças completarão as frases com a palavra que rima.

Rimas alternativas

O professor fala um versinho popular e pede para as crianças substituírem por palavras alternativas que rimem no fim das frases:
  Batatinha quando nasce
  Espalha a rama pelo chão
  Menininha quando dorme
  Põe a mão no ... (cão, portão, cordão, leão)
ou
  Era uma casa muito engraçada
  Não tinha teto, não tinha ... (calçada, entrada, almofada)
As palavras sugeridas pelas crianças têm de fazer sentido no contexto.

(continua)

> **Produção de palavras que rimam** (continuação)
>
> ### Rimas expandidas
>
> Adicione estrofes a rimas conhecidas e peça para as crianças completarem:
>
> > Batatinha quando nasce
> > Espalha a rama pelo "..."
> > E também pelo "..."
> > Ou pelo "..."
>
> ### Versinhos originais
>
> Não há um passo gigante entre pedir para as crianças completarem versos populares com rimas e pedir que façam rimas para os versos simples que elas mesmas criaram. O professor pode começar fornecendo um esquema sobre o qual elas podem construir as rimas:
>
> > Eu olhei para o ar
> > E vi um ...
>
> ou
>
> > Fui no mercado comprar balão
> > Mas só encontrei ...
>
> Depois, as crianças podem sugerir palavras que rimam para terminar as frases.
>
> ### Dando ritmo
>
> Embora o foco de atividades como esta seja a rima, outro aspecto importante da poesia – o ritmo – sempre aparece. No primeiro verso acima, algumas crianças completarão com uma única palavra que rima, como *colar, celular* e *pomar*, enquanto outras sugerirão um padrão rítmico consistente com a primeira linha – *pássaro cantar, avião voar, balão passar*, etc. (É claro que outras dirão uma palavra que não rima, como *passarinho*, o que aponta para a necessidade de exercitar muito mais as palavras que rimam, como parte da consciência fonológica!)
>
> ### Quem disse isso?
>
> O livro infantil *I can't, said the ant* (Não que eu consiga, disse a formiga), de Polly Cameron (Scholastic,1961), é um ponto de partida ideal para uma atividade com rimas. Quando o bule se quebra, todos os outros objetos da cozinha comentam – *"Qual é o babado?", disse o cadeado. "O bule caiu", disse o funil*. Após ler o livro (ou outro nessa mesma linha) em voz alta, o professor pode sugerir outros versos para o uso de palavras que rimam, adotando o mesmo modelo de linguagem. Por exemplo:
>
> No parquinho "Fale manso", disse o (balanço).
> "Você está com calor?", perguntou-me o (escorregador).
>
> Na sala de aula "Faça uma careta", falou a (caneta).
> "Seu pai trabalha de terno?", gritou o (caderno).
>
> O rico conteúdo de outros livros infantis pode ser usado em atividades de rima similares.

Versos, cantigas, parlendas e poesia infantil constituem um ingrediente básico da dieta do letramento da maioria dos ambientes infantis. Embora formas simples de poesia possam ser usadas de forma eficaz no desenvolvimento da consciência fonológica/fonêmica, o foco instrucional não pode ofuscar a alegria das crianças de entrar em contato com esses belos exemplares da nossa cultura e com a ótima poesia de grandes autores em seus primeiros anos escolares.

A literatura infantil é um verdadeiro tesouro de materiais por explorar tanto no reconhecimento quanto na produção de rimas. As crianças podem focar em palavras que rimam quando os professores lhes apresentam livros como:*

- *Brown bear, brown bear, what do you see?* (Urso marrom, urso marrom, o que você vê?) de Bill Martin Jr., ilustrado por Eric Carle, um livro muito popular entre as crianças norte-americanas (Essa dupla de autor/ilustrador também assina *Polar bear, polar bear, what do you hear?*).
- *The fat cat on the mat* (O gato cansado sentou no mato), de Nurit Karlin, um livro simples de uma coleção chamada I can read (Eu posso ler) repleto de pavras rimadas.
- *Silly Sally* (Lola boba), de Audrey Wood, uma história amada por crianças pequenas sobre uma menina que anda para trás com as mãos.
- *Louella mae, she's run away* (Louela Mae, ela fugiu), de Karen Beaumont Alarian, ilustrado por Rosanne Litzinger, em que as crianças têm de virar as páginas para ver as palavras que rimam.
- *Drummer Hoff* (nome do livro e do personagem principal), adaptado por Barbara Emberlay e ilustrado por Ed Emberlew, um livro brilhantemente ilustrado com rimas e outros elementos linguísticos que podem ser adaptados para diferentes aspectos da consciência fonêmica.

O folclore popular também é repleto de rimas como parte das narrativas, como

Pela estrada afora, eu vou bem sozinha
Levar esses doces para a vovozinha

e

Eu vou, eu vou, para casa agora eu vou

Lembre-se, ainda, dos elementos de rimas nos nomes de personagens infantis, desde os tradicionais contos de fadas, como João e o Pé de Feijão, até os mais contemporâneos, como Angelina Ballerina e Gatola na Cartola.

Em suma, os professores raramente têm de sair das prateleiras da sala de aula para encontrar materiais que podem ser usados de maneira eficaz como parte do ensino focado na consciência fonológica, ajudando os alunos a reconhecer e produzir rimas.

---

* N. de R.T.: No final deste capítulo são sugeridos alguns livros em língua portuguesa.

Segmentação

A segmentação envolve separar as palavras em seus componentes fonológicos. Requer uma consciência de elementos sonoros e a habilidade de reconhecer esses elementos na linguagem falada. A segmentação inclui identificar elementos independentes nas **palavras compostas, sílabas** em palavras mais longas, **ataques** *(onsets)* e **rimas**, além de **fonemas** em palavras.

Palavras compostas não são difíceis de segmentar, porque consistem em duas partes independentes ou de morfemas independentes, que as crianças conseguem identificar, com frequência, como unidades de sentido. (A relação entre as duas partes é interessante: *supermercado* é um mercado que é super, *guarda-chuva* guarda a gente da chuva, mas um *aeroporto* não é um porto para aeros, mas sim para aviões. Esse é um assunto, porém, para outra discussão.) Obviamente, é importante que as crianças entendam o conceito de palavras compostas antes que sejam usadas em atividades de consciência fonológica/fonêmica.

Sugestões de ensino

Segmentando palavras compostas
Batam palmas
O professor diz a primeira parte de uma palavra composta, seguida da segunda parte, só que cerca de meio segundo depois: *Vou falar para vocês algumas palavras compostas. Batam uma palma para cada pequena palavra que ouvirem em cada palavra composta:*   guarda-sol   sofá-cama   couve-flor   As crianças batem palmas para cada parte independente que ouvirem da palavra.
Segmentando palavras compostas em partes
Para ver como as palavras compostas podem ser separadas em duas unidades independentes, as crianças podem usar duas peças de Lego ou bloquinhos de madeira. Cada uma ganha duas peças que se encaixem de cores contrastantes. Usando palavras compostas familiares, o professor pode demonstrar como os blocos se separam conforme ele diz as duas partes da palavra – *guarda/chuva, beija/flor*. As crianças separam as peças quando ouvem o professor dizer as duas palavras separadamente. As peças ou os blocos também podem ser usados para as crianças separarem sílabas e/ou identificar fonemas nas palavras. Além disso, também podem juntar as peças em atividades que exijam formar palavras ou reunir partes de palavras.
Jogo de adivinhação
Para estender ainda mais a compreensão, as crianças podem adivinhar palavras compostas em resposta às pistas dadas pelo professor, por exemplo: quando sabemos que vai chover, o que levamos junto ao sair de casa? (guarda-chuva); que doce de amendoim comemos na Festa Junina? (pé de moleque); e assim por diante.

(continua)

Segmentando palavras compostas (continuação)		
Palavras para praticar: palavras compostas		
Aqui está uma lista de palavras compostas, sem e com hífen, que podem ser úteis em exercícios:		
aeroporto	guarda-roupa	pé de moleque
arco-íris	malcriado	peixe-espada
cor-de-rosa	maria-mole	pica-pau
couve-flor	meia-lua	porco-espinho
ferro-velho	mil-folhas	segunda-feira
guarda-chuva	passatempo	supermercado

A segmentação também envolve a identificação do número de sílabas de uma palavra. As sílabas são conjuntos de vogais e consoantes que formam as palavras. Assim, contar sílabas tem, há muito tempo, feito parte da instrução fonológica de crianças. A habilidade de separar a palavra em sílabas auxilia a criança em seu processo de tentativa de pronunciar palavras desconhecidas de um texto. Já que o conceito de sílabas, de início, pode ser estranho para crianças pequenas, Cunningham (2009) sugere que os professores se refiram às sílabas como "pedaços" e usem para descrever objetos comuns da sala de aula, como: *lápis* é uma palavra com dois pedaços, *caderno* é uma palavra com três pedaços e *computador* é uma palavra com quatro pedaços.

Sugestões de ensino

Segmentando as sílabas
Toque o queixo
Bater palmas é a técnica de resposta há tempos usada quando as crianças precisam identificar o número de sílabas das palavras. Apoiar o queixo sobre as mãos é uma maneira mais silenciosa de ajudá-las a responder ao número de sílabas das palavras. As crianças colocam as pontas dos dedos no queixo e contam os movimentos do queixo conforme pronunciam as palavras. (Como todas as sílabas possuem algum som de vogal e a boca tem de abrir para o som sair, cada sílaba produzirá um movimento de abrir e fechar de boca, isto é, um movimento do queixo.)
Cabeça, ombros, joelhos e pés
Quando o professor disser a palavra, as crianças devem apontar partes do seu corpo. Para palavras de uma sílaba, as crianças deverão tocar as suas cabeças. Nas palavras de duas sílabas, tocarão suas cabeças e seus ombros (duas sílabas, duas partes do corpo). Para palavras de três sílabas, apontarão as suas cabeças, ombros e joelhos.

(continua)

> **Segmentando as sílabas** (continuação)
>
> Quando for uma palavra de quatro sílabas, indicarão suas cabeças, ombros, joelhos e pés. Por exemplo, o professor diz: sol (aponta *cabeça*), livro (*cabeça, ombros*), professor (*cabeça, ombros, joelhos*) e assim por diante. Assim, as crianças também se exercitam enquanto praticam a consciência fonológica.
>
> ### Quantas sílabas tem o seu nome?
>
> As crianças gostam de contar as sílabas dos seus nomes. *Zé* é um nome de uma sílaba; *Pedro*, de duas; *Sofia*, de três; *Mariana*, de quatro. Além de contar as sílabas dos seus nomes, elas podem contar as sílabas dos nomes de personagens das histórias que escutam, como Rapunzel, Cinderela, Chapeuzinho Vermelho, e outros nomes de personagens de livros lidos em classe. Pode-se juntar o nome ao sobrenome do aluno para contar o total de sílabas. Para estender à matemática, o professor pode fazer uma tabela com o número de crianças cujos nomes possuem o mesmo número de sílabas.
>
> ### Tabuleiro dos números
>
> Cada criança ganha um tabuleiro com os números 1 2 3 4. Os alunos, marcam, então, no tabuleiro o número de sílabas que escutam em uma palavra. Como marcadores, podem ser usados fichas de plástico, quadradinhos de papel-cartão ou brinquedinhos. Usando um alimento para o lanche, como uvas e biscoitos, limpar ficará bem fácil depois!
>
> ### Passos gigantes
>
> As crianças formam fila e dão passos gigantes para cada sílaba que ouvem em uma palavra. Elas podem contar o número de passos de que precisam para atravessar a sala de aula ou estimar quantas sílabas-passos serão necessárias para percorrer todo o corredor. (Palavras longas, como *paralelepípedo*, ajudam-nos a percorrer longas distâncias rapidamente.)
>
> ### Palavras para praticar: monossílaba, dissílaba, trissílaba, polissílaba
>
> Aqui está uma lista de palavras que podem ser úteis nos exercícios:
>
> | Uma sílaba | Duas sílabas | Três sílabas | Quatro sílabas | Cinco sílabas |
> |---|---|---|---|---|
> | dez | bala | batata | abacaxi | adormecido |
> | lã | bola | criança | alfabeto | apartamento |
> | mel | casa | diretor | almofada | calculadora |
> | nó | cinco | domingo | borboleta | felicidade |
> | pá | folha | garrafa | computador | hipopótamo |
> | pé | lápis | jacaré | dinossauro | imaginação |
> | pó | mapa | morcego | geladeira | interessante |
> | rã | mesa | professor | tartaruga | matemática |
> | sol | rosa | sapato | telefone | rinoceronte |
> | vó | urso | sílaba | televisão | supermercado |
>
> A atenção ao sentido das palavras pode, aqui, ajudar as crianças a expandir o seu vocabulário.

No que diz respeito aos fonemas, a segmentação envolve identificar os sons individuais que formam uma palavra. Quando o professor pronuncia uma palavra, os alunos identificam as unidades discretas (fonemas) que a compõem. Nos momentos iniciais, é mais fácil para os alunos identificar o fonema inicial das palavras do que os seus fonemas mediais e finais. É importante que o professor selecione palavras com sons contínuos que são mais fáceis de serem percebidos, como /f/, /v/, /s/, /z/, /ʃ/ e /ʒ/. Também é mais recomendável usar sons representados por uma única letra, em vez de dígrafos e outras combinações de letras.

Sugestões de ensino

Segmentando os fonemas
Contando os sons O professor pronuncia palavras curtas e bem conhecidas, como *vô, uva, sim*. As crianças contam o número de fonemas de cada palavra, indicando o número com pulinhos, colocando as mãos nos pés ou batucando um tambor para cada som que identificarem na palavra.
Bate aqui! Duas crianças ficam de costas uma para a outra enquanto o professor fala as palavras. As crianças mostram com o dedo quantos fonemas elas ouvem em cada palavra. Quando o professor fizer um sinal, elas viram-se de frente uma para outra e comparam as suas respostas. Se as duas tiverem indicado o mesmo número de fonemas, comemoram batendo as palmas das mãos no ar. Se não, o professor revisa o número de fonemas de cada palavra.
Quadrados de sons As crianças usam figuras de objetos comuns coladas em cartões. Em cada cartão está uma caixa de Elkonin* (quadrados conectados com um quadrado para cada fonema da palavra da figura). Enquanto o professor pronuncia lentamente o nome do objeto, as crianças movimentam disquinhos de plástico ou outros marcadores de uma "caixa" (quadrado) para outra, de acordo com os fonemas que elas escutam nas palavras.
O que tem no nome? Os nossos nomes são preciosos para todos nós, assim fica mais fácil para as crianças identificarem fonemas individuais que compõem os próprios nomes. Já que muitas aprenderão a escrever o seus nomes, aí está um gancho para aprender as correspondências som-símbolo.

Segmentar palavras em fonemas isolados não é uma tarefa fácil para as crianças, mas focar em sons individuais das palavras é um componente essen-

---

* N. de R. T.: A caixa de Elkonin foi popularizada pelos estudos realizados pela pesquisadora neozelandesa Marie M. Clay, que propôs um programa denominado Programa de Recuperação da Leitura (Reading Recovery), recurso muito utilizado nos Estados Unidos para estimular a consciência fonêmica.

cial da consciência fonêmica. Ligar símbolos a esses sons individuais pronunciados é essencial para a decodificação que virá depois.

Isolamento

Isolar sons envolve a habilidade de identificar sons individuais no início, no meio e no fim das palavras. Exige que as crianças não apenas identifiquem quais sons compõem as palavras, mas também saibam quando esses sons ocorrem. Atividades que envolvam o isolamento de sons pronunciados em geral começam com fonemas iniciais, já que o som inicial costuma ser o mais fácil de ser identificado. Assim como com a segmentação, é uma boa ideia começar com palavras que possuam o padrão consoante-vogal-consoante-vogal, já que o som inicial pode ser facilmente separado do resto da palavra. Também é recomendável começar com sons contínuos, como /m/, /s/ ou /f/, pois esses sons podem ser sustentados sem que sejam distorcidos. Sons iniciais como /b/ ou /t/ exigem um qualidade vocálica ("bã" ou "tã") para serem mantidos.

Sugestões de ensino

Identificando sons iniciais

Sons secretos

O professor pronuncia uma série de quatro ou cinco palavras com o mesmo som inicial (*vaca, vela, vila, vovô*). As crianças escutam o som inicial e o cochicham para um colega [v-v-v].

Eu espio com os meus olhinhos...

Esse jogo popular nos Estados Unidos envolve dizer "Eu espio com os meus olhinhos... [e descrever um objeto visível a todos]", não só agrada muito às crianças como pode ser usado para identificar os sons iniciais. Olhando ao seu redor na sala de aula (ou no parquinho ou outro ambiente em que estejam), os alunos identificam objetos pelos seus sons iniciais:

Eu espio com os meus olhinhos uma coisa que começa com /m/.
Eu espio com os meus olhinhos uma coisa que começa com /s/.*

Na brincadeira *Eu espio com meus olhinhos*, a consciência fonêmica exige que o foco seja o som inicial, não a letra. A identificação da letra é certamente apropriada quando o jogo é usado no aprendizado do alfabeto, mas a identificação de som é o foco primário da consciência fonêmica.

Trava-línguas

Crianças e adultos há muito tempo se divertem com trava-línguas** como "Três tigres tristes para três pratos de trigo. Três pratos de trigo para três tigres tristes". As crianças podem inventar as suas aliterações baseando-se nos sons iniciais, talvez em seus nomes, como: *Sofia suga seis sucos*. As crianças podem ditar e ilustrar as suas frases, que podem ser reunidas no livro da classe.

---

* N. de R.T.: As crianças deverão procurar objetos que iniciam com esse som, por exemplo, *mesa*.
**   N. de R.T.: No final do capítulo são sugeridos alguns livros em língua portuguesa.

Os sons finais não são tão fáceis de identificar quanto os sons iniciais, já que os sons finais não são tão proeminentes quanto os do começo. As crianças podem precisar de prática, com listas de palavras com sons finais similares.

Sugestões de ensino

Identificando sons finais
Nham, nham!   O professor fala de uma comida que adora prolongando o som final da palavra, como Eu adoro *pizzaaaaaaaaaa* ou *Eu adoro frutasssssssssss*. As crianças identificam, então, os sons finais. Elas também podem se revezar ao contar de quais comidas gostam (ou não gostam).
Xícaras dos sons   Cada criança ganha duas xícaras de papel, uma com um I de "inicial" e outra com F de "final". O professor diz uma palavra, identifica um fonema e pergunta se o som ocorre no começo ou no fim – por exemplo: *A palavra é "uva". Vocês ouvem o /u/ no início ou no fim da palavra?* As crianças colocam, então, um disquinho de plástico ou outro marcador na xícara I ou F, indicando onde ouviram o som. Mais uma vez, pode-se incrementar a atividade usando lanchinhos como marcadores, como uvas e biscoitos.

Exclusão

A exclusão de fonemas e outras partes maiores das palavras indica a consciência que a criança tem dos sons e como esses sons são usados para construir as palavras. A exclusão envolve retirar mentalmente uma parte da palavra para criar outra palavra. A habilidade de apagar uma das unidades individuais de uma palavra indica a consciência de que a palavra é composta por unidades maiores. A exclusão de sílabas permite que as crianças pratiquem a manipulação de unidades maiores do que fonemas individuais e reforça a consciência auditiva do número de sílabas das palavras. A exclusão fonêmica começa com palavras pequenas e requer a consciência de como os fonemas se combinam para formar palavras.

Sugestões de ensino

Exclusão de sons em palavras

Palavras compostas

O professor diz uma palavra composta (veja a lista de palavras compostas na p. 57) e pede aos alunos para repetirem a palavra sem uma de suas partes:

Digam **supermercado** sem **super**. Digam **guarda-chuva** sem **guarda**.

As crianças podem usar a nova palavra para formar frases.

Sílabas

O professor diz "Vou dizer algumas palavras que possuem mais de uma sílaba. Escutem com cuidado, porque quero que repitam cada palavra sem uma das sílabas. Prontos?"

Digam **lápis** sem **pis**. Digam **mamão** sem **ma**.

Palavras dissílabas funcionam melhor nesta atividade. É útil para professores selecionar palavras que, quando têm uma sílaba apagada, resultem em outras palavras que façam sentido para as crianças (mesmo que a forma de escrever não seja a mesma, o importante é o som).

Lista de palavras para a exclusão de sílabas

A lista seguinte pode servir de base para a exclusão de sílabas criando novas palavras.

Palavras dissílabas:

Excluindo a sílaba inicial	Excluindo a sílaba final
Limão (mão)	Arco (ar)
Lixão (chão)	Barco (bar)
Mamão (mão)	Março (mar)
Nuvem (vem)	Oito (oi)
Paixão (chão)	Paixão (pai)
Pincel (céu)	Pato (pá)
Sacão (cão)	Paulo (pau)
Sofá (fá – nota musical)	Pele (pé)
Sopa (pá)	Régua (ré)
Trenó (nó)	Verde (ver)

Palavras trissílabas:

Excluindo a sílaba inicial	Excluindo a sílaba final
Argola (gola)	Boneca (boné)
Escola (cola)	Caracol (cara)
Fivela (vela)	Casaco (casa)
Galinha (linha)	Folhagem (folha)
Sacola (cola)	Jacaré (jaca)
Sapato (pato)	Mesada (mesa)
Serpente (pente)	Palhaço (palha)
Soldado (dado)	Peruca (peru)
Tubarão (barão)	Salada (sala)
Tucano (cano)	Sapato (sapa)

(continua)

Exclusão de sons em palavras (continuação)
Fonemas*
O professor diz "Vou dizer algumas palavras. Escutem com cuidado, porque quero que repitam cada palavra sem um dos sons. Prontos?"
Digam **mar** sem o /m/.   Digam **luva** sem /l/.
Novamente, é interessante que o professor selecione palavras que, quando têm o fonema apagado, resultem em outras palavras que façam sentido para as crianças (mesmo que não possuam a mesma letra).
Lista de palavras para a exclusão de fonemas
A lista seguinte pode servir de base para a exclusão de fonemas criando novas palavras.

Sons iniciais

casa – asa	novo – ovo
chuva – uva	pano – ano
galho – alho	pilha – ilha
molho – olho	sonda – onda
nave – ave	touro – ouro

Sons finais

colar – cola	paz – pá
cruz – cru	peça – pés
mar – má	pés – pé
nós – nó	sol – só
par – pá	voz – vó

A manipulação fonêmica realizada na exclusão de sons unitários nem sempre é fácil para as crianças. É importante que professores elaborem o processo de modo que as crianças entendam o que está sendo feito.

Substituição

Uma parte da consciência fonêmica, a substituição envolve alterar uma palavra mudando o seu som inicial, final ou central para criar uma nova palavra. Tal processo requer a habilidade de excluir um fonema e colocar outro em seu lugar – por exemplo, na palavra *mela* se trocar o /m/ pelo /v/ vai formar a palavra *vela*, ou substituir o /o/ pelo /a/ para mudar a palavra *pato* para *pata*. A substituição deve ser feita com fonemas iniciais e finais.

---

* N. de R. T.: Nas tarefas que envolvem a consciência fonêmica é indicado que o professor use preferencialmente os sons contínuos, como /f/, /v/, /s/, /z/, /m/, /n/, /ʃ/ e /ʒ/, bem como palavras curtas.

Sugestões de ensino

Substituição de fonemas
O mágico das palavras O professor pede que os alunos se tornem mágicos das palavras mudando os seus sons. Ele explica que um mágico das palavras pode mudar a palavra *gato* para *rato* apenas trocando o /g/ inicial pelo /r/, ou pode mudar *filé* para *fila* trocando o /ɛ/ final pelo /a/. O professor pode pedir que as crianças tornem-se mágicos com os seguintes exemplos: *Troque o /s/ de* sapo *pelo /p/. Troque o /l/ de* lua *pelo /x/.* (fonemas iniciais) *Troque o /s/ de* três *pelo /m/. Troque o /r/ de* der *pelo /s/.* (fonemas finais) Para esta atividade, pode-se usar um fantoche. ***Palavras divertidas*** No contexto de uma atividade em sala de aula, pode-se substituir consoantes iniciais para criar palavras bobas e divertidas – por exemplo, "Vou mostrar para vocês um rapel" ou "Por favor, feche a torta". As crianças podem dizer a palavra correta ou formar frases usando palavras divertidas, sempre substituindo as consoantes iniciais.

Como com outros aspectos do ensino da consciência fonêmica, a substituição de sons exige que o professor elabore e pratique atividades que desenvolvam a competência das crianças nessa dimensão da consciência fonêmica.

Síntese

Fazer a síntese fonêmica é uma estratégia eficaz que as crianças usam com frequência quando decodificam palavras desconhecidas que encontram conforme leem. É o oposto da segmentação: em vez de separar as partes da palavra, envolve a habilidade de identificar palavras misturando sons pronunciados que as compõem. Na síntese, as crianças manipulam sons individuais e os combinam para formar palavras. Como com todos os componentes da consciência fonêmica, a síntese pode ser ensinada diretamente ou incorporada incidentalmente no programa de ensino.

Sugestões de ensino

Síntese

Palavras secretas

O professor diz para a classe que vai pronunciar os sons de uma palavra e pede que os alunos cochichem essa "palavra secreta" para o colega ao lado.

/u/ /v/ /a/(uva)   /s/ /a/ /l/ /a/ (sala)   /m/ /a/ /l/ /a/ (mala)

As palavras secretas podem ser relacionadas a experiências escolares, por exemplo: "Hoje comeremos /u/ /v/ /a/ no lanche", ou "Na aula de ciências, aprenderemos mais sobre as /a/ /v/ /e/ /s/". Lembre-se que pronunciar os sons é o foco dessas atividades, e não soletrar.

Conheço uma palavra

O professor seleciona uma categoria (como roupas ou animais) e diz uma palavra dessa categoria de maneira segmentada, como /l/ /u/ /v/ /a/ ou /v/ /a/ /k/ /a/, e os alunos identificam essas palavras. Com a prática, as crianças ficam excelentes nessa atividade.

Falando como robô

Quando falam, os robôs misturam sílabas para formar palavras. Em ocasiões incidentais na classe, o professor pode "falar como um robô", com expressões como "Eu quero que a /g/ /a/ /b/ /i/ venha para o começo da fila" ou "Estou vendo que são /d/ /u/ /a/ /s/ horas".

A maior parte dos alunos pode achar que realizar a síntese fonêmica para formar palavras não é uma tarefa fácil e "deve ser aplicado com paciência e o quanto de prática for necessário" (CHALL; POPP, 1996, p. 69). Mesmo sendo difícil, essa é uma habilidade essencial no progresso das crianças na pronúncia de palavras desconhecidas na leitura ou na escolha de letras para a escrita de palavras.

Por sua natureza, as atividades de consciência fonêmica são orais. Apesar disso, "um consenso cada vez maior sugere que, depois da educação infantil, a consciência fonêmica é mais eficaz quando as letras impressas também são apresentadas" (BECK, 2006, p. 29). Embora a ênfase principal seja em estímulos auditivos, os símbolos do alfabeto são com frequência integrados às atividades de ensino, em parte porque as letras do alfabeto contribuem para a eficácia das atividades de consciência fonêmica. Uma criança, por exemplo, pode selecionar as letras **u, v** e **a** entre as letras móveis ou cartões com as letras enquanto segmenta os fonemas da palavra *uva*, ou pode substituir a letra **p** pela **g** para mudar a palavra de *pato* para *gato*. O trabalho com letras móveis e cartões com letras, além de outros materiais do alfabeto, dá uma dimensão visual/cinestésica para reforçar os elementos auditivos que a consciência fonêmica engloba.

A caligrafia também pode ser integrada às atividade de consciência fonêmica com eficácia. Conforme as crianças aprendem e praticam a formação de letras, podem focar os sons que cada uma delas representa.

Programas de ensino para a consciência fonêmica

Boa parte do trabalho de consciência fonêmica será feito por meio de atividades baseadas em ocorrências espontâneas e autênticas da linguagem oral na rotina da classe. Mas há, também, programas formais publicados em língua inglesa,* disponíveis para o ensino direto na sala de aula ou para pequenos grupos de alunos. Entre eles, estão:

Consciência fonológica em crianças pequenas (ADAMS et al., 2006), um programa sequenciado de 51 atividades que focam jogos de escuta em uma variedade de atividades de consciência fonológica. A edição em língua portuguesa foi publicada e totalmente adaptada pela Editora Artmed.

The phonological awareness kit – primary (O kit da consciência fonológica – iniciante) tem atividades multissensoriais que focam o processamento fonológico. Também há um kit para o nível intermediário (LinguiSystems, Inc.)

Launch into reading success through phonological awareness training, (Lance-se ao sucesso na leitura com treinamento de consciência fonológica), um programa altamente roteirizado, pensado para o uso em grupos pequenos e crianças em risco de apresentar um diagnóstico de transtorno de aprendizagem, com atividades que variam da consciência de palavras inteiras à ligação de fonemas às suas respectivas letras (Pro-Ed).

Ladders to literacy (Escada para o letramento), um livro roteirizado de atividades com uma grande variedade relacionada ao letramemto emergente e com um forte foco na consciência fonêmica (Brookes Publishing Co.).

Road to the code (O caminho para o código) contém atividades individuais e para pequenos grupos, com opções para crianças que aprendem menos rápido que as outras (Brookes Publishing Co.).

Sounds abound (Sons abundantes), um programa dirigido ao professor com atividades de consciência fonêmica e conhecimento das letras (LinguiSystems).

Kindergarten peer-assisted literacy strategies (Estratégias de pares para o letramento para a educação infantil, ou *K-PALS* na sigla em inglês*)*, um programa de 20 semanas que envolve extensivo ensino dirigido a pares de alunos (Sopris West).

Sante, Manchetti e Edwards (2004) revisaram uma amostra desses programas publicados para determinar como os seus aspectos baseavam-se em evidências encontradas em pesquisas. Eles descobriram que, embora os programas adotassem, em grande parte, práticas baseadas em pesquisas, variações consideráveis

---

* N. de R. T.: Com exceção do primeiro (*Consciência fonológica em crianças pequenas*), as demais obras não foram publicadas em português.

entre os programas também existiam, no que dizia respeito às suas próprias características e ao uso de práticas baseadas em evidências científicas.

Eles concluíram que "professores terão de tomar decisões importantes antes de adotar um programa para uso em sala de aula". McGee e Ukrainetz (2009) descrevem como empregar eficazmente níveis diferentes de suportes no uso da consciência fonêmica na educação infantil. Alguns programas instrucionais de consciência fonêmica para crianças pequenas são apresentados como programas de computador, e pesquisas apoiam os benefícios de recorrer à ajuda do computador na instrução de crianças pequenas (MACARUSO; WALKER, 2008). Entre alguns dos programas mais usados, estão:*

Daisy Quest e **Daisy's Castle**, *softwares* com design atraente e vozes digitalizadas que fornecem instrução e prática de rimas, identificação e síntese fonêmica e pronúncia de sons (Smart Kids Software).

Earobics, um programa de dois níveis elaborado para construir habilidades auditivas e consciência fonêmica, com uma variedade abrangente de atividades em formato de jogo (Cognitive Concepts, Inc.).

Read, Write, and Type, um programa que relaciona a leitura e a escrita e contém atividades explicitamente elaboradas para incentivar a consciência fonêmica por meio de exercícios com áudios de sons de palavras e estimulando as crianças a digitar letras, palavras e histórias relacionadas ao som (K-12 Software).

Esses são alguns exemplos dos programas de computador que existem; mais e mais programas aparecem no mercado o tempo todo. O ensino da consciência fonêmica não tem, porém, apenas um tipo de abordagem. "A consciência fonêmica serve de apoio para o desenvolvimento da leitura apenas se fizer parte de um programa mais amplo, que inclua, entre outras coisas, o desenvolvimento do vocabulário, da sintaxe, da compreensão, das habilidades de leitura estratégicas, das estratégias de decodificação e da escrita em todas as áreas de conteúdo" (YOPP; YOPP, 2000, p. 142).

A ênfase atual na consciência fonêmica não é unanimidade. Uma análise crítica de pesquisas experimentais levantou questões sobre a relação entre a consciência fonêmica e o sucesso na leitura (TAYLOR, 1999). O uso dos resultados de pesquisas sobre consciência fonêmica para guiar a prática de ensino e a política educacional também foi questionado (DRESSMAN, 1999). Alguns especialistas questionam o valor de atividades de consciência fonêmica, como separar os sons das palavras, acreditando que "não se pode separar os sons de uma palavra que foi proferida, assim como não se pode extrair os ingredientes de um bolo que já foi assado [...]" (SMITH, 1999, p. 153). Alguns críticos

---

* N. de R. T.: Esses programas não foram adaptados nem traduzidos para o português.

questionam se a relação entre a consciência fonêmica e o sucesso na leitura é uma situação com a do ovo e da galinha: em outras palavras, se a consciência fonêmica é consequência do letramento, ou se é a causa do sucesso na leitura.

Apesar dessas ressalvas e críticas, a consciência fonêmica permanece uma parte importante do currículo inicial do letramento, e um componente largamente considerado como essencial para o sucesso inicial da prática da leitura e da escrita.

Avaliando a consciência fonêmica

A avaliação faz parte de toda atividade de ensino-aprendizado. A avaliação estende-se para além do conceito "que criança sabe o quê". A avaliação e o ensino são intimamente ligados, já que a avaliação dirige (ou deveria dirigir) o ensino. A informação que se colhe na avaliação é (ou deveria ser) usada para a tomada de decisões sobre o ensino, como o modo de agrupar os alunos, quais materiais adotar e quais estratégias educacionais seguir. Os resultados da avaliação ajudam os professores a diagnosticar as necessidades das crianças, personalizar o ensino, planejar relatórios para os pais e definir as prioridades da classe.

A consciência que as crianças têm dos sons da língua falada e a sua habilidade de manipular esses sons pode ser avaliada formal e informalmente.

> A avaliação da consciência fonêmica em geral envolve tarefas que exigem que o aluno isole ou segmente um ou mais fonemas de uma palavra pronunciada ou faça uma síntese ou combinação de uma sequência de fonemas separados, formando assim um palavra, ou manipule os fonemas de dentro de uma palavra. (SNOW; BURNS; GRIFFIN, 1998).

Existem testes formais para determinar o nível de consciência fonêmica das crianças. Provas coletivas padronizadas,* como o Group achievement and diagnostic evaluation (*GRADE*; Circle Pines, MN: American Guidance Service) e o Iowa test of basic skills (Itasca, IL: Riverside Publishing/Houghton Mifflin), possuem subtestes elaborados para medir a consciência fonológica e outros aspectos da alfabetização inicial. Avaliações feitas no computador também podem ser úteis (REILLY, 2007). Programas como o Waterford Early Reading Program (WERP) fornecem aos professores informações a respeito da consciência fonológica e do reconhecimento de letras das crianças.

---

* N. de R. T.: No português, temos o teste proposto por Adams et al. (2006). Outro instrumento que pode ser aplicado coletivamente é o proposto por Capellini e Smythe (2008), mas esse último avalia outros aspectos relacionados à leitura, além da consciência fonêmica. Há também uma série de tarefas propostas em pesquisas realizadas em língua portuguesa.

Outros testes formais avaliam aspectos específicos da consciência fonêmica.* Testes como o Phonological awareness test (East Moline, IL: LinguiSystems), que possui um grau intermediário para alunos dos anos 3º a 9º do ensino fundamental; o Test of phonological awareness, 2ª edição (Austin, TX: Pro-Ed), o Comprehensive test of phonological processing – CTOPP (Austin, TX: Pro-Ed) e os Dynamic indicators of basic early literacy skills – DIBELS (Longmont, CO: Sopris West) podem ser usados para obter uma avaliação formal da habilidade da criança de reconhecer e manipular os sons das palavras. Diferentes aspectos de consciência fonêmica são também medidos em testes como o Roswell-chall auditory blending test (Cambridge, MA: Educators Publishing Service), o Test of awareness of language segments (Frederick, MD: Aspen Publications) e o Lindamood auditory conceptualization test (Austin, TX: DLM Teaching Resources). Um teste formal para crianças falantes do espanhol – Test of phonological awareness in Spanish (TPAS; Austin, TX: Pro-Ed) – também está disponível. Inventários informais de leitura às vezes também incluem medidas de consciência fonêmica, embora essas avaliações sejam, em geral, fornecidas para uso opcional, e não como parte integral dessas medidas (NILSSON, 2008). Alguns livros, fontes para o ensino da fônica, também contêm listas de aspectos a serem avaliados e ferramentas para avaliar variados aspectos da consciência fonêmica (BLEVINS, 1998; JOHNS; LENSKI; ELISH-PIPER, 1999).

O Phonological awareness literacy screening (PALS) é um pacote abrangente de avaliação desenvolvido pela Universidade da Virgínia, que avalia o desenvolvimento do letramento em três níveis – creche; pré-escola; quatro primeiros anos do ensino fundamental – e mede os elementos fundamentais de consciência fonológica e outros aspectos do letramento (entre os quais, conhecimento do alfabeto). O PALS fornece, mais do que uma ferramenta de avaliação, uma orientação para o professor, guiando-o de modo a dirigir o ensino para as necessidades específicas das crianças. Também há um sistema de pontuação e de relatório disponível *on-line*, um registro que permite às escolas armazenar e analisar os resultados da avaliação.

Os testes formais podem exigir preparo considerável e prática por parte do responsável pela sua aplicação, e o formato de resposta pode ser desconhecido e/ou confuso para as crianças. É por isso que o julgamento do professor é especialmente importante para confirmar os resultados da avaliação formal. A maior parte dos instrumentos de avaliação disponíveis foi desenvolvida com – ou elaboradas para o uso com – alunos da educação infantil ou do início do ensino fundamental. Para crianças mais novinhas, o julgamento profissional do professor é um componente essencial para a avaliação. Avaliações informais, seja na educação infantil ou nos anos iniciais, podem ser realizadas por meio das tantas atividades sugeridas para cada um dos componentes previa-

---

* N. de R. T.: Alguns exemplos no português são: Carvalho et al. (1998); Moojen et al. (2003) e Santos et al. (1997).

mente identificados: rima, segmentação, isolamento, exclusão, substituição e segmentação de sons. Conforme aplicam atividades formais e informais de consciência fonológica/fonêmica, os professores começam a reconhecer quais crianças a assimilam mais facilmente e quais precisam de exercícios adicionais. Decisões diagnósticas são combinadas com atividades instrucionais.

Uma prova já pronta e fácil de ser aplicada é o Teste Yopp-Singer de segmentação fonêmica (YOPP, 1995a). Essa ferramenta pode ser aplicada em cinco a dez minutos e mede a habilidade da criança de identificar os sons individuais nas palavras pronunciadas, na ordem em que são pronunciados. Apenas palavras corretamente separadas nos fonemas que as compõem são consideradas corretas; em outras palavras, no item 1, se a criança responder /b/ /oi/, a resposta é marcada no espaço em branco que segue à palavra, mas nenhuma pontuação parcial é dada. Esse teste pode ser usado com eficácia como medida diagnóstica. Quando as respostas das crianças não mostrarem o reconhecimento dos fonemas, ou se as crianças nomearem apenas as letras das palavras, os professor terá aí um indicativo de que caminho deve tomar para ajudar os alunos a desenvolver consciência fonêmica.

Sugestões de ensino

Avaliando a consciência fonêmica

Teste de segmentação fonêmica adaptado de Yopp (1995a)*

Nome do aluno _____ Data __/__/____
Pontuação (número de respostas corretas) _____

Orientações

Hoje participaremos de um jogo de palavras. Vou dizer uma palavra e quero que você a separe em partes. Você me dirá cada som que há nessa palavra, na ordem certa. Por exemplo, se eu disser "ovo", você dirá "/o/ /v/ /o/" (*Responsável pela prova: assegure-se de dizer os sons, não as letras, da palavra.*) Vamos tentar algumas juntos:

Itens para praticar

(Ajude a criança a segmentar os sons destas palavras): pé, mar, sapo

Itens para avaliar

(Circule os itens que o aluno conseguir separar corretamente; as respostas incorretas podem ser registradas no espaço ao lado do item.)

1. boi _____   12. lar _____
2. baú _____   13. dez _____
3. fio _____   14. zero _____

(continua)

---

* N. de R.T.: O teste foi adaptado para o uso com crianças brasileiras.

Avaliando a consciência fonêmica (continuação)	
4. nó _____	15. um _____
5. chá _____	16. faz _____
6. uva _____	17. em _____
7. cru _____	18. gelo _____
8. dor _____	19. lá _____
9. pai _____	20. com _____
10. eu _____	21. por _____
11. céu _____	22. de _____

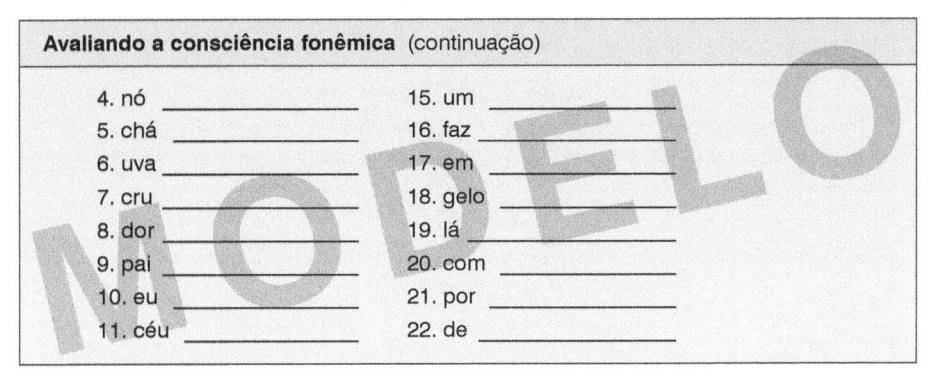

Fonte: Yopp, (1995a).

Uma descrição completa da prova, assim como os dados sobre a sua validade e confiabilidade, aparece na edição de setembro de 1995 da publicação *The Reading Teacher*.

Dada a importância da consciência fonêmica como base para o sucesso na aprendizagem inicial da leitura, avaliar quando as crianças precisam de ajuda e de apoio é um componente essencial da educação infantil e das atividades iniciais de alfabetização.

Crianças com dificuldades na consciência fonêmica

Como todo professor sabe, a quantidade de ensino e de prática necessária para o desenvolvimento de diferentes aspectos da consciência fonêmica difere de criança para criança. Enquanto algumas aprendem com razoável facilidade, outras precisam de mais repetições e de muita prática.

Sugestões de ensino

Para crianças com dificuldades na consciência fonêmica

Figuras

As crianças podem encontrar figuras em revistas, catálogos e jornais para montar os seus cartões. Podem procurar figuras de itens que rimem – por exemplo, *gato, rato, pato ou melão, pião, fogão* – ou que possuam o sons iniciais ou finais iguais – *morcego, macaco, menino,* por exemplo, ou *café, picolé, boné*. Os cartões com figuras podem ser usados várias vezes para exercícios de combinar pares de figuras, jogos e outras atividades variadas de consciência fonológica.

(continua)

Para crianças com dificuldades na consciência fonêmica (continuação)
Apoio multissensorial Dê às crianças materiais manipuláveis, como fichas de plástico, blocos, letras de plástico e de tecido, de modo a reforçar o estímulo auditivo com os estímulos visual, tátil e cinestésico.
Sons contínuos Trabalhe extensivamente com sons que se estendem, que podem ser prolongados, como /s/, /v/ e /m/, em oposição a sons não contínuos, como /b/, /k/ e /t/. Sons em palavras como *meia* podem ser prolongados (mmm- eeee- iiii- aaaa) e mais facilmente identificados.
Pares de cores Peça para as crianças desenharem figuras com palavras que rimam, e que uma dessas palavras seja uma cor: um martelo amarelo   um banco branco   um coelho vermelho Monte uma exposição com as produções dos alunos.
Caixas de Elkonin* Use esse recurso para que as crianças pratiquem a identificação de elementos independentes que compõem as palavras, o seu número de sílabas e fonemas individuais. Comece com palavras simples com duas letras: *oi, eu, pé*.

    Nem todas as crianças respondem tão bem à instrução da consciência fonêmica quanto outras. "Embora um ensino de consciência fonológica mais elaborado, intenso e prolongado possa ajudar essas crianças (com dificuldades), uma abordagem completamente diferente ou uma combinação de métodos podem ser necessárias" (TROIA; ROTH; GRAHAM, 1998, p. 8). A intervenção precoce é essencial. O ensino, em geral, precisa progredir mais lentamente. O uso de materiais de apoio multissensoriais torna-se especialmente importante, inclusive o uso dos símbolos das letras para dar suporte no aprendizado dos elementos fonêmicos. A prática repetida é, em geral, necessária.

    Para os aprendizes da língua inglesa (que não tenham o inglês como primeira língua), deve-se começar com músicas, rimas e cantigas antes do ensino formal em si. Mas o ensino direto e claro da consciência fonêmica na língua materna da criança é recomendado, já que pesquisas sugerem que "[...] a consciência fonêmica é transferida, de fato, de uma língua para outra. Desenvolver a consciência da estrutura sonora da língua materna dos alunos pode facilitar a sua habilidade de ler em inglês" (YOPP; STAPLETON, 2008, p. 376). Para essas crianças, isso significa chamar a sua atenção para os aspectos fonêmicos da sua linguagem falada e fornecer-lhes oportunidades para que manipulem os sons.

---

* N. de R.T.: Ver nota explicativa na página 59.

Para os aprendizes de inglês que aos poucos vão dominando o idioma por meio da expansão de seu vocabulário, devem-se enfatizar os elementos fonêmicos nas palavras que eles aprendem, junto com o significado dessas palavras. Por exemplo, ao aprenderem o sentido da palavra *rock*, podem misturar os sons (/r/ /ɔ/ /k/), substituir os sons iniciais e participar de outras atividades que desenvolvam a consciência fonêmica ao mesmo tempo em que trabalham os sentidos das palavras, que são dois aspectos essenciais para o aprendizado do inglês.

CONHECIMENTO DO ALFABETO

Outro componente vital no início do letramento é o conhecimento do alfabeto. Ajudar as crianças a reconhecer os nomes e os formatos das letras é um passo inicial do ensino da fônica. Como no caso da consciência fonêmica, pesquisas claramente mostraram a ligação entre o conhecimento do alfabeto e o sucesso na leitura inicial (ADAMS, 1990; BOND; DYKSTRA, 1967; DURRELL, 1980). Um dos melhores prognósticos do sucesso na leitura é o conhecimento que a criança tem dos nomes das letras; conhecer o alfabeto tem uma relação próxima com o sucesso do aprendizado da leitura.

O conhecimento do alfabeto envolve mais do que a habilidade de recitar as letras de A a Z. Além da habilidade de enunciar todo o alfabeto na ordem, conhecer o alfabeto envolve a habilidade de reconhecer os nomes das letras individualmente, dentro e fora da sequência, de relacionar as formas maiúsculas às formas minúsculas e, em conjunto com início da ensino da fônica, de reconhecer os sons que as letras representam.

A maioria das crianças já chega ao ensino fundamental com algum conhecimento dos nomes das letras, ao menos das letras maiúsculas. Pode ser que elas já consigam apontar as letras com seus respectivos nomes, e a maioria está familiarizada com as letras que veem em textos presentes no ambiente em que vivem, como em embalagens de comida, placas de rua e outras etiquetas e logos. Os professores podem tirar proveito desse conhecimento de maneira sistemática, de modo a ajudar as crianças a reconhecer e nomear todas as letras do alfabeto de forma rápida e correta.

Antes de irem à escola, muitas crianças já foram introduzidas ao alfabeto por meio de canções infantis que exploram o alfabeto (aquelas em que o alfabeto é todo musicado e suas variações).* Conforme cantam em casa ou na educação infantil, as crianças precisam entender que cada uma das letras da música é uma entidade separada. Algumas chegam à escola achando que "ele-eme-ene" é uma letra só. Por isso

---

* N. de R. T.: Algumas sugestões em língua portuguesa são: "Turma da Mônica – ABC", disponível em https://www.youtube.com/user/ClipsDaTurma (acesso em 07/05/14), Escute e Aprenda! Escreva e apague ABC com sons (Coleção Escolinha, Editora Todolivro) e "ABC", da Galinha Pintadinha (vol. 1).

que, nos momentos iniciais do aprendizado do alfabeto, os professores precisam esclarecer que cada nome de letra representa um símbolo individual.

Ao recitar (ou cantar) o alfabeto, as crianças aprendem os nomes das letras antes de aprender os seus formatos. Em outras palavras, não mostramos a letra e depois damos um nome a ela; em vez disso, primeiro a nomeamos e depois mostramos a sua forma.

> Aprendendo corretamente os nomes das letras primeiro, a criança ganha uma sólida memória mnemônica à qual o preceito da letra pode ser conectado conforme é construído. Ensinando corretamente os nomes das letras primeiro, o professor pode explorá-los metodicamente no sentido de desenvolver a sensibilidade que a criança tem dos caracteres funcionalmente equivalentes e das diferenças entre eles. (ADAMS, 1990, p. 359).

Cartas com as letras do alfabeto (em formato de baralho ou maiores, como placas) são especialmente úteis para ensinar às crianças os nomes das letras e os seus formatos. Muitos professores começam o ano com vários conjuntos de placas e cartões com o alfabeto, todas plastificadas para que durem mais. Elas podem ser usadas em vários tipos de exercícios com o alfabeto, como nomear, combinar e sequenciar os formatos e os nomes das letras. Alguns professores também dispõem de tiras de papel com todo o alfabeto (um alfabeto individual), que podem ser coladas às carteiras das crianças para que tenham acesso fácil às letras e não tenham de olhar para cima, ou procurar pela sala, durante as atividades que envolvem os nomes das letras.

Sugestões de ensino

Cartas com as letras do alfabeto
Letras em sequência
Cartões com o alfabeto são distribuídos em ordem alfabética ao longo de uma trilha de giz. As crianças vão caminhando ao lado da trilha, apontando para cada letra conforme cantam uma música com o alfabeto. Depois, os cartões são embaralhados, e as crianças devem se agrupar em times para arrumá-los novamente na sequência correta.
Ligando letras maiúsculas e minúsculas
Os cartões com o alfabeto podem ser usados em uma variedade de atividades de ensino e prática. As crianças podem brincar de jogos de cartas, como "Vá Pescar"(*Go Fish!*),* combinando letras maiúsculas e minúsculas.

(continua)

---

* N. de R. T.: *Go Fish* é um jogo de cartas popular nos Estados Unidos. O objetivo é formar o maior número de pares tentando adivinhar quais as cartas do adversário. Podem jogar de duas a dez crianças, sendo que quatro é o número ideal de jogadores.

> **Cartas com as letras do alfabeto** (continuação)
>
> **Como jogar "Vá Pescar"**: O professor precisa de 52 cartas, contendo as 26 letras do alfabeto no formato maiúsculo e 26 no minúsculo. As cartas são embaralhadas e cinco são distribuídas para cada jogador. O restante das cartas são espalhadas no centro da mesa com a face virada para baixo. Uma criança pergunta à outra, por exemplo, "Você tem um r?"; se o colega tiver, deve entregar a carta, e o jogador forma um par (R e r) e continua jogando, questionando para outro colega sobre outra letra.
> Se não tiver, deve dizer: "Vá pescar!" e a primeira criança tem de "pescar" na pilha de cartas no centro da mesa – se sair a carta desejada (no caso o r), ela ganha a chance de jogar outra vez, se não, passa a vez. E assim sucessivamente, ganha aquele que formar mais pares.
>
> **Caminho do alfabeto**
>
> Placas do alfabeto plastificadas são grudadas no chão, e as crianças devem andar sobre elas, fazendo o caminho do alfabeto. Conforme caminham, devem dizer os nomes das letras em que estão pisando. As crianças também podem brincar de Twister (jogo em que se deve colocar pés e mãos nos lugares indicados, como *"Coloque a mão direita no A e o pé esquerdo no D"*). Tapetes coloridos com grandes letras estampadas também são comuns nas classes da educação infantil.

Em geral, letras maiúsculas constituem o ponto de partida do ensino do alfabeto, pois suas formas são mais fáceis de distinguir visualmente. Quando as crianças já estiverem solidamente familiarizadas com as letras maiúsculas, é hora de introduzir as respectivas letras minúsculas. Para alunos que chegam à escola sem nenhum conhecimento dos nomes das letras, não é recomendável ensinar letras maiúsculas e minúsculas de uma só vez. Ao ajudar os alunos a reconhecer letras minúsculas, os professores devem dar atenção especial às letras que são similares e que, com frequência, são confundidas pelas crianças, como **b** e **d**, **p** e **q** (que possuem posições esquerda-direita diferentes) e as letras **m** e **w** e **n** e **u** (com posições verticais diferentes). Não há uma ordem prescrita que deva ser seguida no ensino dos nomes das letras.

Livros literários sobre o alfabeto, um subgênero da literatura infantil que contém as letras do alfabeto em ordem alfabética e ilustrações correspondentes aos símbolos, podem ser ferramentas úteis ao ajudar as crianças a se familiarizar com os símbolos das letras. Bradley e Jones (2007) demonstraram os benefícios de se compartilhar esses livros nas salas de aula da educação infantil. Os livros que exploram o alfabeto nas suas histórias devem ser tratados como qualquer outro livro para crianças pequenas; isto é, devem ser lidos e relidos, discutidos, compartilhados e desfrutados. Além de trazer os símbolos das letras, eles ajudam no desenvolvimento da linguagem e colaboram para a dimensão literária do programa curricular de linguagem.

Alguns deles chamam mais a atenção por seu sofisticado trabalho artístico; como exemplos em língua inglesa, temos a *Animalaia*, de Graeme

Base, e a *Bembo's zoo: an animal ABC book* (O zoológico de Bembo: um livro do ABC animal), de Roberto de Vicq de Cumptrich, ambos caracterizados por suas ilustrações lindas e/ou originais, que refletem os estilos artísticos de seus autores. Outros possuem conteúdo sofisticado: por exemplo, a *Illuminations* (Iluminuras), de Jonathan Hunt, é um relato da vida na Idade Média luxuosamente ilustrado, enquanto as muitas obras de Jerry Palotta, *The icky bug alphabet book* (O livro do alfabeto dos bichos chatos) são repletas de informação, o que requer um nível relativamente alto de habilidade de leitura. Enquanto livros como esses podem ser aproveitados e apreciados à sua maneira, nem sempre são ferramentas úteis para que os alunos aprendam os nomes e os sons das letras.

Muitos livros com o alfabeto – aqueles com apresentação clara do formato das letras e uma conexão clara e correta de figuras/objetos/ideias que representam os sons das letras – são perfeitos para o exercício do alfabeto em classes de crianças pequenas.* Livros com o alfabeto fazem, há muito tempo, parte da prática em letramento de crianças pequenas e são ferramentas úteis também para o aprendizado do alfabeto.

Sugestões de ensino

Livros que exploram o alfabeto
Selecione com cuidado
Nem todos os livros com o alfabeto são igualmente úteis ao ajudar as crianças a se familiarizar com os símbolos das letras. Os professores têm de verificar se o livro as apresenta com uma fonte apropriada (faz pouco sentido querer que as crianças reconheçam as letras em fontes arcaicas), se as letras são apresentadas de modo claro (e não misturadas com as ilustrações) e se a relação letra-objeto é também clara (que uma *lhama* não represente a letra l, já que começa com um dígrafo, e não com o fonema /l/). Pode-se incentivar as crianças a selecionar os livros por si mesmas e compartilhá-los com o grupo.
Comparando livros
As crianças podem comparar livros com o alfabeto para ver quais são os objetos usados para ilustrar os sons das letras – será que B é sempre de *bola*, o D de *dado* e o r de *rato*?
Fazendo livros do alfabeto
Os alunos também podem criar os seus próprios livros. Com figuras recortadas de revistas, catálogos e outras fontes, eles podem confeccionar livros do alfabeto de suas comidas preferidas, de jogos, lugares na vizinhança e outros tópicos de interesse.

---

* N. de R. T.: No final do capítulo são sugeridos alguns livros em português que podem ser utilizados para o ensino do alfabeto.

Sugestões de ensino

Ensinando o alfabeto

Centro do alfabeto

Um centro de aprendizado do alfabeto deve conter alfabetos de todos os tipos: letras cortadas em papel-lixa, tela, feltro, espuma de poliuretano, isopor, esponja, plástico e outros materiais que possam dar às crianças uma sensibilidade tátil conforme elas manipulam as letras. Os alunos também podem traçar letras na areia, esculpir letras com argila ou massa, usar carimbos de borracha ou participar de outras atividades no centro do alfabeto. Eles ainda podem brincar com jogos do alfabeto, como ligar os pontos seguindo a sequência alfabética.

Amarelinha do alfabeto

As letras podem ser escritas com giz no parquinho ou no chão do pátio em forma de amarelinha. Conforme as crianças pulam de um quadrado para outro, elas dizem os nomes das letras sobre as quais aterrissam.

Bingo do alfabeto

Cartelas de bingo com as letras do alfabeto distribuídas de maneira aleatória podem ser entregues para os alunos. As crianças podem usar fichas ou outro objeto para marcar as letras que são chamadas.

Eu espio com os meus olhinhos uma coisa que começa com a letra ...

Esse jogo estadunidense pode ser usado, dessa vez, para reforçar os nomes das letras e também envolve atenção com os sons iniciais. Em vez de dizer o nome da letra, o professor pode mostrar uma placa com a letra desenhada.

Dias de letras vermelhas

Dias ou semanas especiais podem ser escolhidos para focar determinadas letras. Pode-se unir um tópico curricular sobre a água, por exemplo, com o aprendizado da letra "A". O professor pode ler um livro sobre o ciclo da água, como *Era uma vez uma gota de chuva*, de Judith Anderson, que descreve o ciclo da água tomando por base o processo de formação das chuvas; *O mundinho azul*, de Ingrid Biesemeyer Bellinghausen, cuja história oportuniza ao leitor compreender quais são as características da água, como se dá o processo de evaporação, o que provoca a chuva, onde a água é encontrada, para que é usada e por que se deve fazer uso racional dela. A **A**na e o **A**ntônio, por exemplo, podem ser ajudantes de classe, já que seus nomes começam com 'A'. O traçado da letra "A" pode ser praticado na aula de caligrafia. Como lição de casa, pode-se pedir aos alunos que recortem palavras com "A" em revistas e catálogos. Em suma, nenhuma oportunidade deve ser desperdiçada quando se está ajudando as crianças a se familiarizar com a forma e o som de uma letra.

Letras no corpo

Grupos de três ou quarto crianças podem usar os seus corpos para formar letras sobre o tapete ou carpete.

Lanchinhos do alfabeto

Biscoitos ou cereais com as letras do alfabeto podem ser usados de diferentes formas. Os alunos podem organizá-los em ordem, contá-los e registrar o número de vezes em que encontram uma determinada letra, usá-los para escrever o seu nome ou simplesmente praticar o alfabeto antes de comê-los como lanche.

Atividades de escrita também são úteis para ajudar as crianças a dominar o alfabeto. Enquanto os alunos ditam histórias baseadas em suas experiências, compõem mensagens diárias ou participam de outras atividades espontâneas de escrita, o professor pode chamar a sua atenção para os nomes das letras e seus sons. Por exemplo, uma mensagem diária que começa com *Hoje é terça-feira* sugere a oportunidade para dar uma atenção especial para o formato das letras **H** e **T**. Em um ambiente repleto de textos, as oportunidades surgem durante o dia inteiro. O exercício do alfabeto se estende à caligrafia quando as crianças copiam, traçam e, finalmente, escrevem as letras de maneira independente. Conforme elas praticam o formato das letras, podem repetir os nomes das letras ou os sons que elas representam.

Avaliando o conhecimento do alfabeto

O conhecimento que as crianças têm dos nomes das letras pode ser investigado de maneira formal ou informal. Como no caso da consciência fonêmica, a maior parte das baterias de testes de leitura possui subtestes para medir a habilidade das crianças em reconhecer e nomear as letras. As avaliações de fônica também têm seções que medem o conhecimento das crianças dos nomes das letras.

Descobrir quais letras as crianças sabem, porém, pode ser relativamente fácil com práticas informais, como usando cartões com o alfabeto e tarefas avaliativas. Pode-se pedir às crianças que nomeiem letras específicas, combinem letras parecidas, juntem maiúsculas com as suas respectivas minúsculas e assim por diante. Um registro como o seguinte fornece um resumo da classe, indicando o conhecimento de cada criança sobre os nomes das letras:

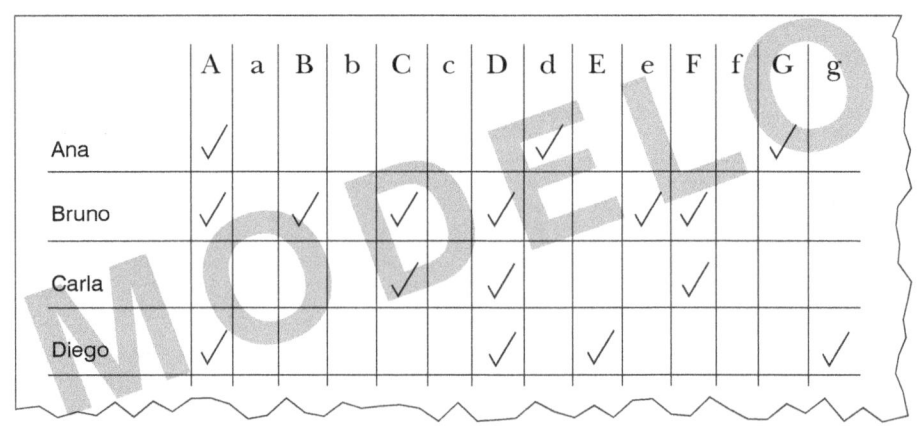

	A	a	B	b	C	c	D	d	E	e	F	f	G	g
Ana	✓							✓				✓		
Bruno	✓	✓	✓	✓					✓	✓				
Carla					✓		✓				✓			
Diego	✓						✓	✓						✓

Registros como esse indicam o caminho para a continuidade do ensino.

Crianças com dificuldades no conhecimento do alfabeto

Crianças com dificuldades para lembrar os nomes das letras precisam de ajuda e reforço extras. Problemas com a memória visual, dificuldades relacionadas à aprendizagem da língua, déficits cognitivos e outras questões podem tornar difícil para algumas crianças a lembrança de símbolos de sua língua escrita. Alunos com dificuldades precisam de ensino intensivo, estudo dirigido, reensino e reforço no aprendizado do alfabeto.

Sugestões de ensino

Atividades de revisão e reforço para crianças com dificuldades
Prática multissensorial
Além de trabalhar com cartões com as letras, as crianças podem se exercitar com outros materiais do Centro do Alfabeto (veja Sugestões de ensino, na p. 77). Podem manipular letras de plástico ou espuma enquanto dizem, escrevem ou traçam os nomes das letras na areia ou na argila, escrevem as letras em maiúscula em um quadro enquanto falam durante o movimento de fazer a letra ou, ainda, usam as modalidades visual, cinestésica ou tátil para apoiar o seu reconhecimento das letras.
Seleção do alfabeto
Crianças podem usar cartões com letras ou o alfabeto tridimensional para selecionar letras por critérios diferentes. Por exemplo, podem agrupar letras com linhas retas (A, N, X, etc.), letras com linhas curvas (C, O, S, etc.) e letras com linhas retas e curvas (B, D, J, etc.). Os alunos podem selecionar letras da primeira e da segunda metade do alfabeto, letras que conheçam ou letras que não conheçam (o objetivo, aqui, seria tornar a primeira categoria maior do que a segunda), entre outros critérios.
Figuras mnemônicas
Associar figuras às letras pode dar pistas mnemônicas que ajudam algumas crianças a reconhecer os nomes das letras. Por exemplo, quando conectam a ilustração de uma *bola* com o "B" ou de uma *casa* com o "C", elas podem facilmente lembrar o símbolo. Porém, é preciso tomar cuidado no uso de figuras como lembretes mnemônicos com crianças cuja língua nativa seja outra. Nas salas de aula estadunidenses, estamos habituados a ver quadros assim nas salas de aula:
apple　　egg　　igloo　　octopus　　umbrella

(continua)

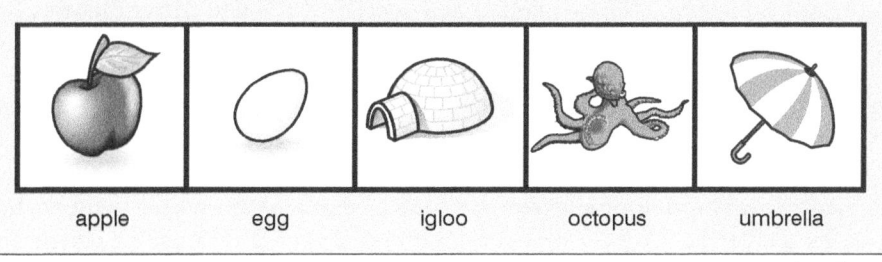

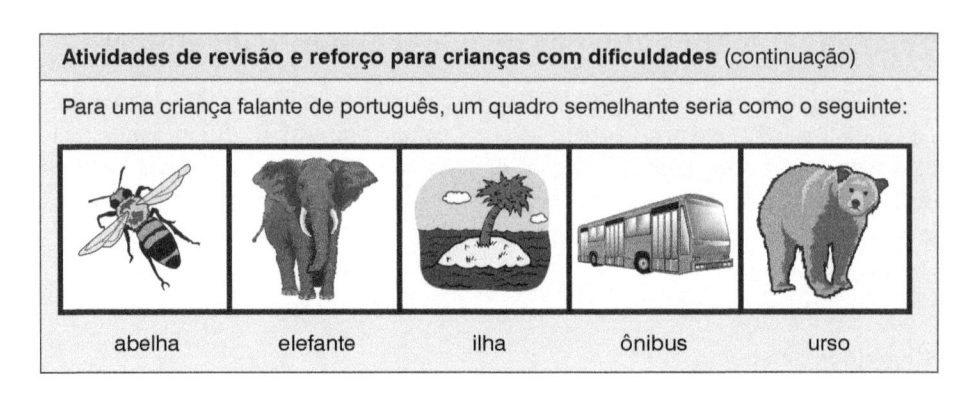

Atividades de revisão e reforço para crianças com dificuldades (continuação)
Para uma criança falante de português, um quadro semelhante seria como o seguinte: |// abelha · elefante · ilha · ônibus · urso

O conhecimento dos símbolos do alfabeto pode desafiar ainda mais crianças cuja língua nativa não é o inglês e até mesmo o português. Idiomas como espanhol e inglês possuem os mesmos símbolos alfabéticos do português, por isso seus falantes nativos que já tiverem experiência com o texto escrito demonstrarão familiaridade com as formas das letras (embora a relação som-símbolo possa ser diferente). Russo, coreano, chinês e outras muitas línguas trazidas pelas crianças para a escola, porém, usam símbolos completamente diferentes, e seus pequenos falantes podem precisar de um ensino mais direcionado das formas das letras, da discriminação entre maiúsculas e minúsculas e de outros aspectos do alfabeto do português.

Aprender os sons das letras está a apenas um passo da aprendizagem de seus nomes. Na realidade, conforme os professores focam os nomes e formatos das letras como parte integrada das atividades de letramento, como na escrita da rotina ou quando chamam a atenção para os símbolos escritos nas leituras compartilhadas, há sempre uma ênfase correspondente aos sons que essas letras representam. Os nomes das letras contêm pistas de seus equivalentes fonéticos. Em atividades fônicas, os professores em geral lidam com o som que as letras representam e introduzem os nomes das letras e suas formas. Pedem, por exemplo, que as crianças localizem palavras com **b** e palavras com **m**. Conversam sobre as ilustrações de objetos que representam os sons das letras enquanto trabalham com os livros que exploram o alfabeto. Fazem tabelas de letras com ilustrações e palavras escritas que ilustrem os sons das letras. Eles se tornam conscientes dos sons que formam os nomes dos seus amiguinhos. Em resumo, aprender os sons das letras é uma extensão natural do ensino do alfabeto, que envolve os nomes das letras e as suas formas.

Levando-se em conta diferenças individuais em uma sala de aula típica, não há um cronograma exato para que as crianças aprendam os nomes e os sons das letras. Como regra geral, contudo, alunos do final da educação infantil devem ser capazes de reconhecer muitas, senão a maioria, das letras maiúsculas e ao menos algumas minúsculas. Essa etapa é, de praxe, um período intenso de contato com o alfabeto, em que as crianças aprendem os nomes e formatos das letras e começam a fazer associações com os sons representados por essas letras, ao menos na posição inicial nas palavras. No início do primeiro ano, é esperado que as crianças já tenham dominado os nomes das letras e os sons conforme rumam em direção à independência na leitura e na escrita.

Em qualquer ambiente rico em linguagem, seja na escola ou em casa, aprender os símbolos do alfabeto é uma parte natural do processo de familiarização com o texto escrito, integrada com todos os aspectos da leitura e da escrita.

CONCLUSÃO

Consciência fonêmica e conhecimento do alfabeto são blocos de construção fundamentais na base do letramento. Ao longo das últimas décadas, as pesquisas têm deixado pouca dúvida em relação à importância desses dois aspectos nos estágios iniciais do aprendizado da leitura e escrita.

Richgels (2001) caracterizou os anos 1990 como "A Era da Consciência Fonêmica". O componente Reading first da Lei norte-americana No child left Behind define a consciência fonêmica (junto com a fônica, o vocabulário, a compreensão e a fluência) como um dos cinco componentes essenciais de um programa de alfabetização abrangente.

Embora questões tenham sido levantadas sobre a consciência fonêmica como pré-requisito ou consequência da alfabetização, a habilidade da criança de reconhecer e manipular sons tornou-se um componente fundamental para qualquer programa de ensino da leitura.

O conhecimento do alfabeto não é menos importante. Apesar de a conexão casual entre saber o nome das letras e o sucesso no aprendizado da escrita não estar completamente clara, leitores iniciantes bem-sucedidos são marcados pelo conhecimento dos símbolos que compõem a linguagem escrita e que formam uma base importante para a aprendizagem da fônica.

Por mais importantes que sejam, a consciência fonêmica e o ensino do alfabeto não podem ser os únicos aspectos do processo de alfabetização. O ensino da consciência fonêmica precisa ser combinado com muitas outras oportunidades de interagir com uma rica variedade de atividades de linguagem oral e escrita, para incentivar o letramento emergente. É melhor aprender os nomes das letras e os seus sons em atividades integradas, com letras apresentadas como parte de palavras significativas no contexto de atividades autênticas de leitura e escrita. Mas, com uma trajetória sólida tanto no que diz respeito à consciência fonêmica quanto ao conhecimento do alfabeto, as crianças ganham uma vantagem relevante para o sucesso posterior na leitura e escrita.

REFERÊNCIAS

ADAMS, M. J. Beginning to read: thinking and learning about print. Cambridge, MA: MIT Press, 1990.
ADAMS, M. J.; FOORMAN, B. R.; LUNDBERG, I.; BEELER, T. Phonemic awareness in young children. Baltimore: Brookes, 1998.
ADAMS, M. J. et al. 2006. Avaliando a consciência fonológica. In: ADAMS, M. J. et al. Consciência fonológica em crianças pequenas. Porto Alegre: Artmed, 2006. p. 141-167.
BECK, I. L. Making sense of phonics: the howsand whys. New York: The Guilford Press, 2006.
BISHOP, A.; YOPP, R. H.; YOPP, H. K. Reading for reading: a handbook for parents of preschoolers. Boston: Allyn and Bacon, 2000.
BLEVINS, W. Phonics from A to Z: a practical guide. New York: Scholastic, 1998.
BOND, G. L.; DYKSTRA, R. The cooperative research program in first-grade reading instruction. Reading Research Quarterly, v. 2, p. 5-142, 1967. Reprinted in Reading Research Quarterly, v. 32, p. 348-437, 1997.
BRADLEY, B. A.; JONES, J. Sharing alphabet books in early childhood classrooms. The Reading Teacher, v. 60, p. 452-463, 2007.
CALIFORNIA DEPARTMENT OF EDUCATION. Teaching reading: a balanced, comprehensive approach to teaching reading in prekinder garten through third grade. Sacramento: California Department of Education, 1996.
CAPELLINI, S. A.; SMYTHE, I. Protocolo de avaliação de habilidades cognitivo-linguísticas: livro do profissional e do professor. Marília: Fundepe, 2008.
CHALL, J. S.; POPP, H. M. Teaching and assessing phonics: why, what, when, how: a guide for teachers. Cambridge, MA: Educators Publishing Service, 1996.
COWEN, J. E. A balanced approach to reading instruction: a synthesis of six major U.S. research studies. Newark, DE: International Reading Association, 2003.
CUNNINGHAM, P. A. Phonics they use: words for reading and writing. 5. ed. New York: Longman, 2009.
DAHL, K. L.; SCHARER, P. L. Phonics teaching and learning in whole language classrooms: new evidence from research. The Reading Teacher, v. 53, p. 584-594, 2000.
DRESSMAN, M. On the use and misuse of research evidence: decoding two states reading initiative. Reading Research Quarterly, v. 34, p. 258-285, 1999.
DURRELL, D. D. Commentary: letter name values in reading and spelling. Reading Research Quarterly, v. 16, p. 159-163.
EHRI, L. C.; NUNES, S. R. The role of phonemic awareness in learning to read. In: FARSTRUP, A. E.; SAMUELS, S. J. What research has to say about reading instruction. 3rd ed. Newark, DE: International Reading Association, 2002.
GUNNING, T. G. Phonological awareness and primary phonics. Boston: Allyn and Bacon, 2000.
HARRIS, T. L.; HODGES, R. E. (Eds.). The literacy dictionary: The vocabulary of reading and writing. Newark, DE: International Reading Association, 1995.
JOHNS, J. L.; LENSKI, S. D.; ELISH-PIPER, L. Early literacy assessment and teaching strategies. Dubuque, IA: Kendall Hunt, 1999.
JUEL, C. Learning to read and write: A longitudinal study of 54 children from first through fourth grades. Journal of Educational Psychology, v. 80, p. 437-447, 1988.
MACARUSO, P.; WALKER, A. The efficacy of computer-assisted instruction for advancing literacy skills in kinder garten children. Reading Psychology, v. 29, n. 266-287.
MaCLEAN, M.; BRYANT, P.; BRADLEY, L. Rhymes, nursery rhymes and reading in early childhood. Merrill Palmer Quarterly, v. 33, p. 255-281, 1987.
MANYAK, P. C. Phonemes in use: Multiple activities for a critical process. The Reading Teacher, v. 61, p. 659-662, 2008.

McGEE, L. M.; UKRAINETZ, T. A. Using scaffolding to teach phonemic awareness in preschool and kindergarten. The Reading Teacher, v. 62, p. 599-603, 2009.
MOATS, L. C. The missing foundation in teacher education: Knowledge of the structure of spoken and written language. Annals of Dyslexia, v. 44, p. 81-102, 1994.
MOOJEN, S. et al. CONFIAS - Consciência fonológica: instrumento de avaliação sequencial. São Paulo: Casa do Psicólogo, 2003.
NATIONAL READING PANEL. Teaching children to read: An evidence-based assessment of the scientific research literature on reading and its implications for reading instruction. Washington, DC: National Institute of Child Health and Human Development, 2000.
NILSSON, N. L. A critical analysis of eight informal reading inventories. The Reading Teacher, v. 61, p. 526-536, 2008.
OPITZ, M. F. Children's books to develop phonemic awareness – For you and parents, too! The Reading Teacher, v. 51, p. 526-528, 1998.
ORTON, J. G. Phonemic awareness and inventive writing. New England Reading Association Journal, v. 36, p. 17-21, 2000.
REILLY, M. A. Choice of action: using data to make instructional decisions in kindergarten. The Reading Teacher, v. 60, p. 720-776, 2007.
RICHGELS, D. J. Phonemic awareness. The Reading Teacher, v. 55, p. 274-278, 2001.
SANTI, K. L.; MENCHETTI, B. M.; EDWARDS, B. J. A Comparison of eight kindergarten phonemic awareness programs based on empirically validated instruction practices. Remedial and Special Education, v. 25, p. 18-196, 2004.
SANTOS, M.T.; PEREIRA, L.D. Consciência fonológica. In: PEREIRA, L.D.; SCHOCHAT, E. Processamento auditivo central: manual de avaliação. São Paulo: Lovise, 1997.
SMITH, F. Why systematic phonics and phonemic awareness instruction constitute an educational hazard. Language Arts, v. 77, p. 150-155, 1999.
SNOW, C. E.; BURNS, M. S.; GRIFFI, P. Preventing reading difficulties in young children. Washington, DC: National Academy Press, 1998.
STANOVICH, K. E. Romance and reality. The Reading Teacher, v. 47, p. 280-291, 1994.
SULZBY, E.; TEALE, W. Emergent literacy. In: BARR, R. et al. (Eds.). Handbook of reading research. New York: Longman, 1991. v.2.
TAYLOR, D. Beginning to read and the spin doctors of science: an excerpt. Language Arts, v. 76, p. 217-231, 1999.
TORGESEN, J. K.; MATHES, P. G. A basic guide to understanding, assessing, and teaching phonological awareness. Austin: Pro-Ed., 2000.
TROIA, G. A.; ROTH, F. P.; GRAHAM, S. An educator's guide to phonological awareness: Assessment measures and intervention activities for children. Focus on Exceptional Children, v. 31, p. 1-12, 1998.
VACCA, J. L. et al. Reading and learning to read. 7th ed. Boston: Pearson, 2009.
WILLIAMS, J. Phonemic awareness. In: HARRIS, T. L.; HODGES, R. E. (ed.). The literacy dictionary: the vocabulary of reading and writing. Newark, DE: International Reading Association, 1995.
YOPP, H. K. A test for assessing phonemic awareness in young children. The Reading Teacher, v. 49, p. 20-29, 1995a.
YOPP, H. K. Read-aloud books for developing phonemic awareness: an annotated bibliography. The Reading Teacher, v. 48, p. 538-542, 1995b.
YOPP, H. K.; STAPLETON, L. Conciencia fonemica en Espanol (Phonemic awareness in-Spanish) The Reading Teacher, v. 61, p. 374-382, 2008.
YOPP, H. K.; YOPP, R. H. Supporting phonemic awareness development in the classroom. The Reading Teacher, v. 54, p. 130-143, 2000.

Referências dos instrumentos de avaliação da consciência fonológica citados em língua portuguesa

ADAMS, M. J. et al. Avaliando a consciência fonológica. In: ADAMS, M. J. et al. *Consciência fonológica em crianças pequenas*. Porto Alegre: Artmed, 2006. cap. 10. p. 141-167.
CAPELLINI, S. A.; SMYTHE, I. *Protocolo de avaliação de habilidades cognitivo-linguísticas*: livro do profissional e do professor. Marília: Fundepe, 2008.
MOOJEN, S. et al. *CONFIAS*: consciência fonológica: instrumento de avaliação sequencial. São Paulo: Casa do Psicólogo, 2003.
SANTOS, M. T.; PEREIRA, L. D. Consciência fonológica. In: PEREIRA, L. D.; SCHOCHAT, E. *Processamento auditivo central*: manual de avaliação. São Paulo: Lovise, 1997.

Livros infantis citados neste capítulo

ADA, A. F. Gathering the sun: an alphabet book in spanish and english. Illustrated by Simon Silva. New York: Lothrop, 1997.
ALARIAN, K. B. Louella Mae, she's run away. Illustrated by R. Litzinger. New York: Henry Holt, 1997.
ANDERSON, J. Era uma vez uma gota de chuva. São Paulo: Scipione, 2011.
BASE, G. Animalia. New York: Abrams, 1986.
BELLINGHAUSEN, I. B. O mundinho azul. São Paulo: DCL Editora, 2010.
BRUCHAC, J.; LONDON, J. Thirteen moons on a turtle's back. New York: Putnam, 1997.
CAMERON, P. "I can't" said the ant. New York: Scholastic, 1961.
DALY, N. Why the sun and moon live in the sky. New York: Harper Collins, 1995.
De VICQ DE CUMPTRICH, R. Bembo's Zoo: an animal ABC book. New York: Henry Holt, 2000.
FOX, M. Wilfred Gordon McDavid Patridge. Illustrated by J. Vivas. Reading, MA: Scott, Foresman, 1989.
GALDONE, P. Henny Penny. Boston: Houghton Mifflin, 1984.
GUARINO, D. Is your mama a llama? New York: Scholastic, 1991.
HOBAN, T. 26 Letters and 99 Cents. New York: Greenwillow, 1987.
HUNT, J. Illuminations. New York: Bradbury, 1989.
KARLIN, N. The fat cat sat on the mat. NewYork: HarperCollins, 1997.
KIPLING, R. Rikki, Tikki, Tavi. Illustrated by J. Pinkney. New York: Morrow, 1997.
LEAP into phonics: build phonemic awareness. Omaha: Leap into Learning, [199-?]. CD-ROM.
MARTIN, W. Jr. Brown Bear, Brown Bear, what do you see? Illustrated by E. Carle. New York: Henry Holt, 1994.
MARTIN, W. Jr. Polar Bear, Polar Bear, what do you hear? New York: Henry Holt, 1991.
MOSEL, A. Tiki Tiki Tembo. New York: Henry Holt, 1968.
SLEPIAN, J.; SEIDLER, A. The hungry thing goes to a restaurant. New York: Scholastic, 1993.
SPOTLIGHT on literacy: grade 1. New York: McGraw Hill, 2000.
WOOD, A. Silly Sally. San Diego: Harcourt Brace, 1992.

Sugestões de livros com histórias rimadas em português

COELHO, R. *Amanhecer na roça*. 5. ed. Belo Horizonte: Lê, 1992. Do mesmo autor Pedrinha no sapato.
DILL, L. *Arca de haicais*. 3. ed. Porto Alegre: Artes e Ofícios, 2010.
FUMARI, E. *Assim e assado*. 6. ed. Porto Alegre: Moderna, 1995. Da mesma autora de Você troca? e Não confunda.
JOSÉ, E. *Se tudo isso acontecesse...* 2. ed. São Paulo: Paulus, 2006. (Coleção Patati- Patatá). Da mesma coleção tem também Gente e mais gente, O que tem nessa venda e Eu sou mais eu.
PINTO, C. *Rola rima*. Rio de Janeiro: Nova Fronteira, 2004.
ROBB, J.; STRINGLE, B. *A história do morcego*. Porto Alegre: Ática, 2004. Desta mesma coleção tem A história da aranha, A história do gato, entre outros.
ROTH, O. *Duas dúzias de coisinhas à-toa que deixam a gente feliz*. Porto Alegre: Ática, 2006.

SIGUEMOTO, R. *Ai, que medo!* 5. ed. Porto Alegre: Scipione, 1988. (Coleção Leiturinhas).
SIGUEMOTO, R. *A vaca Rebeca* 5. ed. Porto Alegre: Scipione, 1988. (Coleção Leiturinhas).
SIGUEMOTO, R. *O colibri e a sucuri.* 5. ed. Porto Alegre: Scipione, 1988. (Coleção Leiturinhas). Da mesma autora publicado pela Editora do Brasil S/A há Bum-que-te-bum-bum-bum, O esquilo esquisito e O toró.
TAVANO, S. *O lugar das coisas.* Belo Horizonte: Callis, 2011. A editora Todolivro tem uma coleção "Rima pra cá, rima pra lá".

Sugestões de livros com trava-línguas e parlendas em português
CALVIN, G. *Trava-línguas.* São Paulo: Global, 2011.
JOSÉ, E. *Quem lê com pressa, tropessa.* Belo Horizonte: Lê, 1992.
TADEU, P. *O prato de trigo do tigre:* os melhores trava-línguas. São Paulo: Matrix, 2013.
VASQUES, M. *Duas dezenas de trava-línguas.* 2. ed. São Paulo: Noovha América, 2002.

Sugestões de livros que apresentam as letras do alfabeto em português
BAG, M. *ABC e outros bichos.* Rio de Janeiro: Ao Livro Técnico, 1997.
BOSETTI, E.; GOULFIER, S. *As letras:* quadrinhas dos filopatas. 3. ed. Porto Alegre: Scipione, 1996.
CARRIL, M. F. *De avestruz a zebra.* Porto Alegre: Ática, 2010.
FRANÇA, E.; FRANÇA, M. *Alfabeto dos pingos.* 5. ed. Porto Alegre: Ática, 1998.
GUIMARÃES, T. *Bichodário.* São Paulo: Escala Educacional, 2008.
NANI. *Abecedário hilário.* Belo Horizonte: Abacatte, 2009.
PAES, J. *Uma letra puxa a outra.* São Paulo: Companhia das Letras, 1997.
QUINTANA, M. *O batalhão das letras.* Rio de Janeiro: Alfaguara Brasil, 2014.
REILY, P. *Ciranda do ABC.* Campinas: Papirus, 2009.

3 Ensinando e aprendendo elementos fônicos discretos

> O conhecimento do conteúdo e das técnicas de ensino é importante para os professores em qualquer disciplina. O conteúdo da fônica é um componente essencial do conhecimento de base dos professores. Mas o conhecimento da fônica, por si só, não basta; os professores precisam saber como ajudar os alunos a colocá-lo em prática, de modo a se tornarem leitores e escritores eficientes. Este capítulo:
> - foca os grandes componentes das relações som-símbolo do sistema de escrita da língua inglesa,* nas unidades discretas que constituem o conteúdo do ensino da fônica;
> - sugere ideias para ajudar as crianças a aprender as unidades fônicas, para que possam aplicar essas informações na decodificação e codificação de palavras, como parte de suas experiências com a linguagem.

A habilidade de um professor para ensinar qualquer tema será influenciada pelo conhecimento que ele tem do assunto, e com a fônica não é diferente. Testes do conhecimento que professores têm da fônica indicam que essa base de conhecimento está gravemente em falta e que o conhecimento dos professores a respeito da fônica é surpreendentemente fraco (MOATS, 1994), embora pesquisas mostrem que o desenvolvimento profissional possa reforçar significativamente esse conhecimento (BRADY et al., 2009). Dada a importância da fônica e a ênfase no ensino sistemático e explícito da leitura nas escolas de hoje, é importante que professores se familiarizem com a natureza e os detalhes do sistema de escrita, que constituem o conteúdo da fônica.

---

* N. de R.T.: Como nos capítulos anteriores, sempre que possível serão feitos comentários sobre a língua portuguesa.

44 SONS E 26 LETRAS

A ortografia da língua inglesa, assim como da língua portuguesa, é baseada no princípio alfabético. Os *fonemas* (sons falados) são representados por *grafemas* (as letras). A fônica envolve a aprendizagem das relações entre esses sons e símbolos, também envolve a aprendizagem do uso dessas informações na decodificação de palavras desconhecidas na leitura e no exercício apropriado das opções ortográficas ao escrever textos.

Todas as línguas possuem duas categorias amplas de sons: consoantes e vogais. Bem cedo em sua vida escolar, as crianças aprendem que "As vogais são **a, e, i, o, u** e que as consoantes são todas as outras letras". O sistema de escrita de uma língua, porém, é consideravelmente mais complicado do que isso. Existem, na verdade, cinco vogais, mas elas são usadas em variadas combinações para representar a multiplicidade de sons.

O sistema sonoro geral do inglês, especificamente, contém cerca de 44 fonemas ou unidades básicas de som.* "Cerca de" é usado aqui porque nem todos os especialistas concordam quanto ao número exato de fonemas (BAER, 1999; ELDREDGE, 1999; LADEFOGED, 1982; WILSON; HALL, 1997; entre outros autores). Além disso, nem todos os falantes de todos os dialetos do inglês americano usam todos esses fonemas em sua comunicação oral diária. Variações na maneira como as pessoas pronunciam as palavras é uma parte fascinante da linguagem e da vida. Para alguns falantes do inglês, as palavras *caught* e *fought* rimam; para outros, elas não rimam de maneira alguma, pois eles pronunciam *caught* como *cot*. Quando se analisam os padrões gerais da fala do inglês americano, porém, 44 é o número consistentemente usado para indicar a sua quantidade de fonemas.

Fonemas são unidades da fala. Toda vez que fonemas são representados na escrita, eles vêm entre as barras / /. Elas são usadas para indicar que o símbolo escrito na página representa um som falado. Os 44 fonemas do sistema sonoro do inglês são representados na escrita por 26 símbolos, as letras do alfabeto – assim como o da língua portuguesa. A relação entre esses sons e símbolos certamente não é perfeita. Um sistema alfabético perfeito teria um símbolo para cada som, e haveria uma relação consistente, um a um, entre eles. Isto é, a cada vez que um som fosse usado na fala, haveria uma maneira de escrevê-lo, e apenas uma; e, a cada vez que o símbolo fosse escrito, representaria sempre o mesmo som. Algumas palavras do inglês, assim como do português, possuem uma relação som-símbolo consistente, mas muitas não. Quando ingressam na escola pela primeira vez, excetuando-se

---

* N. de R.T.: No português brasileiro, há 30 fonemas e 26 grafemas unitários, mais os dígrafos. Como no inglês, esse número pode variar de região para região.

aquelas com dificuldade séria de linguagem, as crianças conseguem produzir a maioria, se não todos, os fonemas do sistema de sons de sua língua. Como parte do processo de aquisição da linguagem, elas aprendem a combinar fonemas para formar palavras, atendendo às suas necessidades básicas de comunicação. Quando aprendem a ler e a escrever, aprendem a ligar as letras aos sons falados.

O descompasso entre os 44 sons e as 26 letras – ou, no caso da língua portuguesa, 30 e 26, respectivamente – usadas para representá-los é o principal fator de inconsistências que as crianças (e muitos adultos) encontram na tentativa de dominar a leitura e a escrita. Dos 44 sons do inglês, 25 são consonantais e 19, vocálicos.* Das 26 letras, 21 são consoantes e cinco, vogais. Qual é o resultado dessa divergência numérica nas relações de som-símbolo entre vogais e consoantes? Tente escrever a palavra que nomeia um instrumento musical de cordas bastante tocado por músicos nas praias do Havaí. (Não diga apenas os sons das letras em voz alta; escreva a palavra em um pedaço de papel. Lembre-se de que a ortografia diz respeito à língua escrita.)

Se reuníssemos todas as maneiras em que essa palavra pode ser escrita, talvez chegássemos a uma lista como a seguinte:

ukalele	*ukealaylee*	*eukaleli*	*ukeleyllee*
ukillaylee	*euckolalee*	*eucalaley*	*ukulalee*
yukalele	*ukilalee*	*yucalaylay*	*ukalaily*
ukulele	*yukalaili*	*ukallali*	*eukalehlee*
eukallelay			

Essa lista não elimina, nem assim, todas as possíveis grafias dessa palavra! A maneira correta ou o padrão de sua escrita, encontrado no dicionário, é *ukulele*. O ponto aqui, porém, não é a escrita correta, mas o que acontece quando se tenta escrever essa palavra.**

Examinando as palavras da lista, você notará uma consistência considerável nas letras usadas para representar os sons consonantais, mas grandes variações nas letras e combinações de letras que representam os sons vocálicos. Todas as palavras da lista possuem letras que representam o som de /k/ na segunda posição, símbolos representando o /l/ no meio da palavra e a letra l (ou l duplo) como o penúltimo elemento. Letras como **b**, **g**, **t** e **q**, ou outras que representem outros sons, não aparecem em nenhum momento. Há uma regularidade nas letras usadas para representar os sons consonantais tanto

---
* N. de R.T.: Dos 30 fonemas do português, 20 são consonantais, 3 são glides e 7 são fonemas vocálicos.
** N. de R.T.: Um exemplo no português de uma palavra que representa uma multiplicidade de possibilidades de escrita é *"táxi"*, que poderia apresentar as seguintes escritas: *"táquissi"*; *"tácsi"*; *"tacssi"*, entre outras.

que cada som consonantal aparece na palavra. Considere, agora, as relações grafema-fonema das vogais. É possível encontrar uma ampla variação de letras e de combinações de letras que representam os sons vocálicos. Isso porque a variação entre o número de sons vocálicos da língua inglesa e das letras que existem para representar esses sons permite que haja muitas opções de representações desses sons na forma escrita. Com apenas cinco grafemas para representar 19 fonemas vocálicos,* como no inglês, o resultado são muitas opções de representação na escrita (e, portanto, muito maiores as chances de escrever a palavra incorretamente).

Com esse tipo de discrepância entre letras e sons de vogais e consoantes, não fica difícil entender por que as crianças de língua inglesa com frequência veem nas vogais a parte mais difícil do aprendizado da fônica, e por que um erro de escrita de uma palavra em geral envolve sons vocálicos.

Na língua escrita, as consoantes carregam informações fonéticas significativas. Você pode concluir qual é a palavra se ela estiver sem as vogais, por exemplo, b*t*t* (batata), c*mp*t*d*r (computador) e c*mpr**ns** d* l**t*r* (compreensão de leitura). "O núcleo vocálico da sílaba transmite a maior parte da energia acústica no fluxo da fala e envolve os sons adjacentes" (TROIA; ROTH; GRAHAM, 1998, p. 5). A importância das vogais está em sua função na produção de sons no fluxo da língua falada.

Os sons falados são produzidos quando o ar passa dos pulmões pela laringe, fazendo vibrar as pregas vocais. Manipulamos, então, os nossos órgãos da fala para modificar os sons. Por exemplo, juntamos os lábios para interromper o fluxo de ar ao produzir o som inicial de **bala**; redirecionamos o fluxo de ar pela cavidade nasal ao produzir o som inicial de **mato**; forçamos o ar através dos dentes incisivos superiores e do lábio inferior para o som inicial de **fada**; e assim por diante.

A ação física de produzir a fala denota a diferença essencial entre consoantes e vogais. As consoantes são produzidas pela interferência do fluxo de ar quando este passa pelo trato vocal e possuem um ponto e um modo de articulação precisos, além de uma qualidade vozeada ou desvozeada. O *ponto de articulação* refere-se à posição dos órgãos da fala conforme o som é produzido. O som inicial de /fada/, por exemplo, é labiodental; isto é, é produzido quando os dentes incisivos superiores tocam o lábio inferior. O *modo de articulação* desse som é fricativa; isto é, é produzido pela fricção do ar quando este passa pelo ponto de articulação. O som é *desvozeado*; isto é, as pregas vocais não vibram quando o som é produzido. Embora o som inicial de /vaca/ tenha o mesmo ponto e modo de articulação de /f/ em /fada/, o /v/ é *vozeado*; isto é, as pregas vocais vibram ao articulá-lo. Pode-se notar a diferença colocando os

---

* N. de R.T.: As vogais não são uma grande dificuldade no português brasileiro, uma vez que há cinco grafemas para representar sete fonemas.

dedos gentilmente na laringe (o pomo de Adão) e prolongar os sons iniciais de f-f-f-f-f-ada e v-v-v-v-v-aca.

Em contraste, na produção de um segmento vocálico a passagem da corrente de ar não é interrompida na linha central; a boca abre para deixar o som escapar de maneira ininterrupta. Os sons vocálicos são determinados pela posição da língua, e não por outros órgãos da fala.

A fonética articulatória é um dos principais ramos da fonética, que é a ciência responsável pelo estudo de como os sons são produzidos e uma parte importante do conhecimento de base para fonoaudiólogos e estudiosos da linguagem. Ser consciente do lado físico da fala também ajuda os professores a entender a maneira como as crianças produzem os sons e sugere algumas das razões pelas quais alguns símbolos são ligados a alguns sons. Também tem muito a ver com as variações de som que caracterizam os diferentes dialetos. Alguns programas intensivos de fônica constroem-se diretamente nos aspectos físicos da produção da fala. Por exemplo, o programa Lindamood Bell (ver Cap. 4) chama os fonemas /b/ e /p/ de "sons de estourar os lábios", devido à forma como são articulados. Aspectos fisiológicos explicam as maiores diferenças entre as duas categorias básicas de sons em sistemas alfabéticos de escrita, consoantes e vogais. Em suma, compreender como produzimos sons vocálicos pode influenciar como ensinamos as crianças a relacionar sons a esses símbolos em seu aprendizado da leitura e da escrita.

ENSINANDO ELEMENTOS FÔNICOS DISCRETOS

Conforme crianças pequenas aprendem as relações som-símbolo de sua língua em seu caminho rumo ao letramento, haverá momentos em que é apropriado que o professor ensine direta e claramente as unidades fônicas discretas que as crianças encontram em sua leitura e sua escrita. As unidades são os aspectos da fônica que as crianças precisam decodificar e codificar na linguagem escrita. Na língua portuguesa* consistem em

consoantes – correspondências letra-som das quais fazem parte as consoantes isoladas, como **l** - /l/ e **p** - /p/, que ocorrem no início das palavras *lã* e *pão*

dígrafos consonantais – sons representados pela combinação de consoantes que formam um só som, como no início de **chuva** e **guitarra** e no meio de pa**ss**eio, ex**ceç**ão e ca**rr**o

---

* N. de R.T.: Os elementos fônicos discretos foram adaptados. A principal adaptação foi a exclusão das vogais longas e curtas, uma vez que tal distinção não existe no português.

encontros consonantais – o encontro de duas ou mais consoantes sem vogal intermediária, como em *prato* e *blusa*
letra sem som – letra que não apresenta som correspondente, como no início de *hoje* e *hora*
vogais - correspondências letra-som das quais fazem parte as vogais isoladas, como **a** – /a/ e **i** – /i/, como as que ocorrem no início das palavras *avião* e *igreja*
dígrafos vocálicos – duas letras, uma delas uma vogal e a outra **m** ou **n** (como em *campo*), representam um só som
ditongos – o encontro de uma vogal e uma semivogal (ou glide) em uma só sílaba, como o ai em *pai*
sílabas – combinações de fonemas que formam unidades de som nas palavras (sí-la-ba)

Esses são os elementos que constituem o conteúdo do currículo de fônica, o que, em geral, é o ensino da fônica em programas instrucionais.

As unidades intrassilábicas, ou seja, unidades que são menores que uma sílaba, porém maiores que um único segmento, também fazem parte do ensino da fônica. O ataque ou *onset* é a parte da sílaba que precede a vogal – por exemplo, **br** em branco. A **rima silábica** (sendo diferente da rima da palavra) é a vogal e a consoante que seguem ao *onset* – no exemplo acima **an**.

Como os elementos fônicos discretos ocorrem em combinação uns com os outros nas palavras, o ensino da fônica trata extensivamente de *onsets* e rimas silábicas.* "O ensino que inclui o uso de *onsets* e rimas é apoiado por pesquisas que indicam que os leitores procuram padrões de letras em vez de letras individuais ao decodificarem palavras" (ALLEN, 1998, p. 255). Conforme trabalham com famílias fonéticas, as crianças se preparam para a leitura independente, já que tantas muitas palavras de uma sílaba (*eu, oi, lá*) também ocorrem em palavras com mais de uma sílaba (*Europa, oitavo, laboratório*), que podem ser decodificadas por analogia.

Nunca é demais ressaltar a importância de se trabalhar com essas unidades da fônica. Resumindo a pesquisa de Adams, Cowen (2003) aponta para o fato de que uma abordagem que leve em conta as unidades intrassilábicas (*onsets* e rimas) tem muitas vantagens em relação ao ensino tradicional da fônica porque (1) generalizações fônicas são frustrantemente não confiáveis; (2) os sons das vogais são estáveis nas rimas; e (3) dígrafos vocálicos são regulares na pronúncia – por exemplo, o *-am* de *campo* e *tambor*.

---

* N. de R.T.: Ainda não há consenso sobre a importância do ensino explícito dessas unidades para o português brasileiro.

Para ensinar todos os elementos fônicos discretos, algumas estratégias já se provaram especialmente eficazes para a língua inglesa.* Entre elas, estão:
- *a construção de palavras,* na qual os alunos usam o seu conhecimento das relações som-símbolo ao combinarem as letras para criar palavras com plaquinhas, cartões e por escrito.
- *as famílias fonéticas de palavras,* quando os alunos trabalham com *onsets* e rimas para criar listas de palavras foneticamente relacionadas. Johnson (1999) dá sugestões de uso para famílias de palavras, de maneira a desenvolver o conhecimento das crianças pequenas: (1) foco em cada família de palavras por vez, começando com rimas com a vogal curta **a**, porque palavras com esse padrão aparecem com frequência no material de leitura para crianças pequenas; (2) introdução de duas ou mais famílias fonéticas com a mesma vogal curta, como – *at* em *mat* ou –*an* em *man*; (3) comparação de famílias fonéticas com diferentes vogais curtas, por exemplo, *bat, bit, bet* e *but*; (4) introdução de encontros vocálicos e dígrafos durante o estudo dessas famílias de palavras; e (5) estender os padrões para palavras com sons de vogais longas.
- *a triagem de palavras,* que envolve separar e categorizar palavras de acordo com as suas similaridades e diferenças ortográficas, "[...] fornece oportunidades para os alunos tomarem decisões lógicas com as unidades que formam as palavras, entre as quais o som, o padrão, o sentido e o uso, ajudando-os a identificarem e entenderem a constância ou regularidade da ortografia" (BEAR et al., 2000, p. 59). As crianças podem selecionar palavras de acordo com o seu número de diferentes aspectos ortográficos – por exemplo, pelos sons iniciais, encontros vocálicos e consonantais e dígrafos; pelos diferentes sons para a mesma letra (*bolo* e *bola*); pela mesma escrita de sons iguais (*aço* e *asso*); sílabas; e assim por diante.
- *os murais de palavras,* lugares da sala de aula onde as palavras são escritas para que todos vejam, que têm se provado especialmente apreciados e eficazes no apoio da escrita correta e das atividades fônicas (CUNNINGHAM, 2009).
- *os jogos de palavras,* incluindo variações de bingo, jogos de cartas, jogos de tabuleiro e outras ferramentas motivacionais elaboradas para ajudar as crianças a aprender, praticar e aplicar o seu conhecimento dos elementos fônicos discretos. Os jogos são populares entre as crianças fora da escola, e jogar como parte da fônica não é menos divertido na sala de aula.

---

* N. de R.T.: Aqui mantiveram-se as sugestões para a língua inglesa, porque não há, até o momento, estudos para a língua portuguesa.

Todas essas estratégias aparecerão nas ocasiões apropriadas de aplicação nas seções seguintes deste capítulo.

As crianças adquirem a habilidade de aplicar essas estratégias na sala de aula por meio do ensino direto, do ensino incidental, da prática com "lápis e papel" e em atividades computadorizadas.

O ensino direto, como o nome indica, envolve apresentar os componentes da fônica de maneira direta e clara. Baseando-se na revisão de pesquisas realizadas, o Comitê Nacional de Leitura (NATIONAL READING PANEL, 2000) concluiu que o ensino direto, sistemático e explícito da fônica é particularmente eficaz para o crescimento da leitura das crianças.

Há também muitas oportunidades para o ensino informal da fônica na sala de aula, isto é, incidental. Nessas ocasiões, o professor ajuda as crianças a usarem a fônica como uma estratégia para entenderem palavras desconhecidas em atividades rotineiras de leitura e escrita.

Atividades com "lápis e papel" são muito usadas como um ingrediente do ensino direto. Embora programas focados em livros de exercícios não devam dominar o ensino da fônica, essas atividades bem elaboradas dão às crianças oportunidades de praticar e aplicar as estratégias da fônica e podem servir de fonte para informações diagnósticas, que ajudam o professor a planejar as aulas (ALLINGTON, 2002). "Livros de exercícios são ótimos para a prática independente, depois do ensino dos conceitos. Eles não são de todo desprezíveis, apenas mal aplicados com frequência como substitutos do ensino" (MOATS, 1998, p. 48).

Programas de computador também podem ser úteis ao dar aos alunos oportunidades de aprender de forma interativa e de aplicar os elementos da fônica. Alguns desses programas são descritos com mais detalhes no próximo capítulo.

CONSOANTES

Os fonemas consonantais são produzidos quando há um máximo de fechamento ou interferência na passagem da corrente de ar pelo trato vocal. Nós bloqueamos completamente essa corrente de ar e depois a soltamos (como no /b/ de *bala*), a forçamos por uma abertura pequena (como no /s/ de *sal*), redirecionamos a coluna de ar pela cavidade nasal (como no /m/ de *mãe*), deixamos o fluxo passar ao redor de uma obstrução (como no /l/ de *lápis*) ou friccionamos a corrente de ar quando ela passa pela laringe até sair da boca.

As consoantes ocorrem no início ou no final das sílabas. O inventário de fonemas consonantais e vocálicos que fazem parte do sistema falado do português, junto com um exemplo ortográfico, é apresentado na Tabela 3.1.

Tabela 3.1 Lista de símbolos fonéticos. Alfabeto internacional de fonética – IPA (revisado em 1993, atualizado em 1996)

	Exemplo ortográfico	Transcrição fonética
a	asa	['aza]
e	medo	['medu]
ɛ	régua	['xɛgwa]
i	fita	['fita]
o	torrada	[to'xada]
ɔ	rosa	['xɔza]
u	fumaça	[fu'masa]
ɟ(y)	feijão	[feɟ'ʒõw]
w	aula	['awla]
p	pata	['pata]
b	bala	['bala]
t	tapa	['tapa]
d	data	['data]
k	capa	['kapa]
g	gata	['gata]
f	faca	['faka]
v	vaca	['vaka]
s	sapo	['sapu]
z	casa	['kaza]
ʃ(š)	chapéu	[ʃa'pɛw]
ʒ(ž)	já	['ʒa]
m	macaco	[ma'kaku]
n	nada	['nada]
ɲ(ñ)	banha	['bãɲa]
l	lata	['lata]
ʎ	alho	['aʎu]
ɾ (r)	barata	[ba'ɾata]
x	rato	['xatu]
tʃ(š)	tia	['tʃia]
dʒ(ǰ)	dia	['dʒia]

( ) Os símbolos entre parênteses são do sistema de transcrição americana.
Fonte: Lamprecht, R.R. et al. *Aquisição fonológica do português*. Porto Alegre: Artmed, 2004.

Ensinar as consoantes no início e no fim das palavras é uma extensão natural do ensino e da prática da consciência fonêmica e do treinamento do alfabeto. Conforme as crianças focam os fonemas das palavras e são introduzidas aos nomes das letras, é inevitável que seja dada atenção às correspondências som-símbolo.

Sugestões de ensino

Trabalhando com consoantes iniciais

O que há nos nomes?

Os nomes de todas as crianças são escritos em cartões ou selecionados de acordo com a primeira letra ou primeiro som. O professor deve prestar atenção aos nomes que começam com dígrafos (como *Sheila*), encontros consonantais (como *Bruno*), vogais nasalizadas (como *Ana*) e relações diferentes de som-símbolo (como *Giulia*). Nomes com a mesma letra e o mesmo som podem ser escritos no quadro – por exemplo, *Talita, Teresa, Tales*. As crianças podem discutir outros nomes e outras palavras que comecem com T-/t/.

Frases sonoras

O professor dita frases com aliterações, como

O rato roeu a roupa do rei de Roma.

Três tigres tristes para três pratos de trigo. Três pratos de trigo para três tigres tristes.

Ou o professor dita frases com palavras que começam com um determinado som, como em

Sara, a sardinha está comendo salada, salpicão e sanduíche.

Ronaldo, o ratinho está comendo rúcula, repolho e rocambole de requeijão.

Conforme o professor dita essas frases, as crianças seguram os cartões para indicar o som-alvo ou para inventar as suas frases sonoras.

Livros do alfabeto

Quando as crianças usam livros do alfabeto como parte da sua aprendizagem do nome das letras, há um foco direto no sons consonantais iniciais. As crianças também podem montar coleções de figuras recortadas de revistas e catálogos. Dias para cada letra, atividades iniciantes de escrita espontânea e outros exercícios já citados para o treinamento do alfabeto servem para ensinar os sons iniciais das consoantes de modo natural.

Construção de palavras

O professor usa um conjunto de placas do alfabeto, uma plaquinha por letra, com a versão maiúscula de um lado e a minúscula do outro. Cinco ou seis placas são colocadas em um envelope, entre elas vogais e consoantes. Quando o professor diz uma palavra, os alunos usam as placas para construí-la. Por exemplo, manipulando estas seis placas:

b	n	t
o	i	a

os alunos podem construir palavras como

bota	bonita	botina	boina
tia	nota	boia	ano

Embora exercícios de construção de palavras possam começar como atividades para a classe inteira, os alunos também podem se reunir em pequenos grupos ou em pares, copiando palavras que eles constroem com as suas placas do alfabeto. As plaquinhas podem ser distribuídas sobre uma mesa, um quadro ou em um mural. As letras maiúsculas são usadas quando uma

(continua)

> **Trabalhando com consoantes iniciais** (continuação)
>
> palavra pode ser também um nome próprio – *Ana*, por exemplo – ou quando as plaquinhas também são usadas em atividades para formar frases. A construção de palavras também pode ser estendida por meio de adaptações de jogos de tabuleiro que abordam palavras, como palavras cruzadas, Parole*, Corrida das palavras ou *Boggle*, que possuem cartões ou dados com letras usados para montar mais e mais palavras – assim, o seu conhecimento da fônica aumenta progressivamente.
>
> *Trocando as iniciais*
>
> Trabalhando com padrões de sílabas frequentes ou famílias fonéticas, as crianças trocam os sons consonantais iniciais para construir listas de novas palavras:
>
> | -ato | -eto | -ela | -oto | -ola |
> |------|------|------|------|------|
> | pato | reto | vela | moto | bola |
> | mato | teto | bela | loto | mola |
> | fato | Beto | tela | foto | cola |
>
> Tomar cuidado para que as palavras formadas respeitem o som. Por exemplo, a família fonética de – *oto*, se combinar com *moto*, não combina com *boto* (animal).
>
> *Usando o contexto*
>
> Já que as crianças usam como estratégias tanto a decodificação como o contexto para entender palavras desconhecidas, alguns exercícios com sons iniciais consonantais podem ser feitos baseando-se nos contextos das frases:
>
> > O meu tio é dono de um ...ar.
> > O tatu vive no ...ato.
> > Eu vi um ...apo na lagoa.
>
> Frases assim exigem que as crianças foquem tanto o sentido como os elementos de decodificação.

Na língua portuguesa, as consoantes **c** e **g** representam dois sons distintos quando ocorrem em início de sílaba. A letra **c** tem o som plosivo de /k/ quando antecede as vogais **a, o** e **u** em palavras como *casa, copo* e *cuia* e o som fricativo de /s/ quando é seguida pelas vogais **e** e **i,** como em *céu* e *cinema*. Da mesma forma, a letra **g** representa o som plosivo de /g/ antes do **a, o** e **u**, como em *gato, gota* e *guri* e o som fricativo de /ʒ/ antes de **e** e **i**, como em *gelo* e *girafa*. Em encontros consonantais, ambas as letras tem o som plosivo, como em *claro, criança, globo* e *grilo*.

---

* N. de R.T.: Esse jogo de tabuleiro não é mais comercializado, mas há uma versão *on-line* disponível no *link*: http://www.playparole.com.

Sugestões de ensino

Trabalhando com os dois sons de g e c

Cartas

Cada criança possui um par de cartas, uma com um desenho de uma explosão (para representar os sons plosivos) e de um carrinho de fricção (para representar os sons fricativos), ou qualquer outra ilustração previamente combinada com os alunos que simbolizem esses sons. Enquanto o professor lê uma lista de palavras com **g** ou **c**, as crianças têm de erguer a carta que indica se o som é plosivo (explode) ou fricativo (faz fricção). Algumas palavras:

c com som de /k/ – *cama, cabelo, comida, cola, cobra, cubos*
c com som de /s/ - *cenoura, cesta, cebola, cinza, cinto, cidade*
g com som de /g/ – *gola, galo, goiaba, gota, gaiola, guloso*
g com som de /ʒ/ - *geleia, gênio, general, gibi, ginástica, giz*

Seleção de palavras

As crianças podem selecionar palavras de acordo com os seus sons iniciais, em exercício como

C com som de /k/	C com som de /s/	G com som de /g/	G com som de /ʒ/
Palavras para a seleção: *cabo*	*gato*	*carta*	*certo*	*giro*	*cuia*	*centro*
cueca	*gol*	*gelatina*	*gorila*	*(bola de) gude*	*cidade*	*girassol*	*coelho*

As consoantes também ocorrem no final das palavras. Identificar e substituir consoantes finais é mais difícil do que trabalhar com consoantes iniciais porque os sons iniciais são mais salientes. Apesar disso, exercícios de consciência fonêmica que envolvem a capacidade de isolar e substituir o segmento podem ser estendidos para o trabalho com consoantes finais.

Sugestões de ensino

Trabalhando com consoantes finais

Substituição de consoantes finais

Conforme as crianças trabalham com famílias fonéticas, podem substituir a letra/som final para formar novas palavras:*

por	par	par	com	giz
pôs	pás	paz	cor	gim

Usando o contexto

Como no caso das consoantes iniciais, alguns exercícios com a consoante final podem ser inseridos no contexto de frases:

Depois de correr, João ficou com falta de a....
A Gabriela e eu somo... irmãs.
Azul é a minha co... preferida.

---

* N. de R.T.: Em português, são poucas as consoantes que ocupam o final de sílaba. Tem o /r/, como em *mar*; o /s/, como em *lápis*; o /l/, como em *sol*, e o /m/, como em *trem*. Entretanto, o /l/ final, em muitas regiões do Brasil, é pronunciado como [u], por exemplo, [pa'pɛu] e a nasal é produzida como ditongo nasalizado, e não como consoante, como [trẽỹ]. Isso acaba limitando as palavras disponíveis para essa tarefa em língua portuguesa.

Mais uma vez, exercícios como esses dão às crianças a prática do uso das indicações do contexto em conjunto com as suas estratégias de decodificação.

Além das correspondências entre letras individuais e sons, dois dos elementos mais usados em fonética e no sistema geral de sons são os encontros consonantais e os dígrafos. Estes são formados por duas letras consecutivas que representam um único fonema; encontros são compostos por duas consoantes que representam sons associados, mas separados. A diferença entre os encontros e os dígrafos consonantais pode ser ilustrada pela pronúncia dos seguintes conjuntos de palavras com o encontro *cr* e o dígrafo *ch*:

cravo chave criatura chuva

No caso do *cr*, cada letra mantém o seu som quando somada à outra no encontro consonantal, no entanto, não há separação de som no dígrafo **ch**.

Dígrafos consonantais

Dígrafos consonantais são compostos por duas consoantes consecutivas que representam um único fonema. Os dígrafos consonantais mais comuns do português* são:

ch no começo de palavras como *chuva* e *chave* e no meio das palavras como *mochila* e *cachorro*
rr e **ss** sempre no meio de palavras, como *carro* e *passar*
qu e **gu**, no início ou no meio de palavras como *queijo, guerra, leque* e *foguete*
lh no meio de palavras, como *milho* e *ilha*, e no início de palavras, como *lhama* (incomum)
nh no meio de palavras, como *ninho* e *banho*, e em muitos diminutivos
sc e **sç** em alguns verbos e suas palavras derivadas, como *nascer, nasço, nascença; crescer, cresço, crescimento*
xc aparece em palavras como *excesso* e *exceção*

Há ainda **xs**, mais raro, como em *exsicar*. No português, a pronúncia dos dígrafos consonantais costuma ser bem regular, por exemplo, sempre o **ch** representa o som /ʃ/ e **ss** sempre tem o som /s/. Os dígrafos **xc** e **sc** podem causar alguma confusão no leitor iniciante, uma vez que há palavras em que eles não são dígrafos, como *excluir* e *casca*.

---

* N. de R.T.: Essa seção foi totalmente adaptada, pois os dígrafos consonantais do inglês são diferentes dos do português.

Sugestões de ensino

Dígrafos consonantais

Identificando dígrafos

Listas de palavras com um dígrafo consonantal particular são escritas no quadro:

chuva	carro	travesseiro	esquilo
chave	barro	vassoura	máquina
chama	jarra	osso	querida
chato	terra	professor	quiabo
chinelo	torre	massa	pequeno

As crianças podem discutir outras palavras que possuam esses sons. A atividade fica mais significativa se as palavras forem retiradas de leituras e outros interesses das próprias crianças.

Palavras parecidas

As crianças podem substituir dígrafos para formar novas palavras, como em um exercício anterior em que mudaram as consoantes.

olho → osso (lh por ss)
ninho → nisso (nh por ss)
água → assa (gu por ss)
asso → acho (ss por ch)
égua → essa (gu por ss)
corre → colhe (rr por lh)
machado → malhado (ch por lh)
colher → correr (lh por rr)

Palavras sem sentido

O professor escreve uma lista de palavras com dígrafos consonantais e padrões silábicos possíveis, por exemplo

pácharo   dilhe   orro   nolho

As crianças apagam os dígrafos originais, substituindo-os por outro que tornem as palavras reais.

pácharo – pássaro   dilhe – disse   orro – osso   nolho – nosso

Encontros podem ser adicionados para transformar pseudopalavras em palavras verdadeiras. Algumas palavras:

busa – blusa
futas – frutas
cuz – cruz
gobo – globo

De novo, o contexto

Exercícios que envolvem dígrafos consonantais iniciais devem estar inseridos em um contexto, de modo que as crianças possam integrar estratégias na decodificação ao desvendar palavras desconhecidas do texto:

Está ...ovendo no pátio, hoje vamos lan...ar na sala.
O profe...or está ensinando as letras para a cla...e.
O fazendeiro colocou um espanta...o no mi...aral.
Assopre, pois o ...eijo está ...ente.

Vá pescar

Para praticar, proponha o jogo de cartas "vá pescar" (*Go fish*). Usando um conjunto de cartas com palavras que contenham dígrafos, as crianças se dividem em grupos e brincam de combinar dígrafos consonantais iguais, pedindo cartas umas às outras.

Encontros consonantais

Os encontros consonantais de duas ou mais consoantes representam sons associados, mas separados. As fusões desse tipo são bem comuns tanto na língua inglesa quanto na portuguesa.

No português, os encontros consonantais mais comuns são:
- os que possuem a letra **l** (*claro, plano, atleta, flor, flauta*)
- os que possuem a letra **r** (*grande, brinco, dragão, Brasil, cravo*)

É bem provável que palavras que contenham encontros consonantais façam parte das listas de palavras que as crianças montam como parte de seu aprendizado da fônica, como *trem* em uma lista de palavras com **t** e *flor* em uma lista de palavras com **f**, por exemplo. Muitas das atividades empregadas para ensinar os encontros consonantais serão similares àquelas que exercitam as consoantes iniciais, assim como os dígrafos consonantais.

Sugestões de ensino

Encontros consonantais
Criando palavras com encontros
Começando com palavras com as quais os alunos já estejam familiarizados, o professor pode adicionar letras para formar encontros:*
b-rabo   t-reino   p-rato   g-lobo   b(r)ando   p(r)ego   t(r)em   p(l)aca
As crianças podem discutir entre si para ampliar a lista de palavras que começam com encontros consonantais.
Pares de palavras
Encontros consonantais iniciais podem ser usados para uma atividade em grupo, na qual os alunos formam pares de palavras:
– ato – *prato* e *trato*   – aço – *braço* e *traço*   – aça – *praça* e *traça*   – avo – *cravo* e *bravo*   – ama – *grama* e *drama*
Usando outras listas de encontros consonantais, as crianças podem criar novas palavras como parte de sua prática da fônica.

---

* N. de R.T.: É difícil encontrar exemplos na língua portuguesa, pois o **r** nos encontros consonantais é diferente daquele em posição inicial; por exemplo, se tirarmos o /p/ de *prato*, não teremos a pronúncia de *rato* /Ratu/. No entanto, os encontros com **l** são pouco numerosos em português.

Sugestões de ensino

Trabalhando com encontros e dígrafos juntos

Trocando encontros e dígrafos
 Os alunos podem substituir diferentes encontros e dígrafos para criar novas palavras. Por exemplo:
 	
    que – crê   guia – cria   atraso – arraso
    linho – livro   clave – chave   abro – alho

Existe ou não?
 Elementos de desenvolvimento do vocabulário podem ser usados fazendo-se uma lista de palavras com encontros e dígrafos, algumas que existem e outras que não existem:
 	
    prato   trato   brato
    praça   traça   fraça
    prova   trova   plova
    pluma   bruma   cruma
    grave   trave   brave
    fruta   bruta   cruta
    brigo   trigo   frigo
 	
 Decodificar pseudopalavras pode ser eficaz para a aquisição e na aplicação das habilidades fônicas. Além disso, ao discutirem quais palavras existem e quais são inventadas, as crianças aprendem o sentido de palavras que talvez não conheçam ainda.

Letra sem som

Consoante silenciosa com frequência desperta a curiosidade das crianças. A expressão "letra silenciosa" é, na verdade, mal empregada. Como letras não produzem, mas representam sons, uma letra isolada não poderia ser silenciosa. Ainda assim, é comum usar essa expressão para identificar letras que não representam nenhum elemento fonético nas palavras.

No português, a única letra sem som é o **h**. Ela pode ocorrer em início de palavra, como *hora,* e em final de palavra, nas interjeições como: *ah, oh.* No meio de palavra, o **h** forma os dígrafos já mencionados, **ch** (*chave*), **nh** (*linha*) e **lh** (*pilha*).

Sugestões de ensino

Letra sem som
Descoberta Escreva no quadro uma lista de palavras com combinações iguais que envolvam a letra sem som – por exemplo, *hoje, homem, hotel, horror*. Pronuncie as palavras conforme aponta para elas e veja se as crianças conseguem descobrir a que "regra" essas palavras obedecem. Elas também podem procurar por si mesmas palavras com a letra silenciosa e fazer uma lista ou um pequeno mural de palavras.
Marcação diacrítica Durante a leitura de um texto, ao encontrarem palavras com a letra silenciosa, as crianças podem marcar a consoante que não é pronunciada.

Como parte de sua leitura e escrita do dia a dia, as crianças provavelmente encontrarão palavras com a consoante sem som. Aprender a pronunciá-las na leitura e também saber escrevê-las faz parte de uma relação efetiva com o nosso sistema ortográfico.

Professores criativos encontrarão muitas oportunidades para a instrução direta e incidental focando a atenção dos alunos nas relações som-símbolo das consoantes no dia a dia, no ambiente rico em linguagem da sala de aula. Com atividades elaboradas para ensinar às crianças as relações de som-símbolo das consoantes, é impossível não focar os sons vocálicos também.

VOGAIS*

Os sons vocálicos são produzidos quando não há, praticamente, nenhuma interferência na corrente de ar dentro do trato vocal. O ar escapa dos pulmões livremente, sem ser impedido, redirecionado ou bloqueado de forma alguma. Os sons vocálicos são determinados pela posição da língua na boca.

Cada sílaba contém uma vogal, e a vogal é o núcleo ou a parte mais proeminente da sílaba, o elemento em torno do qual o som se forma. Em vez de pedir para as crianças baterem palmas para contar sílabas, alguns professores pedem que elas coloquem a mão sob o queixo, já que, a cada sílaba, elas abrirão a boca para deixar o som vocálico passar de forma ininterrupta.

Na língua portuguesa, as vogais são representadas por cinco letras (**a, e, i, o, u**), e considera-se que há sete sons (ver Tab. 3.1). As vogais formam ditongos (encontros na mesma sílaba) e hiatos (encontro de vogais

---

* N. de R.T.: Essa seção foi adaptada, pois não há, no português, a distinção de vogais longas e curtas, como há no inglês.

que se separam na divisão de sílabas). Como no caso das consoantes, símbolos fonéticos diferentes são com frequência usados para representar os sons vocálicos; e, como no caso das consoantes, os fonemas vocálicos sempre aparecem entre / /.

Ao ensinar as letras, há professores que preferem começar pelas vogais, já que, em muitos estados brasileiros, os seus nomes são a sua própria pronúncia.

Sugestões de ensino

Vogais
Pares mínimos
Para trabalhar a consciência fonêmica, foque a atenção das crianças nos diferentes sons vocálicos e nas letras que representam esses sons. Escreva pares de palavras no quadro com contrastes vocálicos mínimos: 　　*bela—bola　　dado—dedo　　mato—moto　　tato—teto　　bola—bala* As crianças podem, então, identificar as diferenças fonêmicas nas palavras e perceber as letras que representam os sons.
Classificando palavras
As crianças podem separar palavras em grupos conforme os seus sons vocálicos, como *bar, giz, lã, lar, ler, luz, mar, mês, noz, pá, pé, pó, rã, sim, som, vô, vó*, e assim por diante.
Substituindo vogal
Os alunos podem criar listas de novas palavras mudando as vogais de palavras CVCV: 　　*Bela/bula/bola/bala* 　　*Mala/mela/mola/mula* Grupos de crianças podem competir para ver quem consegue criar mais palavras dessa maneira. A atividade também pode ser adaptada para a substituição de consoantes.
Bingo
O bingo pode ser usado de forma eficaz para praticar as vogais. Os professores preparam uma cartela como a que está ao lado. As crianças colocam feijõezinhos ou marcam com a caneta os espaços apropriados ao ouvirem palavras com determinados sons vocálicos. O jogo também pode ser adaptado para praticar ditongos, consoantes e outras unidades básicas da fônica.

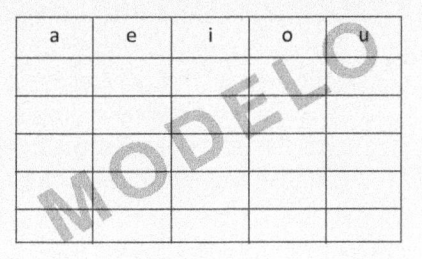

Y e W como vogais

As crianças aprendem cedo em suas vidas escolares que as vogais são **a, e, i, o, u**, mas, às vezes, o **y** (e menos vezes o **w**) funcionam como vogais também – no caso do português, especialmente em nomes próprios. Quando y e w são vogais? Para entender y e w como vogais, é importante entender a pequena e singular categoria de *glides*.

Glides são sons feitos quando a língua muda de posição dentro da boca enquanto é produzido o som. Esses fonemas foram identificados como /y/ e /w/ entre as consoantes do alfabeto (ver Tab. 3.1).* No português, estes fonemas ocorrem em ditongos, por exemplo /pay/ para pai e /tew/ para teu (SCLIAR-CABRAL, 2003).

Com o novo acordo ortográfico da língua portuguesa de 1990, que começou a vigorar a partir de 2009, as letras y e w foram incluídas no alfabeto. Convencionou-se que essas letras assumiriam o som de sua palavra de origem, assim, de modo geral, à primeira letra é atribuído o som de /i/, como em *Yasmin*, enquanto o grafema w pode ter dois sons, o som /u/ em*William* e /v/ em *Wanda*.

Sílabas

Sílaba é o som ou um conjunto de sons que podem ser pronunciados em uma única emissão sonora. Constitui-se de uma vogal ou uma combinação de vogais e consoantes. Todas as palavras são compostas por sílabas; algumas são monossilábicas (como *eu*), enquanto outras possuem duas ou mais sílabas (como *computador*). Essas unidades pronunciáveis são úteis quando as crianças tentam decodificar novas palavras em suas leituras e quando combinam letras para obter a ortografia correta em sua escrita.

O que as crianças precisam saber sobre sílabas como parte de seu aprendizado da fônica?

Precisam aprender que

- Uma sílaba sempre contém uma vogal, e a vogal é o núcleo ou a parte mais proeminente da sílaba; a sílaba pode consistir em uma única vogal (como em *a.triz*) ou em uma vogal cercada por uma ou mais consoantes (como em *a.triz*).
- Há uma sílaba para cada som vocálico, mas não para cada grafema vocálico; *peixe*, por exemplo, contém três vogais, mas só dois fonemas vocálicos**; o número de sons vocálicos de uma palavra sempre é igualao seu número de sílabas.

---

* N. de R.T.: Do ponto de vista fonético, o que caracteriza um segmento como vocálico ou consonantal é o fato de haver ou não obstrução da passagem de ar. Como já comentado neste livro, segmentos consonantais apresentam algum tipo de obstrução ou fricção, e segmentos vocálicos apresentam passagem livre de ar. Entretanto, certos segmentos não têm características fonéticas tão precisas, seja de consoante ou de vogal. Esses segmentos são denominados semivogais, semicontoides ou glides. Para um aprofundamento, ver Silva (1998) e Bisol (1999).

** N.de R.T.: Em muitas regiões do Brasil, pronuncia-se /peʃe/ ou até mesmo /peʃi/, mas a semivogal /y/ não é pronunciada.

- Às vezes, uma sílaba pode ser formada por um só fonema representado por uma única letra, como o primeiro **a** de *abelha*; outras vezes, uma sílaba pode ser a sequência de muitos fonemas representados por uma fileira de letras, como em *três*.
- Prefixos e sufixos ficam, em geral, em sílabas separadas do restante da palavra.

As sílabas podem ser tônicas ou átonas. Em palavras com mais de uma sílaba, a tonicidade varia (existem as oxítonas, em que a sílaba tônica é a última; as paroxítonas, em que é a penúltima; e proparoxítonas, em que é a antepenúltima). No contexto da língua falada, a tonicidade pode mudar o sentido da palavra. Compare as pronúncias (e o significado) das palavras abaixo:

*Uma **sábia** não **sabia** onde estava o **sabiá**.*
*Eu **jogo** o **jogo** de damas toda noite.*
*Eu **gosto** do **gosto** desse picolé.*

Outras palavras que mudam de pronúncia conforme a tonicidade das sílabas são força, colher, providencia/providência, começo, almoço, cedo, presente.

Sugestões de ensino

Sílabas
Contando sílabas
O reconhecimento e a manipulação das sílabas faz parte da consciência fonológica. As crianças podem bater palmas, apoiarem as mãos sob o queixo, dar um tapinha na mesa, marcar cartelas ou usar instrumentos musicais e outras técnicas de resposta como formas de indicar o número de sílabas das palavras.
Classificando palavras
Os alunos podem classificar as palavras de acordo com os seus padrões silábicos. Por exemplo, com uma lista de palavras como *casa, bala, asa, uva, porta, corda*, etc., eles podem separá-las de acordo com os padrões CV/CV (como em *ca-sa*), V/CV (como em *u-va*) e CVC/CV (como *por-ta*).
Passinhos

O professor pode escrever palavras familiares polissílabas no chão ou no quadro:
        bor   com   jo
        bor bo   com pu   jo a
        bor bo le   com pu ta   jo a ni
        bor bo le ta   com pu ta dor   jo a ni nha

As crianças podem, então, dar passos enquanto pronunciam as sílabas. A atividade fornece uma boa oportunidade para as crianças examinarem os diferentes padrões silábicos. Muitas das **Sugestões de ensino** para separar as sílabas como parte da consciência fonológica podem ser usadas com palavras escritas também.

Pedir que as crianças completem exercícios nos quais têm de marcar padrões silábicos nas palavras é uma prática questionável. O propósito da fônica é ajudar as crianças a aprender a ler e a escrever corretamente. Se uma criança consegue reconhecer a tonicidade em uma palavra, então ela já sabe reconhecer a palavra; por isso, faz pouco sentido exigir dela que se dedique a exercícios difíceis de tópicos que ela já conhece.

Anos atrás, as regras para dividir as palavras em sílabas – quando há consoante dupla (**rr**, **ss**, **sc**), cada uma fica em uma sílaba; quando há hiato, as vogais se separam em sílabas diferentes e, nos ditongos, ficam na mesma sílaba, etc. – já foram ensinadas como parte da fônica. Entretanto, essa ênfase nas regras tem diminuído. As regras de silabação são raramente ensinadas hoje, porque pesquisas mostram que há pouca relação entre saber regras e ler bem (CUNNINGHAM, 1998). Além disso, agora que escrevemos com frequência no computador (e os textos impressos são criados assim), não dividimos mais palavras no fim das linhas (POWELL; ARAN, 2008).

GENERALIZAÇÕES DA FÔNICA

Embora os elementos fônicos discretos sejam controlados por regras, que antes as crianças tinham de memorizar, a utilidade de regras e generalizações que governam as relações som-símbolo continua sendo discutida e questionada. (O termo *generalização* é usado com frequência no lugar de *regra* porque esta implica certo senso de absolutismo científico que certamente não existe nas relações som-símbolo da ortografia.) Em seu caminho na aprendizagem da leitura, as crianças aprendem máximas como "Antes de **p** e **b**, vem o **m** para se intrometer" e outras regrinhas desse tipo.

Há dois lados a serem considerados com relação às generalizações da fônica. Primeiro, elas tentam descrever com precisão detalhes das relações som-símbolo da nossa língua. Segundo, elas têm por objetivo ajudar crianças a desvendar palavras desconhecidas que lhes causam problemas de decodificação na leitura. Embora essas generalizações possam ser fáceis para as crianças, elas com frequência não são confiáveis, a ponto de não justificarem o seu ensino.

Em um estudo clássico, Theodore Clymer (1996) examinou a utilidade das generalizações da fônica no inglês. Ele aplicou generalizações a uma lista de 2.600 palavras encontradas em livros infantis, em uma tentativa de determinar a utilidade de cada regra. Um exame dos resultados da análise de Clymer mostra que, embora algumas generalizações possam ser sempre aplicadas, outras se aplicam a menos da metade das palavras que as crianças em geral encontram em seus primeiros materiais de leitura. "Os resultados do estudo de

Clymer foram perturbadores para ele e para outros, pois colocaram em xeque o que muitos professores vinham ensinando há anos"(BAER, 1999, p. 49).

Muitos outros estudos seguiram os de Clymer, usando listas de palavras mais longas, palavras de disciplinas diferentes e outros critérios. Os resultados foram, em grande parte, os mesmos; isto é, que muitas das regras da fônica que as crianças aprendem têm aplicação limitada para a leitura de palavras desconhecidas. Apesar disso, ao examinar a análise original de Clymer com um foco específico nas regras que governam as combinações de vogais no inglês, Johnson (2001, p. 139) concluiu que "quando generalizações vastas com pouca porcentagem de utilidade são quebradas em combinações específicas de vogais, há, em muitos casos, altos graus de utilidade".

O problema das generalizações da fônica é que o sistema ortográfico, tanto do inglês como o do português e de outras línguas, é uma complexa "rede de correspondências de dar nó na cabeça" (MOUSTAFA, 1997, p. 10). Nenhum conjunto simples de regras pode dar conta desse sistema complicado de relações som-símbolo. Por meio de uma análise linguística cuidadosa, regras que governam as relações ortográficas podem ser formuladas de forma confiável, mas a maioria delas é complicada demais para o uso no ensino da leitura para crianças.

AVALIANDO O CONHECIMENTO DA FÔNICA

Avaliar o domínio que as crianças têm dos elementos fônicos discretos é vital para o planejamento do ensino. Assim como com outros aspectos do aprendizado da leitura, as avaliações formais e informais são importantes.

A maior parte dos testes norte-americanos padronizados, como o Iowa test of basic skills (Itasca, IL: Houghton Mifflin) e o Stanford diagnostic reading test (San Antonio: Harcourt Brace), contém subtestes elaborados para medir o conhecimento da fônica, junto com outros aspectos da aprendizagem da leitura.

Há, ainda, testes elaborados especialmente para medir o conhecimento que as crianças têm da fônica. Instrumentos de avaliação e ferramentas, como o Dynamic indicators of basic early literacy skills – *DIBELS* (Longmont, CO: SoprisWest) e o Decoding skills test – DST (Parkton, MD: York Press), dão informações específicas sobre o conhecimento que as crianças têm das unidades básicas da fônica. Além disso, há ferramentas menos formais, como o Quick phonics survey (Academic theory Publications) e o Quick phonics screener (Read Naturally), que os professores podem aplicar rapidamente para obter uma informação diagnóstica sobre o conhecimento das crianças das unidades básicas da fônica.

Além dessas ferramentas de avaliação formal, a avaliação contínua do professor faz parte de todas as aulas. Os professores podem observar o conhecimento das crianças assistindo-as na sala de aula, enquanto elas se dedicam a atividades como jogos de palavras que envolvam escolher palavras de acordo com encontros e dígrafos. Esse tipo de avaliação contínua e informal é uma parte integral do processo de ensino-aprendizado.

Pedir para as crianças decodificarem listas de palavras sem sentido ou pseudopalavras pode ser uma forma eficaz de avaliar o conhecimento delas sobre os elementos fônicos discretos. Essas palavras são

> [...] fileiras de letras pronunciáveis e de acordo com as regras de ortografia, mas sem sentido. A leitura de não palavras evita o problema de um conhecimento prévio e requer que o leitor aplique diretamente os princípios da fônica no processo de decodificação. Como o estudante não pode usar indicações do contexto nem um conhecimento prévio, precisa confiar em seu conhecimento de grafemas-fonemas. (MATHER; SAMMONS; SCHWARTZ, 2006, p. 114).

Ler pseudopalavras exige a habilidade de associar rápida e precisamente os sons com os símbolos. As crianças "que podem mais facilmente entender o sentido do texto também são aquelas que podem mais facilmente ler palavras sem sentido" (MOATS, 1999, p. 18).

Os professores fazem listas de palavras sem sentido que contêm vários elementos consonantais, sons vocálicos e outros aspectos da fônica, e as crianças demonstram o seu conhecimento das relações de letra-som ao decodificarem essas palavras. Embora alguns especialistas sejam contra usar palavras sem sentido, e apesar de algumas crianças ficarem confusas e tentarem substituí-las por palavras que "soem bem", ler palavras sem sentido pode dar ao professor uma boa ideia de quais elementos fônicos as crianças já conhecem.

Norman e Calfee (2004) sugerem um procedimento de avaliação eficiente e flexível, que envolve a manipulação de cartões de letras para construir palavras como uma medida do conhecimento que as crianças têm da fônica. Ao pedir que os alunos manipulem os cartões, os professores podem ter uma boa ideia de sua compreensão ortográfica básica.

Questões que exigem que as crianças expliquem as suas respostas também são indicativas de seu processamento metalinguístico. Uma descrição completa desse procedimento de avaliação pode ser encontrada na edição de setembro de 2004 da revista *The Reading Teacher* ou *on-line*, em www.education.ucr.edu.

O benefício do conhecimento sobre a fônica das crianças é, claro, a sua habilidade de aplicar estratégias de decodificação na leitura de palavras desconhecidas que encontrarem em suas atividades de leitura diárias. É por isso que a observação da forma como as crianças abordam e analisam as palavras é tão importante, tanto em suas leituras instrucionais e independentes quanto nas atividades na sala de aula. A ortografia, também, dá um valioso diagnóstico do conhecimento das crianças dos elementos discretos da fônica.

TRABALHANDO COM CRIANÇAS QUE POSSAM TER DIFICULDADES APRENDENDO A FÔNICA

Que "todas as crianças são diferentes" é uma obviedade educacional. Mas abarcar a grande variedade de habilidades em uma sala de aula talvez seja o maior desafio do professor e continua no topo de suas preocupações (GANSKE; MONROE; STRICKLAND, 2003). Algumas crianças adquirem o conhecimento da fônica com facilidade; outras, não. Para crianças com dificuldades ou transtornos – devido a uma combinação de razões que podem ir de fatores físicos, limitações cognitivas, transtornos relacionados à linguagem ou dislexia ou a uma complexidade de outras causas – os professores precisam fazer ajustes e adaptações no ensino da fônica.

Crianças que apresentam dificuldades na aprendizagem da fônica

Crianças com dificuldades na aprendizagem da fônica exigem tempo e atenção extras do professor. Esses são os alunos que precisam de uma instrução mais intensiva, sistemática e sustentada. A intervenção precoce é importante, pois crianças cujos problemas de leitura não são atendidos de início continuam lendo mal ao longo de seus anos escolares e até mesmo na vida adulta (MCCARDLE et al., 2001). Para crianças com dificuldades no aprendizado da fônica é fundamental *revisar, reensinar* e *reforçar*.

Revisar envolve muitas repetições e prática com rodas de palavras, murais, jogos e outras ferramentas que ajudam as crianças a trabalhar os elementos sonoros que precisam aprender. Também inclui sessões extras de ensino para ajudar as crianças a se lembrarem dos elementos que já foram ensinados. Foca o material já apresentado e envolve a instrução sistemática que caracteriza o bom ensino da fônica.

Reensinar envolve, com frequência, caminhar a passos mais lentos. Ao trabalhar com padrões silábicos, por exemplo, quando a maioria das crianças está pronta para passar de um encontro consonantal ou vocálico para outro, aquelas que têm dificuldades podem precisar de prática adicional com sílabas mais simples, até que o conceito fique firmemente estabelecido.

O reensino também pode envolver a apresentação de materiais por meios multissensoriais. Em vez de se apoiar unicamente em processamento auditivo, as crianças podem trabalhar com habilidades visuais (usando códigos de cores para algumas relações som-símbolo), táteis (focando o tato ao apresentar elementos da fônica em papéis com textura e outros materiais que a criança possa sentir e ver) e movimentos cinestésicos (pedindo às crianças que movam as mãos ao juntar elementos sonoros nas palavras). Os sentidos são os caminhos para o cérebro, e quanto mais sentidos os professores puderem usar para ajudar no ensino da fônica, melhores serão as chances das crianças com transtornos aprenderem.

Crianças que "lutam" com a fônica são, em geral, os principais alvos dos programas estruturados de linguagem descritos no Capítulo 4 (ver p. 140-147). Esses programas, com frequência, apresentam uma abordagem explícita e sistemática do ensino, envolvendo o aprendizado multissensorial. O problema é que a maioria desses programas exige professores com preparo profissional razoavelmente extenso para usá-los, o que falta para a maioria dos professores de ensino regular. Além disso, para oferecer um programa específico às crianças, a escola precisa ser convencida da filosofia e da abordagem adotadas pelo programa (o que as escolas norte-americanas estão fazendo cada vez mais).

Para reforçar e aplicar o conhecimento da fônica, as crianças com dificuldades precisam de muita prática com textos decodificáveis, narrativas com vocabulário cuidadosamente controlado com base na regularidade de som-símbolo. Esses livros fornecem um veículo pelo qual os alunos aprendem os elementos da fônica e praticam a decodificação dentro do contexto de uma história.

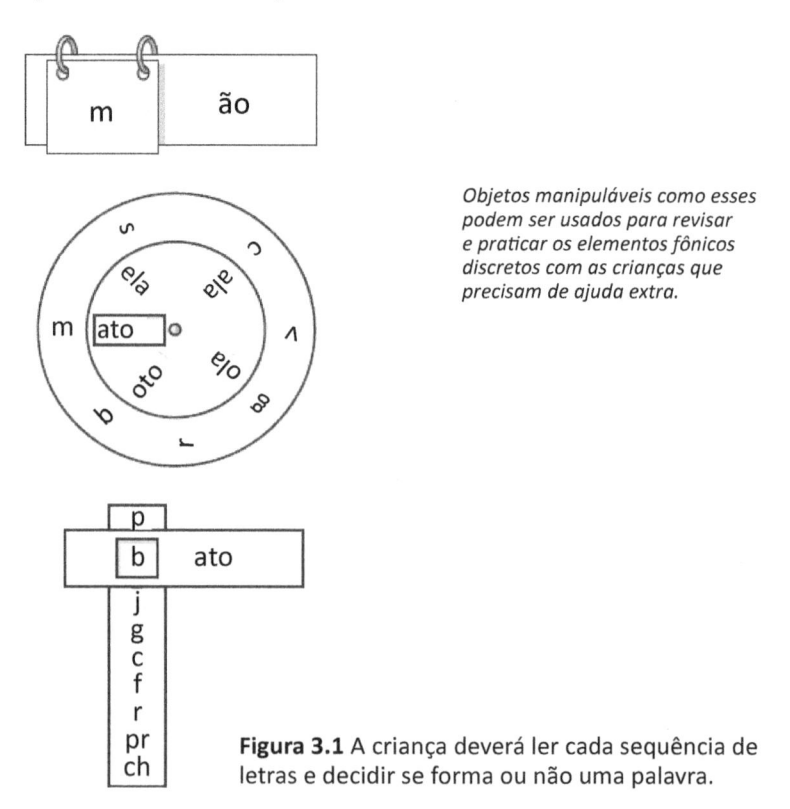

Objetos manipuláveis como esses podem ser usados para revisar e praticar os elementos fônicos discretos com as crianças que precisam de ajuda extra.

Figura 3.1 A criança deverá ler cada sequência de letras e decidir se forma ou não uma palavra.

Sugestões de ensino

Leitores com dificuldades

Revise, reensine, reforce

Os alunos que apresentam dificuldades no aprendizado da fônica precisam de mais prática ao trabalhar com elementos fônicos discretos, com atividades de seleção e de construção de palavras, além de mais aulas sobre padrões silábicos e afins. As palavras precisam ser apresentadas de forma diferente e interessante; por exemplo, em vez de cartões com as palavras, as crianças podem pendurá-las em um varal para praticá-las.

Cadernos de sons

Peça para as crianças fazerem cadernos com os sons que precisam aprender. Elas podem escrever palavras com sons iniciais iguais na página da esquerda e com sons finais iguais na página da direita, por exemplo. Podem, ainda, manter uma seção especial de palavras que começam e terminam com a mesma letra/mesmo som (*ovo*, *rir*, água, *arara*, *urubu*, e assim por diante). Cadernos dos sons podem ter diferentes seções para encontros e dígrafos também.

Classificando palavras

Para praticar sílabas, crie placas com palavras para diferentes categorias – cores, flores, peças de roupa, comidas, etc. Faça ditados com frases como "Estou pensando em uma palavra de duas sílabas que é da cor da grama" (*verde*). "Estou pensando em uma flor branca e amarela com quatro sílabas" (*margarida*). As crianças podem usar cartas para classificar as palavras em diferentes aspectos fônicos (sons iniciais, vogais e assim por diante).

Jogos, jogos e mais jogos

Jogos são uma fonte valiosa para leitores com dificuldades revisarem e praticarem os elementos fônicos discretos. Por exemplo:
– Jogos de tabuleiro tipo *Escadas e Escorregadores*, com palavras que contenham encontros, dígrafos, vogais, etc., nos diferentes espaços.*
– Jogos de cartas como o Vá Pescar! em que as crianças se concentram nos elementos fônicos ("Tem alguma palavra com a letra a?").
– Jogos de fala, como Eu Espio ("Eu espio, com os meus olhinhos, uma coisa que começa com /t/").

Fônica com movimento

Combine a fônica com movimento físico. Brinque de "Vou fazer o que o mestre mandar" focando determinados elementos da fônica: "O mestre mandou tocar em objetos que comecem com b. O mestre mandou tocar em uma parte do corpo que termine com a". Depois, apresente as versões escritas das palavras para que as crianças trabalhem com elas. Peça para cinco crianças mostrarem plaquinhas com elementos fônicos específicos (palavras começadas com vogais, palavras com encontros consonantais, etc.). Faça um ditado com essas palavras e peça para outras crianças levantarem-se e ficarem atrás do colega com a placa certa.

---

* N. de R.T.: Esse jogo é muito utilizado no Estados Unidos. Ele pode ser facilmente adaptado para fins de ensino da fônica. A sugestão do autor é de que, em cada espaço, haja uma palavra, e a criança deverá lê-la.

O ensino por "andaimes"* tem se mostrado uma estratégia eficaz. "Alunos com necessidade de aprendizado intenso exigem apoio substancial para ganhar o acesso cognitivo às complexidades do nosso sistema de escrita alfabético" (COYNE et al., 2001, p. 67). O professor fornece um ensino dividido em camadas mostrando estratégias de decodificação. Por exemplo, ele aponta para letras em uma palavra enquanto pronuncia os sons, depois aponta para letras enquanto a criança diz os sons. Depois, as crianças aprenderão de modo independente a juntar os sons para ler a palavra. A meta desse tipo de ensino é apoiar as crianças enquanto elas aprendem a aplicar estratégias de decodificação de novas palavras que encontram em sua leitura.

Recursos especiais podem ser necessários para crianças com transtornos de aprendizagem. Nos Estados Unidos, a Individuals with Disabilities Education Act (IDEA; Lei da Educação para Indivíduos com Transtornos), foi originalmente aprovada em 1975, e revisada e transformada em lei em 2004, fornecendo recursos para a identificação e o ensino de crianças que estão tendo dificuldades em aprender a ler e escrever, incluindo aquelas com transtornos de aprendizagem. Tradicionalmente, essas crianças eram identificadas com base na discrepância entre a sua habilidade e o seu desempenho. Sob as orientações mais recentes do IDEA, essas crianças são julgadas por sua **Resposta a Intervenção (RtI, na sigla em inglês)**. Esse recurso, em parte, assegura que as deficiências acadêmicas não sejam o resultado de práticas instrucionais inadequadas ou de apoio acadêmico não apropriado, sobretudo nos primeiros anos escolares. A RtI é um modelo de prevenção em vários níveis que envolve programas gerais de educação, intervenções secundárias com instrução intensiva de curto prazo e intervenções terciárias para crianças em risco para transtorno de aprendizagem (MESMER; MESMER, 2008).

O Nível 1 envolve a intervenção em grupo, com foco no ensino em sala de aula. Espera-se que todas as crianças sejam ensinadas com práticas de leitura comprovadas, com forte ênfase na fônica. As crianças que não progredirem com esse ensino básico são avaliadas, e recursos que atinjam a classe toda são usados para ajudar esses alunos a vencer o déficit. "No Nível 1, o foco é promover mudanças em larga escala para grupos inteiros de alunos, com um foco particular em como essas mudanças estão afetando [as crianças com transtornos]" (KOVALESKI, 2003, p. 4).

Para crianças que não apresentam um progresso adequado no aprendizado de sala de aula, no Nível 2 há ensino explícito e direto, fortemente basea-

---

* N. de R.T.: No original, *scaffolding* foi traduzido por *andaime*, apoio ou ajuda à aprendizagem. O termo é usado para descrever as ferramentas que os professores fornecem aos estudantes, para ajudá-los a ter sucesso em tarefas que, sem essa ajuda, não seriam capazes de realizar. Essa metáfora é especialmente apropriada para a aprendizagem, porque, como na construção de edifícios, o andaime, que suporta o aprendizado do aluno são os auxílios (ou pistas), retirados aos poucos.

do na fônica, para grupos menores de alunos. O objetivo, aqui, é adaptar o programa de leitura da classe regular de modo a servir às necessidades dos leitores com dificuldades, enquanto se melhora, também, o programa que atende a todas as crianças da classe. A intervenção tem por meta fornecer um *feedback* imediato, mais oportunidades de resposta, mais prática supervisionada e mais tempo para execução das tarefas. Essa intervenção mais intensiva é elaborada por uma equipe de professores e especialistas e acontece várias vezes por semana em um período de muitas semanas. As crianças que não conseguem responder a intervenções na sala de aula podem receber, portanto, esse apoio fora da sala de aula.

Já o Nível 3 envolve as crianças que não responderam à intervenção do Nível 2 e que podem preencher os critérios de transtornos de aprendizagem. Esse terceiro nível envolve o ensino intensivo e individualizado de longo prazo com um educador especial ou um especialista em leitura. Essas são as crianças que, em geral, são caracterizadas como tendo transtornos de aprendizagem e que seriam selecionadas para serviços especiais de educação.

A Resposta a Intervenção é uma tentativa de reduzir o número de estudantes diagnosticados erroneamente com transtornos de aprendizagem para melhorar o desempenho educacional de todas as crianças. Sugere uma mentalidade e um padrão de organização escolar diferentes do que os de outros tempos. Mas também dá maior ênfase na fônica como parte do ensino da leitura em sala de aula para todas as crianças.

E a fônica para alunos mais velhos? Embora já tenha sido sugerido que a fônica não deve ser ensinada nas séries mais adiantadas (ANDERSON et al., 1985), os professores ainda têm de lidar com crianças que não leem bem no 4º ano e até mais tarde. Esses leitores que seguem lutando para alcançar uma leitura competente, porém, precisam das mesmas habilidades básicas dos seus colegas de classe mais competentes. Materiais elaborados para ensinar as habilidades da fônica são, em geral, inapropriados para a idade e o nível de interesse de alunos mais velhos, embora as suas necessidades sejam básicas o suficiente para uma instrução de nível elementar.

Alguns programas estruturados de linguagem – no caso do inglês, existe, por exemplo, o Sistema Wilson de Leitura (ver p. 142) – foram elaborados para ensinar adolescentes e adultos que precisam de ajuda na leitura. Na maioria dos casos, porém, professores são desafiados a adotar um conteúdo de fônica básico demais para a idade e o interesse de alunos mais velhos. Em geral, encontram materiais do interesse dos jovens leitores, com um vocabulário pequeno ou desenvolvem aulas de fônica baseando-se nas leituras de interesse dessas crianças mais velhas (p. ex., álbum de figurinhas de times de futebol ou de manuais de carro), usando esses materiais para ensinar os conceitos da fônica e as estratégias de decodificação. Uma alternativa é colocar uma criança mais velha com dificuldades de leitura com uma criança mais nova. Os professores precisam de toda a engenhosidade e criatividade de que dispõem ao ensinar a fônica para alunos mais velhos que seguem lutando com a leitura.

Ensinar crianças que não aprendem tão facilmente quanto os seus colegas sempre foi um desafio. Não há respostas fáceis. Alunos em risco* exigem mais tempo e atenção para estudarem e exercitarem o conhecimento. Precisam de uma orientação cuidadosa para desenvolver estratégias de decodificação de palavras. Também podem precisar de ajuda profissional, como de um especialista em leitura ou de um assistente de classe, para complementar o trabalho do professor de classe. Podem precisar, ainda, de materiais extras, sobretudo os adaptados para atender às suas necessidades. Precisam, certamente, de um ambiente que os apoie, transmitindo-lhes a certeza do sucesso. Em nível macro, atender às necessidades de todas as crianças envolve o empenho de toda a escola para alcançar metas de leitura, identificar precocemente e monitorar as crianças com dificuldades e um compromisso com a intervenção institucional. Tudo isso exige esforço, mas, com bastante frequência, os resultados valem a pena.

Crianças de língua estrangeira

E no caso de crianças estrangeiras, ou cujo primeiro idioma em casa não é a língua local do país? O número de crianças cuja língua materna não é o inglês, por exemplo, tem crescido muito nos Estados Unidos. Quase 10 milhões de alunos (quase um quarto da população escolar) vêm de lares nos quais outro idioma, que não o inglês, é falado, e esse número cresce o tempo todo. Não é incomum encontrar até 20 línguas diferentes faladas em uma única escola, ou uma maioria de crianças de uma escola falando uma língua estrangeira. Por isso, é bem possível, no caso norte-americano, que professores tenham, ao longo de suas carreiras, alunos de língua estrangeira na classe.**

Antes de planejar o ensino para alunos estrangeiros, é importante lembrar que nem todas as crianças com outras línguas maternas são iguais. A designação English language learner (ELL, aprendiz de língua inglesa) aplica-se a todas as crianças, que variam de idade, país de origem, língua materna, *status*

---

* N. de R.T.: O termo "em risco" é utilizado para se referir a crianças que apresentam alguns fatores de risco para o diagnóstico posterior de transtorno de aprendizagem, como parentes com o diagnóstico e dificuldades em manipulação fonêmica. O diagnóstico definitivo só é dado após um período de ensino formal.

** N. de R.T.: No Brasil, há algumas regiões onde a língua nativa é indígena (região norte principalmente) e até mesmo um dialeto alemão ou italiano (região sul). O sudeste também tem uma forte influência japonesa. Embora um número muito menor do que o citado pelo autor, é igualmente importante que o professor tenha consciência de que, para esses alunos, a aprendizagem do português é ainda mais complexa do que para seus pares.

socioeconômico, grau de acesso e exposição à educação formal, e assim por diante. As variações entre esses fatores podem impactar favoravelmente o aprendizado da leitura em uma segunda língua (CARBO, 2007).

Alguns aprendizes da segunda língua já conseguem ler e escrever em seu idioma de origem, e a sua meta é se tornarem "biletrados" e bilíngues. Outros, embora falem perfeitamente bem a língua de suas famílias, ainda não aprenderam a sua forma escrita. Já houve argumentos defendendo o ensino da leitura da língua nativa antes da segunda língua, já que "as habilidades e estratégias de letramento exigidas em uma língua podem ser transferidas para outra" (BAUER, 2009, p. 446). A mudança de código – alternando dois códigos existentes de maneira completamente apropriada – acontece com frequência; isto é, as crianças que já possuem um conhecimento das relações som-símbolo de um idioma podem transferir esse conhecimento para o outro idioma. Por exemplo, a consciência fonêmica de crianças falantes do espanhol predizem habilidades de decodificação no aprendizado da leitura do inglês também (DURGUNOGLU et al., 1993). Crianças que conseguem ler em sua língua dominante aprendem a ler a outra língua mais rapidamente.

O ponto de partida do ensino da fônica para alunos de língua estrangeira é aprender os símbolos do alfabeto. Enquanto muitas línguas ocidentais possuem o mesmo alfabeto romano, imigrantes do leste da Europa e da Ásia conhecem outros símbolos escritos para representar os sons de suas línguas, e muitos podem estar entrando em contato com os símbolos romanos do alfabeto pela primeira vez. Para esses alunos, o ensino direto dos símbolos do alfabeto torna-se um pré-requisito para o aprendizado da fônica, assim como também é para nativos da língua em seu aprendizado da leitura e da escrita. As crianças precisam de instrução direta dos nomes das letras, da discriminação entre maiúsculas e minúsculas, a altura correta de letras minúsculas (p. ex., **n** e **h**), a orientação da posição das letras (p. ex., **b** e **p**) e assim por diante.

Para crianças estrangeiras, a consciência fonêmica da língua local pode ser um obstáculo a ser enfrentado, principalmente se o ensino for isolado. O que sugere que essas crianças precisam ainda mais de um ambiente instrucional contextualizado. Ao planejar o ensino da fônica nesse grupo de estudantes, é preciso lembrar dos três sistemas de indicação – *semântico, sintático* e *grafofônico* – que servem de apoio para o sucesso no aprendizado da leitura (brevemente descritos no fim do Cap. 1).

Embora haja similaridades entre os sistemas ortográficos das línguas de origem latina (p. ex., espanhol e português), seus sistemas fonológicos podem ser diferentes, e às vezes muito diferentes. Por isso, é importante que professores de crianças estrangeiras tenham consciência dos pontos de conflito fonológico entre a língua materna da criança e a língua local. Alguns falantes do português, aprendizes do inglês, têm dificuldades na pronúncia do fonema /θ/, pois ele não faz parte do sistema de sua língua nativa. Ao lidar com sons (e, mais tarde, com as relações som-símbolo), crianças de língua estrangeira podem ser incentivadas a reproduzir os fonemas da língua local da maneira mais próxima possível aos sons correspondentes de sua língua de origem.

O ensino da fônica para crianças de língua estrangeira deve ser carregado de linguagem. Elas necessitam de muito mais desenvolvimento da linguagem oral do que as que estão aprendendo a sua língua materna; por exemplo, Alajandra, uma aluna do 4º ano, estava com dificuldades com uma lição de fônica sobre encontros consonantais iniciais. Alajandra ficou "empacada" em um exercício que pedia para selecionar o encontro correto – **pl** ou **bl** – que deveria ser adicionado a um fonograma do inglês, como **ess**. O professor ofereceu a sua ajuda. "Você sabe o que significa *bless*?", perguntou ele. Alajandra fez que não com a cabeça. "Você sabe o que significa *pless*?", continuou ele. De novo, a garotinha balançou a cabeça. Como Alajandra poderia selecionar o fonograma correto sem conhecer as palavras que ela deveria formar?

Crianças cuja língua materna não é aquela em que estão se alfabetizando precisam de uma trajetória linguística sólida no que diz respeito ao sentido das palavras antes de aprenderem a fônica envolvida na pronúncia e na escrita dessas palavras. O ensino das relações som-símbolo também precisa ser acompanhado pela atenção ao sentido das palavras. Técnicas de ensino de crianças de língua estrangeira são, com frequência, sugeridas em um contexto mais amplo de desenvolvimento da linguagem (BRISK; HARRINGTON, 2000; JACOBSON, 2003). Quando a língua e o letramento vêm em primeiro lugar, as crianças de língua estrangeira aproveitam mais rapidamente os benefícios do ensino explícito da fônica.

A própria língua materna da criança pode, às vezes, ser uma fonte para ajudá-la a aprender as relações som-símbolo. Se o professor estiver usando a ilustração de uma bola para ensinar o som inicial do /b/, as crianças de língua espanhola reconhecerão a ilustração como *pelota*, o que abre oportunidade para ensinar as relações som-símbolo /b/- **b**, assim como /p/- **p**. Quando o professor escreve a mensagem matinal – *Hoy es martes, 26 de marzo* (*Hoje é terça-feira, 26 de março*) – a atenção das crianças pode ser chamada para o **m** inicial de *martes* e de *marzo*. O ensino da fônica em português é, portanto, ligado ao da fônica na língua dominante da criança.

Para crianças de língua estrangeira, as aulas de fônica podem ser repletas de experiências de leitura compartilhada. Por exemplo, ao ler com as crianças o grande livro em espanhol *Al Supermercado* (versão em espanhol do livro *To Market, To Market*, de Anne Miranda*) – cuja história singela fala das visi-

---

* N. de R.T.: Esta obra não tem uma versão em língua portuguesa. Entretanto, a proposta é relacionar os fonemas de uma língua com a outra, partindo da língua materna da criança.

tas constantes de uma mulher ao supermercado para comprar animais que, no fim das contas, tomam conta da casa dela – os alunos podem se concentrar nos elementos fônicos presentes nos nomes dos animais – o som inicial em *galinha* (*la gallina*) e em *ganso* (*el ganso*); a diferença entre o som da vogal **a** em *ganso* (*el ganso*) e *vaca* (*la vaca*); o som final de *ganso* (*el ganso*) e *porco* (*el cerdo*). Focar os elementos comuns da fônica ajuda as crianças a fazerem conexões entre as duas línguas.

Sugestões de ensino

Estudantes de língua estrangeira
Dicionários ilustrados
Para crianças cuja língua materna não é o português, a sua trajetória linguística é a chave para aprender a fônica. Use dicionários ilustrados para ajudá-las a construir um estoque de palavras. Elas podem usar dicionários publicados ou criar uma relação própria de objetos e de ações. São recursos para auxiliar as crianças a entender palavras que lhes são desconhecidas.
Reforço do vocabulário
Programas de fônica usam "palavras-alvo" para ensinar as relações som-símbolo – por exemplo, *b* de *bola*, *c* de *casa* e assim por diante. Tome cuidado adicional para que as crianças de língua estrangeira entendam o significado dessas palavras-alvo. (Também é importante que as outras crianças reconheçam claramente o que as ilustrações dos dicionários representam.) Diga os nomes dos objetos nas figuras e peça para que os alunos repitam as palavras. Dê ênfase aos elementos fônicos da palavra conforme eles são repetidos pelas crianças.
Trabalhando os sons
Alunos de língua estrangeira com frequência têm dificuldades com sons das palavras da nova língua que não existem na sua. Trabalhe esses sons mais problemáticos e forneça muitas oportunidades de prática na produção dos sons dessas palavras.
Aprendizagem em grupo
Para exercícios de fônica mais desafiadores, junte os alunos de língua estrangeira com alunos falantes da língua local em grupos. Os falantes nativos mostrarão como são os sons em atividades de construção, seleção e de famílias de palavras.
Palavras reais e sem sentido
Alguns alunos de língua estrangeira podem ter dificuldade para distinguir as palavras reais daquelas sem sentido. Por exemplo, ao construir palavras utilizando-se de encontros e fonogramas, elas podem criar palavras que não existem, como *prola*, *chomo*, *blela* e assim por diante. Peça para os alunos separarem palavras reais das que não fazem sentido e ilustre cada palavra real que eles tenham formado.
Palavras ao redor
Transforme todas as crianças da classe, nativas ou não, em "detetives de palavras". Copie as palavras que elas encontrarem nos textos do ambiente da sala de aula, de suas casas e de seu bairro. Peça para que elas incluam essas palavras em suas listas pessoais ou monte um mural de "Palavras que vemos ao redor". Concentre-se nos elementos fônicos dessas palavras.

Importante também valorizar a cultura do aluno que está aprendendo o inglês, ou o português, como língua estrangeira. Uma forma é utilizar livros que reflitam a cultura da criança.* O livro *Too Many Tamales* (Tamales** demais), de Gary Soto, por exemplo, mostra como o Natal é comemorado na casa de uma família latino-americana. Já *Angel Child, Dragon Child* (Criança, anjo, dragão) é a história de uma menina vietnamita que precisa se adaptar à vida nos Estados Unidos. Às vezes, livros integram textos em outras línguas à história. *Abuela*, de Arthur Dorros, é a história singela de uma garotinha e sua avó, que fazem uma viagem aérea imaginária. O diálogo inclui passagens em espanhol, como "'*El parque es lindo*' diz Abuela. 'Eu sei o que isso significa. Também acho o parque lindo.'" Não apenas valoriza a língua materna da criança para ela mesma, como também fornece oportunidades para focar a decodificação dessas palavras.

Livros bilíngues*** com texto na língua estrangeira em uma página e na língua materna do aluno na página ao lado também são valiosas fontes para os aprendizes. É o caso de *Medio Pollito/Half-Chicken* (Meio franguinho), de Alma Flor Ada, um conto de Cuba, e *Tortillas Para Mama and Other Spanish Nursery Rhymes* (Tortilhas para a mamãe e outros versos infantis), uma coletânea de poemas de Margot Griego, que permitem que as crianças explorem conexões em duas línguas sem deixar de desfrutar, ao mesmo tempo, belas histórias.

Por fim, é importante abordar a tarefa de ensinar inglês, e também o português, como língua estrangeira partindo do princípio de que os alunos não possuem um transtorno de linguagem; eles apenas têm outra língua materna. A língua e a cultura dos estudantes têm de ser encaradas como fontes de força, não de fraqueza. Na maioria das culturas, falar mais de uma língua é um sinal de prestígio. Valorizar a herança cultural e linguística que os aprendizes de nosso idioma trazem para o aprendizado é uma perspectiva importante na abordagem do ensino da fônica.

FÔNICA E FLUÊNCIA

A **fluência**, habilidade de ler um texto com precisão, rapidez e expressão, é um importante aspecto do ensino da leitura. Foi definida como um dos cinco pilares do ensino da leitura pelo Comitê Nacional de Leitura (NATIONAL READING PANEL, 2000) e é medida como parte da National Assessment of Educational Progress (NAEP; Avaliação Nacional de Progresso Educacional) dos Estados Unidos, uma espécie de "boletim nacional". Negligenciada por muito tempo por especialistas em leitura, a fluência está recebendo atenção substancial na pesquisa educacio-

---

* N. de R.T.: Sugerimos aqui alguns livros que podem ser usados no contexto brasileiro e que valorizam a cultura dos estudantes indígenas ou de filhos de imigrantes. A Editora Panda Books tem uma coleção chamada *Imigrantes do Brasil*. O autor Rogério Andrade tem uma série de livros sobre contos africanos. Sobre a cultura indígena temos *A Lenda do guaraná*, de Ciça Fitipalde; *Como apareceu a noite*, de Durvalina Santos; e *Mitos dos índios brasileiros*, de Waldemar de Andrade e Silva, entre outros.
** N. de R.T.: O tamale é um prato típico da América Central, semelhante à pamonha.
*** N. de R.T.: Em português, há a coleção "Contos bilíngues", da Editora Girassol (inglês/português).

nal e na prática em sala de aula (HUDSON; LANE; PULLEN, 2005; PIKULSKI; CHARD, 2005; SAMUELS; EDIGER; FAUTSCH-PATRIDGE, 2005).

A fluência é a marca de um leitor maduro. Quando se esforçam para decodificar a próxima palavra em uma linha de texto, as crianças em geral leem palavra por palavra. Quando conseguem decodificar facilmente, a sua leitura torna-se fluida e cheia de expressão. "A fluência é importante porque exerce uma importante influência sobre a compreensão; isto é, para experimentar uma boa compreensão, o leitor deve ser capaz de identificar as palavras rápida e facilmente" (SAMUELS, 2002, p. 167).

A fluência está relacionada à fônica de duas maneiras. Primeiro, ela requer a ausência de problemas de decodificação. Os leitores ocupados em descobrir qual é a próxima palavra não lidarão com o texto de forma tranquila. Um conhecimento grafofônico sólido já foi identificado como o primeiro passo para ajudar crianças a desenvolverem a fluência (PIKULSKI; CHARD, 2005). A identificação de palavras na leitura fluente tem de ser automática.

Em segundo, a fluência exige atenção aos elementos fonéticos que compõem o sistema da língua – no caso do português: entonação, acento e duração (que, juntos, são chamados de **sistema fonético suprassegmental**). Esses são os elementos que contribuem para a entonação na fala e para a expressão na leitura oral fluente.

A **entonação** é o nível ao qual a voz se eleva e depois cai no processo da comunicação oral. Há quatro níveis de tom: /1/ o nível em que a voz normalmente cai ao final de uma declaração; /2/ o tom normal da voz quando falamos; /3/ o nível em que a voz ascende ao final da maioria das perguntas; e /4/ o nível alto ao qual a voz se eleva para indicar choque ou surpresa.

O **acento** é a força relativa da articulação, ou a ênfase que damos às palavras e sílabas no fluxo da fala. As sílabas ou palavras acentuadas são produzidas com mais energia do que as outras.

A **duração** é a transição entre os sons da fala. Ela nos permite distinguir entre expressões diferentes, como *night rate* e *nitrate*, *I scream* e *ice cream*. Pares de expressões que soam de forma idêntica.*

Os elementos do sistema fonético suprassegmental funcionam juntos como uma camada de sentido na linguagem. Juntos, eles marcam os limites entre as expressões da fala. Na escrita, esses elementos são representados pela pontuação e outras ferramentas tipográficas (TRUSS, 2003), embora a correspondência entre fonemas suprassegmentais e a pontuação seja tão complexa quanto a relação entre os fonemas e as letras do alfabeto.

A entonação, o acento e a duração permitem uma leitura oral fluente, isto é, que ela se pareça com a linguagem falada. "Não foi o que ele disse, mas como ele disse". O sistema suprassegmental de fonemas nos permite adicionar camadas e nuanças de sentido às expressões da fala. Essas marcas nos permitem, por exemplo, distinguir entre "Você vai sair hoje à noite?" (achei que você

---

* N. de R.T.: Na língua portuguesa, esse processo não é frequente. Um exemplo semelhante é com o par de palavras *a fim* e *afim*.

ficaria em casa, só para variar um pouco) e "Você vai sair hoje à noite?" (achei que era amanhã o dia em que sairíamos à noite). A entonação, o acento e a duração podem alterar completamente o sentido da expressão, ainda que use as mesmas palavras. Considere os sentidos contrastantes das duas frases a seguir (a pontuação é usada aqui para indicar como as frases devem ser faladas):

Para o seu aniversário, mandarei flores e um abraço para você, querido.
Para o seu aniversário, mandarei flores – e um abraço para você, querido!

A primeira mensagem é afetuosa; a segunda pode expressar uma despedida irônica. Considere essas duas frases:

Toda mulher precisa de um amor.
Toda mulher precisa de um, amor.

Na primeira frase, a mulher precisa de um amor. Na segunda, não sabemos do que ela precisa (o "um" pode se referir a qualquer coisa) – sabemos apenas que o falante trata o interlocutor como "amor". Graças a uma vírgula, há uma grande mudança de significado.

Sugestões de ensino

Fluência
Leitura repetida
A leitura repetida – monitorada e guiada pelo professor – melhora a fluência, o reconhecimento de palavras, a compreensão e o desempenho geral da leitura. Os alunos leem um texto conhecido três ou quatro vezes com observações do professor, até que a fluência seja alcançada.
Leitura de expressões
O professor prepara cartões com expressões comuns – *lá em cima, no parquinho, ali na esquina, lá fora no jardim,* etc. – e os alunos praticam a leitura desses cartões aos pares.
Leitura em eco
Duplas de alunos unem-se para que um leia para o outro. Livros com textos "espelhados"*, como o de *Mine's the Best* (O meu é o melhor), de Crosby Bonsall, ou livros de poemas escritos para ser lidos em duas partes, como os de Mary Ann Hoberman e de Paul Fleischman, são especialmente apropriados para essa atividade.
Leitura em coral
A leitura em coral, ou jogral, envolve ler um trecho de texto junto com um grupo. O material pode ser dividido de diferentes formas (refrão, todos juntos e assim por diante) para promover a fluência.

(continua)

---

* N. de R.T.: Uma sugestão no português é o livro *Da pequena toupeira que queria saber quem tinha feito cocô na cabeça dela*, da Companhia das Letrinhas.

> **Fluência** (continuação)
>
> *Poesia rimada*
> Rasinski e colaboradores (2008) sugerem a poesia rimada como uma forma de integrar a fônica à fluência. Primeiro, o professor seleciona uma rima conhecida ou uma família de palavras. Depois, em um painel, o professor escreve um poema simples com essa família de palavras, e os alunos leem esse poema em diferentes momentos ao longo de todo o dia. Outras atividades de continuidade reforçam e ampliam o aprendizado.
>
> *Impressão neurológica*
> No método de impressão neurológica, o professor e o aluno leem simultaneamente o mesmo texto. O professor dá o exemplo de como se deve ler para o aluno, que o segue e, junto com ele, lê todo o texto.
>
> *Audiolivros*
> Livros gravados permitem que as crianças leiam enquanto ouvem. A gravação fornece um modelo de leitura fluente, e as crianças praticam a sua fluência lendo junto. Ler enquanto se ouve, constrói o conhecimento do vocabulário (especialmente para alunos de língua materna estrangeira) e expõe pequenos leitores com dificuldades a histórias das quais eles não poderiam desfrutar de outra maneira.
>
> *Falas*
> O professor seleciona falas de personagens de um livro infantil apreciado pelas crianças. Pares de alunos leem as falas com variadas interpretações.* Por exemplo, falas de *O BGA* (O Bom Gigante Amigo, Editora 34), de Roald Dahl:
>
> *Não fique triste.* Leia suplicantemente. Leia como uma ordem.
> *Você gosta de legumes?* Leia ansiosamente. Leia com relutância.
> *Não se sinta mal com isso.* Leia como uma ordem. Leia como um consolo.
> *Gigantes estão por todos os lados.* Leia com medo. Leia com estupefação.
> *Vamos voltar para dentro.* Leia com determinação. Leia com receio.
> *Não consigo parar de pensar na reação dos seus pais.* Leia com tristeza. Leia com empolgação.
>
> O uso de frases simples como essas permite às crianças focar a interpretação do texto usando o sistema de fonema suprassegmental de sua língua.

Mais uma vez, as crianças aprendem a usar a entonação, a duração e o acento de sons automática e inconscientemente, conforme elas adquirem a própria língua. Esses fonemas afetam o sentido como parte de um sistema de som geral do inglês americano, e o mesmo vale para outras línguas. Além dos fonemas suprassegmentais usados pelos falantes da língua, a linguagem corporal tem muito a ver com o sentido do que é falado. Os nossos sorrisos, caretas, expressões faciais, gestos e outros aspectos paralinguísticos enviam sinais sobre o que queremos dizer quando falamos. Esses aspectos faltam ao texto escrito, por isso cabe aos leitores interpretar essa dimensão da língua em suas leituras.

---
* *Teaching Reading and Writing: Combining Skills, Strategies, and Literature*, de John F. Savage. New York: McGraw-Hill. Reproduzido com permissão da McGraw-Hill Companies.

CONCLUSÃO

Este é, na verdade, um resumo do sistema ortográfico de línguas alfabéticas como o inglês e o português. Sistema esse no qual sons individuais do discurso (fonemas) são representados por símbolos individuais escritos (grafemas) que constituem as letras do alfabeto. A relação fonema-grafema do nosso sistema de escrita está longe de ser perfeita, mas o conhecimento dessa relação é necessário para o aprendizado da leitura e da escrita.

O sistema ortográfico das línguas alfabéticas é incrivelmente complexo. As crianças chegam à escola com um conhecimento intuitivo do sistema de sons. Ao alcançar o letramento, elas precisam ter consciência das letras que representam esses sons, conforme tentam decodificar palavras desconhecidas que encontram em textos e conforme tentam exercitar as opções apropriadas para a ortografia de palavras que usam em sua escrita.

Aprender a ler envolve mais do que aprender os detalhes do sistema ortográfico, mas a aprendizagem dos elementos fônicos discretos faz parte do processo de aprendizado da leitura e da escrita. "Um bom ensino da fônica pode conter uma quantidade moderada de exercícios de palavras isoladas, suficiente para que as crianças reconheçam essas palavras automaticamente, mas não frequentes o suficiente a ponto de entediá-las (STAHL; DUFFY-HESTER; STAHL, 1998, p. 342).

O ensino dos elementos fônicos discretos tem por objetivo a **automaticidade**. Como a palavra sugere, a automaticidade envolve o reconhecimento rápido, preciso e sem esforço das palavras. A automaticidade vem do ensino sistemático e explícito e da prática de leitura e é essencial para a fluência na leitura. Pode ser praticada pela leitura de listas de palavras decodificáveis em um quadro ou em um painel de palavras como forma de reforçar e aplicar o conhecimento dos elementos da fônica.

Obviamente, milhares de profissionais dedicados e habilidosos já ensinaram milhões de crianças a escrever sem um conhecimento profundo dos detalhes ortográficos apresentados neste capítulo.

Quanto mais familiarizado for o professor com essas informações sobre a natureza e a estrutura da língua escrita, porém, mais equipado ele estará para ensinar a fônica como parte de um programa mais abrangente de ensino da leitura e da escrita. "Parece provável que uma melhor compreensão do inglês americano ou do sistema ortográfico nos conduza na direção de um melhor letramento" (CUMMINGS, 1988, apud TEMPLETON; MORRIS, 1999, p. 110). Professores que entendem como o sistema ortográfico funciona serão capazes de lidar com as discrepâncias de relações som-símbolo encontradas pelas crianças em seu caminho de letramento. Terão uma tática melhor com relação à ortografia inventada (um tópico que será tratado mais adiante, no Cap. 5) e ao que leva as crianças da ortografia inventada rumo à ortografia padronizada. Eles serão capazes de interpretar com maior eficácia alguns dos programas especiais da fônica com frequência usados com leitores em risco de desenvolverem transtornos de aprendizagem e também serão capazes de apoiar essas crianças em seu contato com textos na sala de aula. Em suma, detalhes da ortografia fazem parte da base de conhecimento necessária para professores do atual mundo educacional.

REFERÊNCIAS

ALLEN, L. An integrated strategies approach: making word identification instruction work for beginning readers. *The Reading Teacher*, v. 52, p. 254-268, 1998.
ALLINGTON, R. L. What I've learned about effective reading instruction from a decade of studying exemplary classroom teachers. *PhiDelta Kappan*, v. 83, p. 740-747, 2002.
ANDERSON, R. C.; HIEBERT, A. H.; SCOTT, J. A.; WILKINSON, I. A. G. *Becoming a nation of readers*: the report of the commission on reading. Washington, DC: National Institute of Education, 1985.
BAER, G. T. *Self-paced phonics*: a text for educators. 2. ed. Columbus: Merrill, 1999.
BAUER, E. B. Informed additive literacy instruction for ELLs. *The Reading Teacher*, v. 62, p. 446-448, 2009.
BEAR, D. R.; IVERNIZZI, M.; TEMPLETON, S.; JOHNSON, F. *Words their way*: word study for phonics, vocabulary, and spelling instruction. 2. ed. Columbus: Merrill, 2000.
BLEVINS, W. *Phonics from A to Z*: a practical guide. New York: Scholastic, 1998.
BRADY, S. et al. First grade teachers' knowledge of phonemic awareness and code concepts: examining gains from an intensive form of professional development and corresponding teacher attitudes. *Reading and writing: An Interdisciplinary Journal*, v. 22, p. 425-455, 2009.
BRISK, M. E.; HARRINGTON, M. M. *Literacy and bilingualism*: A Handbook for ALL Teachers. Mahwah, NJ: Erlbaum, 2000.
CARBO, M. S. Best practices for literacy instruction for English language learners. In: GRAMBRELL, L.B.; MORROW, L.M.; PRESLEY, M. (Eds.). *Best practices in literacy instruction*. 3. ed. New York: Guilford Press, 2007.
CLYMER, T. Reprint. The utility of phonics generalizations in the primary grades. *The Reading Teacher*, v. 16, p. 252-258, 1963. Reprint *The Reading Teacher*, v. 50, p. 182-187, 1996.
COWEN, J. E. *A balanced approach to beginning reading instruction*: a synthesis of six major U.S. Research Studies. Newark, DE: International Reading Association, 2003.
COYNE, M. D.; KAME'ENUI, E. J.; SIMMONS, D. C. Prevention and intervention in beginning reading: two complex systems. *Learning Disabilities Research and Practice*, v. 16, p. 63-73, 2001.
CUMMINGS, D. W. *American english spelling*. Baltimore: John Hopkins University Press, 1988.
CUNNINGHAM, P. M. The multisyllabic word dilemma: helping students build meaning, spell, and read "big" words. *Reading and Writing Quarterly*, v. 14, p.189-219, 1998.
CUNNINGHAM, P. M. *Phonics they use*: words for reading and writing. 5. ed. New York: Longman, 2009.
DURGUNOGLU, A.; NAGY, W.; HACIN-BHATT, B. J. Cross-language transfer of phonemic awareness. *Journal of Educational Psychology*, v. 85, p. 453-465, 1993.
ELDREDGE, J. L. *Phonics for teachers*: self-instruction, methods and activities. Columbus: Merrill, 1999.
FRY, E. The most common phonograms. *The Reading Teacher*, v. 51, p. 620-622, 1998.
GANSKE, K.; MONROE, J. K.; STRICKLAND, D. S. Questions teachers ask about struggling readers and writers. *The Reading Teacher*, v. 57, p. 118-128, 2003.

HEILMAN, A. W. *Phonics in proper perspective*. 9. ed. Columbus: Merrill, 2002.

HUDSON, R. F.; LANE, H. B.; PULLEN, P. C. Reading fluency and assessment instruction: what, why, and how? *The Reading Teacher*, v. 58, p. 702-714, 2005.

JACOBSON, J. Second language literacy development: from theory to practice. *California Reader*, v. 37, p. 12-20, 2003.

JOHNSON, F. R. The timing and teaching of word families. *The Reading Teacher*, v. 53, p. 64-75, 1999.

JOHNSON, F. R. The utility of phonic generalizations: let's take another look at Clymer's conclusions. *The Reading Teacher*, v. 55, p. 132-143, 2001.

KOVALESKI, J. F. *The three tier model for identifying learning disabilities*: critical program features and system issues. Paper presented at the National Research Center on Learning Disabilities Responsiveness-to-Intervention Symposium, Kansas City, MO. Washington, DC: U.S. Office of Special Programs, 2003.

LADEFOGED, P. *A course in phonetics*. 2. ed. New York: Harcourt Brace Jovanovich, 1982.

MATHER, N.; SAMMONS, J.; SCHWARTZ, J. Adaptions of the names test: easy-to-use phonics assessments. *The Reading Teacher*, v. 60, p. 114-122, 2006.

McCARDLE, P.; SCARBOROUGH, H. S.; CATTS, H. W. Predicting, explaining, and preventing reading difficulties. *Learning Disabilities Research and Practice*, v. 16, p.230-239, 2001.

MESMER, E. M.; MESMER, H. A. E. Response to Intervention (RTI): what teachers of reading need to know. *The Reading Teacher*, v. 62, p. 280-290, 2008.

MOATS, L. C. The missing foundation in teacher education: knowledge of the structure of spoken and written language. *Annals of Dyslexia*, v. 44, p. 81-102, 1994.

MOATS, L. C. Teaching decoding. *American Educator*, v. 22, p. 42-49, p. 95-96, 1998.

MOATS, L. C. *Teaching reading is rocket science*: what expert teachers should know and be able to do. Washington, DC: American Federation of Teachers, 1999.

MOUSTAFA, M. *Beyond traditional phonics*: research discoveries and reading instruction. Portsmouth, NH: Heinemann, 1997.

NATIONAL READING PANEL. *Teaching children to read*: an evidence-based assessment of the scientific research literature on reading and its implications for reading instruction. Washington, DC: National Institute of Child Health and Human Development, 2000.

NORMAN, K. S.; CALFEE, R. C. Tile test: a hands-on approach for assessing phonics in the early grades. *The Reading Teacher*, v. 58, p. 42-52, 2004.

STAHL, S. A.; DUFFY-HESTER, A. M.; STAHL, K. A. D. Everything you wanted to know about phonics (but were afraid to ask). *Reading Research Quarterly*, v. 33, p. 338-355, 1998.

PÉREZ CAÑADO, M. L. English and spanish spelling: are they really different? *The Reading Teacher*, v. 58, p. 522-528, 2005.

PIKULSKI, J. J.; CHARD, D. J. Fluency: bridge between decoding and reading comprehension. *The Reading Teacher*, v.58, p. 510-519, 2005.

POWELL, D. A.; ARAM, R. Spelling in parts: a strategy for spelling and decoding polysyllabic words. *The Reading Teacher*, v. 61, p. 567-570, 2008.

RASINSKI, T.; RUPLEY, W. H.; NICHOLS, W. D. Two essential ingredients: phonics and fluency getting to know teach other. *The Reading Teacher*, v. 62, p. 257-260, 2008.

SAMUELS, S. J. Reading fluency: Its development and assessment. In: FARSTRUP, A.E.; SAMUELS, S.J. (Eds.). *What research has to say about reading instruction*. Newark, DE: International Reading Association, 2002.

SAMUELS, S. J.; EDIGER, K. A.; FAUTSCH- PATRIDGE, T. The importance of fluent reading. *New England Reading Association Journal*, v. 41, p. 1-8, 2005.

Referências usadas na adaptação à língua portuguesa

BISOL, L. (org.). *Introdução a estudos de fonologia do português brasileiro*. 2. ed. Porto Alegre: EDIPUCRS, 1999.
LAMPRECHT, R.R. et al. *Aquisição fonológica do português*. Porto Alegre: Artmed, 2004.
SCLIAR-CABRAL, L. *Princípios do sistema alfabético do português do Brasil*. São Paulo: Contexto, 2003.
SILVA T. C. *Fonética e fonologia do Português*. São Paulo: Contexto, 1998.

Livros infantis citados neste capítulo

ADA, A. F. *Medio Pollito/Half-Chicken*. Illustrated by K. Howard. New York: Doubleday, 1995.
BONSALL, C. *Mine's the best*. New York: Harper and Row, 1973.
DAHL, R. *The BFG*. Illustrated by Q. Blake. New York: Putnam, 1982.
DORROS, A. *Abeula*. Illustrated by I. Klevin. New York: Dutton, 1991.
FLEISCHMAN, P. *Joyful noise*: poems for two voices. New York: HarperCollins, 1989.
GRIEGO, M. *Tortillas para mama and other spanish nursery rhymes*. Illustrated by B. Cooney. New York: Holt, 1981.
HOBERMAN, M. A. *You read to me, I'll read to You*. Illustrated by M. Emberley. Boston: Little, Brown, 2001.
MIRANDA, A. *Al Supermercado* (translation of *To Market, To Market*). Illustrated by J. Stevens. Orlando: Harcourt Brace, 1997.
SOTO, G. *Too many tamales*. Illustrated by E. Martinez. New York: Putnam, 1993.
SURAT, M. *Angel child, dragon child*. Illustrated by V.-D. Mai. Austin, TX: Raintree, 1983.
TEMPLETON, S.; MORRIS, D. Questions teachers ask about spelling. *Reading Research Quarterly*, v. 34, p. 102-112, 1999.
TROIA, G. A.; ROTH, F. P.; GRAHAM, S. Na educator's guide to phonological awareness: Assessment measures and intervention activities for children. *Focus on Exceptional Children*, v. 31, p. 1-12, 1998.
TRUSS, L. *Eats, shoots & leaves*: the zero tolerance approach to punctuation. New York: Gotham Books, 2003.
WILSON, R. M.; HALL, M. A. *Programmed word attach for teachers*. 6. ed. Columbus: Merrill, 1997.

4 Abordagens de ensino da fônica: instrução integrada e direta

Em muitas salas de aula, a fônica é inserida ou integrada às atividades de leitura e escrita. Em vez de começar com o foco nas relações som--símbolo, a fônica é incluída como parte do contato constante que as crianças têm com o texto escrito. Em outros ambientes educacionais, as crianças aprendem por meio de instrução direta, sistemática e explícita dos aspectos ortográficos do sistema linguístico. Este capítulo:

- examina formas pelas quais a alfabetização é inserida em atividades de leitura nas quais a literatura infantil é usada como o veículo principal no aprendizado da leitura;
- descreve programas em língua inglesa diretos e sistemáticos, elaborados para ajudar as crianças a dominar a fônica na sala de aula e em outros cenários.

Parte do grande debate acerca da fônica está centrado no tipo de abordagem que professores deveriam adotar para ensinar aos alunos as relações sons-símbolos, necessárias para que eles se tornem leitores fluentes e escritores confiantes. De um lado, alguns profissionais e elaboradores de currículos recomendam a **fônica analítica**, definida como uma "abordagem que parte das unidades maiores (texto, frase, palavra), para as menores (sílaba, fonema/grafema), na qual o aluno primeiro aprende muitas palavras só de olhar e depois generalizações fônicas relevantes, que são depois aplicadas para outras palavras" (HARRIS; HODGES, 1995, p. 9). Na abordagem analítica, o ensino começa com o foco em palavras, e não em relações específicas de som-símbolo. As crianças adquirem o conhecimento fônico por meio da análise de palavras e de unidades linguísticas maiores. A fônica é incluída como parte das atividades de linguagem, no dia a dia comum da sala de aula. Essa abordagem já foi descrita como dedutiva ou como método global.

Por outro lado, há professores e elaboradores de currículos que adotam uma abordagem sintética, "que parte das unidades menores para as maiores, na qual o aluno aprende os sons representados pelas letras e por combinações de letras, misturando esses sons para pronunciar palavras e, por fim, identificando quais generalizações fônicas se aplicam a cada caso" (HARRIS; HODGES, 1995, p. 250). Essa abordagem apresenta uma ênfase explícita, direta e precoce no aprendizado da relação letra-som, sintetizando-os para formar palavras inteiras. Essa abordagem também tem sido descrita como indutiva ou fônica com ênfase no código.

Especialistas continuam discutindo os méritos dessas duas abordagens. Resumindo o relatório do Comitê Nacional de Leitura, Armbruster, Lehr e Osborn (2001, p. 13) afirmam sem hesitação que "o ensino sistemático e explícito da fônica é mais eficaz do que o ensino não sistemático ou a sua ausência". Contudo, Moustafa e Maldonado-Colon (1999, p. 450) defendem a abordagem todo-para-a-parte.

> Começa com o que os leitores emergentes já sabem e usa o que eles sabem para ajudá-los a aprender mais. Primeiro, capitaliza o conhecimento que as crianças têm da linguagem e a sua habilidade de reconhecer as palavras holisticamente, para só depois os professores lhes ensinarem explícita e sistematicamente as correspondências letra-som, usando os sons que elas já conhecem em palavras escritas que aprenderam a reconhecer.

Apesar de haver diferenças filosóficas e práticas entre o ensino sintético e analítico da fônica, o conteúdo do que as crianças precisam aprender é o mesmo para as duas abordagens. Em outras palavras, seja começando com "Esta é a letra **b**, que diz /b/ em *bola*"* ou com "Esta é uma lista de palavras que começam com **b**; digam-me qual som a letra **b** faz", o som da letra **b** continua o mesmo. A abordagem para aprender a relação som-símbolo /b/ — **b** é que muda.

No mundo das escolas, raramente um programa curricular se encaixará por completo em uma ou outra categoria. Alguns acreditam que essas abordagens são incompatíveis e, por isso, não devem ser usadas juntas. É dito aos professores "Equilibrem, não misturem" (LYON, 1997, p. 15). Muitos programas e a maioria dos professores, porém, adotam uma combinação de técnicas na qual o ensino direto e a aplicação dedutiva interagem.

FÔNICA INTEGRADA

O propósito principal da fônica é ajudar crianças a conquistar a habilidade de ler e escrever. Não é surpreendente, portanto, que a fônica seja incorporada como parte integral de aulas de leitura compartilhada, de leitura orien-

---

* Tecnicamente, as letras não "dizem" ou "fazem" sons; elas representam fonemas. Porém, por estes serem enunciados comuns na sala de aula – o **b** diz ou faz /b/ –, eles são usados aqui.

tada e de experiências de leitura incidentais que surgem na sala de aula. A **fônica integrada** envolve o ensino das relações letra-som como parte de experiências de leitura mais vastas e autênticas. Experiências autênticas de leitura são aquelas realizadas com o objetivo principal de informação ou prazer, e não com a meta explícita de desenvolver alguma habilidade.

Leitura compartilhada

A leitura compartilhada envolve professores e alunos lendo um livro juntos. A história é lida muitas vezes para que as crianças se tornem diretamente envolvidas na experiência de leitura. A leitura compartilhada engloba três passos:

1. Usando um "livro gigante" (*big book*) ou uma história com uma letra maior, o professor introduz o livro e lê a narrativa com fluência e expressivamente. As crianças ouvem para absorver o clima e o conteúdo da história. O foco é no sentido do que é lido e na diversão.
2. O professor lê a história novamente, em geral muitas vezes, convidando os alunos a acompanhá-lo. Durante as releituras, o professor chama a atenção dos alunos para o texto da história ou do poema, apontando palavras conhecidas, demonstrando estratégias de decodificação ("O que vocês acham que esta palavra significa? Com que letra ela começa?"), elaborando estratégias para dar sentido às palavras e usando comentários e perguntas que instiguem as crianças a agir como leitoras habilidosas. As crianças participam repetindo elementos conhecidos do texto, localizando palavras com as quais estão familiarizadas, comentando sobre o que está acontecendo na história, predizendo o que poderá acontecer a seguir e envolvendo-se de outras formas na experiência de compartilhar um texto.
3. Como continuação, as crianças realizam atividades com base nessa leitura compartilhada – discutindo finais alternativos para a história, encenando trechos e fazendo desenhos baseados nas narrativas, entre outras atividades. Às vezes, essa continuação envolve ler a versão original, em formato menor, do livro em questão, individualmente ou em dupla.

A leitura compartilhada tem vários propósitos. Serve para introduzir as crianças à comunidade letrada envolvendo-as diretamente no ato da leitura. Cria a consciência das convenções da linguagem escrita, como a orientação de esquerda para direita das línguas ocidentais. Constitui um veículo para a consciência fonêmica, sugerindo oportunidades para focar elementos sonoros específicos. Permite, ainda, que se desenvolva a linguagem e incentiva o amor pela literatura. Ajuda as crianças a se familiarizarem com os elementos fônicos básicos e suas técnicas de decodificação. "Ensinar a fônica no contexto da leitura compartilhada tem o benefício de mostrar aos alunos como o conhecimento da fônica é usado na prática real de leitura" (GILL, 2006, p. 191).

Sugestões de ensino

Fônica na leitura compartilhada: *Boa noite, Coruja!**

Para uma atividade de leitura compartilhada, o professor seleciona um livro como *Boa noite, Coruja!* (*Good-Night, Owl*, no original; publicado no Brasil em 2013 pela editora WMF Martins Fontes), de Pat Hutchins. Trata-se de uma história simples e divertida sobre a Coruja, que queria dormir, mas os outros animais (abelhas, esquilos, etc.) não a deixavam. O professor pode introduzir a leitura chamando a atenção para o título do livro e para o nome da autora, apresentando a ilustração colorida da capa e convidando as crianças a prever sobre o que fala a história. Como parte dessa introdução, o professor pode chamar a atenção para a personagem da Coruja e perguntar *"Alguém aqui tem um nome que comece como o da Coruja? Verdade, a Carolina e o Caio!"*. Os alunos também podem sugerir outros nomes para os animais da história, prestando atenção aos elementos fônicos dos nomes que criarem.
Em releituras, as crianças podem localizar palavras conhecidas, como abelha e esquilo, e pensar em palavras que também sigam esses padrões:

abelha – *telha, grelha, orelha, ovelha*
esquilo – *grilo, tranquilo, aquilo*

As crianças continuam usando os elementos fônicos encontrados no texto conforme usam placas com expressões para criar uma nova história cumulativa baseada em *Boa noite, Coruja!*. Compõem uma versão própria da história e a contam para o professor, expandindo a lista de palavras gerada pela narrativa.
Além do foco na fônica, a aula de leitura compartilhada sobre *Boa noite, Coruja!* pode também incluir o seguinte:
• leitura em duplas, em que duas crianças sentam lado a lado e leem uma para a outra
• atividades de compreensão (*"O que acontecerá com a Coruja agora?"*)
• pensamento crítico (*"Será que agora a Coruja conseguirá dormir em paz? Por quê?"*)
• interpretação dramática ou atividades artísticas relacionadas com a história
Em suma, o professor pode levar as aulas para muito além da fônica.

Livros de histórias cumulativas como os seguintes são particularmente úteis para as aulas de leitura compartilhada:**
- O clássico *Millions of cats* (Milhões de gatos), de Wanda Gag, pois os sons rítmicos do refrão "centenas de gatos, milhares de gatos, milhões e bilhões e trilhões de gatos" são repetidos com facilidade pelas crianças conforme se envolvem com a história.
- *Tocaram a campainha* (Pat Hutchins, editora Salamandra, traduzido por Ana Maria Machado e publicado em 2007), outra história cumu-

---

* N. de R. T.: Essa atividade foi adaptada, usando um livro em português da mesma autora (Pat Hutchins). do sugerido na obra original.
** N. de R. T.: No final do capítulo são sugeridos alguns livros de histórias cumulativas em português.

lativa, em que as crianças preveem o que acontecerá em seguida e repetem os sons, como o da campainha.
- O conhecido *Brown bear, brown bear, what do you see?* (Urso marrom, urso marrom, o que você vê?), de Bill Martin Jr., incentiva as crianças a se revezarem e criarem versos usando elementos vocálicos do livro, que é repleto de sons agradáveis ao ouvido e à imaginação.
- *Chicken soup with rice* (Canja de galinha), de Maurice Sendak, muito popular nos Estados Unidos, leva as crianças a repetir as últimas quatro linhas de cada estrofe.

Livros como esses contêm expressões repetitivas e frases que as crianças podem ler junto fácil e rapidamente. Em geral, também apresentam elementos fônicos que os professores podem usar para construir a consciência fonêmica e praticar a fônica.

Embora a fônica não seja o aspecto principal das atividades de leitura compartilhada, esta é uma maneira eficaz de introduzir crianças pequenas aos elementos fônicos e, ao mesmo tempo, incentivá-las a gostar de literatura. "A leitura compartilhada é uma parte importante do ensino da fônica do tipo analítica. Demonstra, ao mesmo tempo, o processo de leitura para as crianças e estabelece uma base para as aulas de fônica que virão, tornando-as mais memoráveis e, portanto, mais eficazes" (MOUSTAFA; MALDONADO-COLON, 1999, p. 415). A fônica pode ser integrada à leitura compartilhada, assim, elementos fônicos são aprendidos, reforçados e aplicados conforme o professor lê histórias, poemas, rimas, canções e outros materiais e planeja atividades que foquem os elementos fônicos sugeridos pelo material.

Sugestões de ensino

A fônica na aula de leitura compartilhada

Moustafa e Maldonado-Colon (1999) sugerem um mural para a continuidade das atividades de fônica após a aula de leitura compartilhada. Depois da leitura compartilhada de parlendas conhecidas, como "Naquele jarro tem uma aranha. Nem aranha arranha o jarro. Nem o jarro arranha a aranha", "O rato roeu a roupa do rei de roma" ou "Quem cochicha o rabo espicha, come pão com lagartixa", os alunos identificam palavras conhecidas no texto enquanto o professor as escreve em plaquinhas realçando os seus elementos fônicos (o /R/ de **r**ato, a**rr**anha, e ja**rr**o o /r/ de a**r**anha e o /ʃ/ de co**ch**icha e lagar**t**ixa). O professor, então, fixa essas plaquinhas na parede para o exercício da leitura. A lista cresce conforme as crianças adicionam ali mais palavras conhecidas que encontram em suas atividades de letramento. Assim, aprendem os elementos fônicos usando palavras que elas sentem que dominam.

Leitura orientada

A leitura orientada é uma prática usada com crianças pequenas para ajudá-las, por meio do apoio do professor, a desenvolver e aplicar estratégias de leitura eficazes logo no início de suas vidas escolares, de modo que possam usar essas estratégias para se tornar leitoras independentes e bem-sucedidas. "Na leitura orientada, o professor auxilia cada leitor a desenvolver estratégias eficazes para processar o texto de narrativas em níveis de dificuldade cada vez mais desafiadores" (PINNELL; FOUNTAS, 1996, p. 2). A fônica é um componente das atividades de leitura orientadas que ajuda as crianças a pronunciar e a descobrir o significado de palavras desconhecidas.

Na leitura orientada, crianças com habilidades de leitura semelhantes são reunidas em grupos pequenos. O professor seleciona um texto com base nos interesses dos alunos, nos seus níveis de leitura e nos seus comportamentos de leitura. Ele introduz, então, o livro e apresenta uma prévia da história, conversando sobre as ilustrações e pedindo que as crianças prevejam o assunto da narrativa. O professor usa a linguagem da história para que as crianças familiarizem-se com as palavras e os padrões de frases que encontrarão nas páginas do livro conforme leem. Cada criança lê o livro sozinha, pronunciando as palavras, mas em voz baixa, audível apenas para o professor e não alta o suficiente a ponto de perturbar os outros integrantes do grupo. Conforme os alunos deparam-se com problemas, o professor os ajuda a passar pelos pontos de dificuldade, oferecendo-lhes apoio e orientação. Após a leitura, o professor foca a atenção do grupo no sentido do texto e discute a história, convidando as crianças a darem respostas pessoais e retornando ao texto para localizar evidências que apoiem essas respostas. Uma vez que estiverem familiarizados com a história, os alunos releem o livro para praticar ainda mais ou por prazer, individualmente ou com um colega.

A fônica é uma parte integral das atividades de leitura orientada, já que as crianças têm nelas a oportunidade de aplicar a fônica e estratégias decodificadoras que já aprenderam. Experiências de leitura orientada proporcionam vários momentos "ensináveis" de fônica, isto é, oportunidades para se aplicar o conhecimento das relações som-símbolo no contexto da leitura. É aqui que o professor elabora as estratégias de decodificação e que as crianças aplicam o seu conhecimento de fônica. O professor orienta os alunos a usar as relações som-símbolo para decodificar as palavras desconhecidas que encontram pelo caminho.

Usando habilidades de decodificação como parte da leitura orientada, as crianças podem aplicar o conhecimento da fônica como parte da interação com o texto e da construção do seu sentido. Bem cedo na sua vida de leitora, com a orientação do professor, a criança aprende estratégias que continuarão sendo úteis em suas experiências individuais de leitura de livros com outros propósitos que não o desenvolvimento de habilidades de leitura.

Sugestões de ensino

A fônica na leitura orientada: *Bzzz faz o besouro**

Como faz parte da atividade de leitura guiada, a professora usa o livro *Bzzz faz o besouro*, de Wendy Cheyette Lewison, uma história maravilhosamente divertida, com linguagem previsível e padrões de palavras repetitivos, sobre os animais da fazenda. Na segunda página, Cassandra encontra a seguinte passagem:

"QUACK," *faz o pato.*
"*Tem um besouro no meu pé.*"
E o pato disse: "Voou?"
mas o besouro só sentou.

Cassandra lê as primeiras duas linhas com fluência, mas hesita antes da última palavra da terceira linha (voou). A professora cobre as duas primeiras letras com um dedo:
   Professora: *Quais são as duas últimas letras dessa palavra?*
   Cassandra: *o e u*
   Professora: *E como se diz* **o-u**? *É uma palavrinha que conhecemos.*
   Cassandra: *ou*
   Professora: *Ótimo! A professora desliza, mostrando o outro* **o**.
   Professora: *E agora como fica?*
   Cassandra: *oou*
   Professora: *Muito bem! Agora coloque o som de /v/ em frente, como fica?*
   Cassandra: *Voou*
   Professora: *Ótimo! E o que quer dizer "voou"?*
   Cassandra: *Saiu voando*
   Professora: *Certo! O pato estava em dúvida se o besouro já tinha voado. Agora leia a linha inteira de novo. E lembre-se dessa palavra, porque ela aparecerá outras vezes na história.*

Ao longo da atividade, o conhecimento das crianças sobre as relações som-símbolo é usado para ajudá-las a decodificar palavras desconhecidas. As aulas sobre padrões sonoros e outro elementos da fônica são, em geral, reforçadas com atividades de leitura orientada.

Experiências autênticas de leitura

Nas experiências autênticas de leitura das crianças, dentro e fora da sala de aula, a fônica é intencionalmente aplicada. Ao lerem para se informar ou por prazer, as crianças utilizam suas habilidades de decodificação e desenvolvem estratégias independentes para abordar as palavras desconhecidas do texto. Elas aprendem a ler as palavras por analogia e a procurar palavras menores dentro de palavras maiores.

---
* N. de T.: Tradução livre para *Bzzz Said the bee* (obra não traduzida para o português) e de seus versos, de modo a exemplificar essa atividade para professores brasileiros.

Em sua leitura independente, as crianças decodificam por analogia quando reconhecem padrões familiares em palavras desconhecidas. Ao decodificar a nova palavra *cantar*, por exemplo, o aluno pode reconhecer o padrão verbal *ar* ao final; ou pode concluir que há duas sílabas na palavra (*can-tar*) como maneira de decifrá-la. Sejam quais forem as estratégias de decodificação empregadas, o aluno insere o termo no cenário linguístico que já formou em sua cabeça para determinar o significado da palavra e se faz sentido no contexto do texto. As crianças também procuram por palavras menores no meio de palavras desconhecidas maiores que encontram em suas leituras independentes. Localizar partes pronunciáveis de palavras é uma estratégia de decodificação eficaz. Ao abordarem palavras longas que não reconhecem, as crianças aprendem a se perguntar "Essa palavra tem alguma parte que eu já conheça?". Ao decodificar *leopardo*, por exemplo, a criança que reconhecer *par* e *do* já estará a meio caminho andado de descobrir como se pronuncia a palavra. Essa mesma estratégia não pode ser usada para decodificar *elefante*, porém, por isso a criança tem de procurar padrões (como *ante*, que aparece em *barbante*, por exemplo) e outros elementos para ler a palavra. E, às vezes, pequenas palavras dentro de grandes palavras podem ser enganosas, como o *por* de *porcos*, que tem som aberto. Decodificar por analogia e encontrar partes de palavras longas são técnicas úteis que as crianças usam ao cruzar no texto com palavras que não conhecem, seja lendo para se informar ou para se divertir.

Integrando a fônica nos encontros com a literatura

Há muito tempo professores vêm selecionando textos de alta qualidade da literatura infantil para uso instrucional e independente na sala de aula. Todos os encontros com livros já descritos envolvem o uso de literatura infantil comercial, vendida em livrarias. A literatura oferece às crianças o contato com uma linguagem rica, enredos envolventes, elementos imaginativos e histórias pelas quais elas se apaixonam. Os professores tiram proveito, com frequência, do enorme valor da literatura infantil e usam esses livros como ponto de partida para as lições de fônica.

Alguns livros são especialmente bons ao ensino dos elementos fônicos.* O clássico americano *Cat in the hat* (Gato no chapéu), de Dr. Seuss, por exemplo, trabalha o som das palavras de uma maneira que diverte as crianças há décadas. Como uma das muitas atividades de compartilhamento e diversão baseadas nessa história, as crianças podem compilar listas de palavras que rimem e criar historinhas com elas. Outros livros dos quais se podem tirar lições de fônica são

- *Is your mama a llama?* (Sua mamãe é uma lhama?), de Deborah Guarino, que tem foco em palavras que rimam, a partir das quais as crianças podem pensar em outras rimas e criarem as suas charadas.

---
* N. de R. T.: No final do Capítulo 2 foram sugeridos livros em português.

Sugestões de ensino

Fônica em uma aula baseada em literatura

A classe reúne-se ao redor do professor, Sr. Griff, para uma aula focada no livro *Amos and Boris*,* de William Steig. Trata-se de uma história sobre a amizade inesperada entre Amos, um ratinho, e Boris, uma baleia. Amos cai de um barco no meio do oceano e é resgatado por Boris. Anos depois, Boris é levado por um furacão e acaba encalhado na praia. Amos encontra um jeito de salvar seu amigo.

Reunidos em volta do Sr. Griff, os alunos seguem o texto em suas cópias conforme ele lê. Mais cedo, no mesmo dia, a classe havia feito uma lista de "palavras começadas com **b**". O Sr. Griff concentra-se na compreensão e no divertimento gerados pela história, mas também quer que os alunos façam conexões entre os sons das letras e o vocabulário. Primeiro, ele lê a história inteira, e as crianças conversam sobre ela. Depois, ele relê as frases iniciais:

Amos, um ratinho, vivia perto do mar. Ele amava o mar. Amava o cheiro do ar marinho. Amava ouvir o som das ondas - o barulhão das bravas, as borbulhas com pedrinhas rolando...

"Eu adoro a maneira como o autor usa as palavras para me ajudar a ouvir os sons da história", disse o Sr. Griff. "Que palavras ele usa para descrever os sons das ondas?"
"Barulhão das bravas", respondeu Terri, "e borbulhas com pedrinhas rolando".
"Excelente!", disse o Sr. Griff. "Quais dessas palavras começam com **b**?"
"Barulhão, bravas e borbulhas", sugeriu Jack. "Vamos colocá-las na nossa lista de palavras que começam com **b**".
"Boris também tem de entrar na lista", acrescentou Jermaine, "com **B** maiúsculo, porque é o nome de alguém".
A aula continua com o Sr. Griff, que vai habilmente ensinando sobre as letras e os seus sons, sobre o significado das palavras e a beleza da linguagem que as histórias podem transmitir.

Fonte: Adaptação de uma aula apresentada na edição de 1997 de Massachusetts. Department of Education (1997).

- *In the small, small pond* (No pequeno, pequeno lago), de Denise Fleming, uma história lindamente ilustrada que pode ser usada para ajudar as crianças a fazer listas de palavras com encontros consonantais.
- *A house is a house for me,* (Uma casa é uma casa para mim), de Mary Ann Hoberman, uma bela história com uma variedade de padrões de rima que as crianças podem usar para compor e contar historinhas próprias.

---

* N. de R. T.: Essa obra não foi traduzida para o português. Uma coleção que se presta para essa atividade é a coleção Estrelinha, da Editora Ática. Por exemplo, o livro *O macaco e a mola*, de Sônia Junqueira, usa palavras simples e foca palavras que iniciam com a letra **m**.

Os livros infantis* de Nancy Shaw — *Sheep on a ship* (Ovelhas no navio), *Sheep in a Jeep* (Ovelhas no jipe), *Sheep out to eat* (Ovelhas jantando fora), entre outros — são histórias maravilhosas, que divertem as crianças e podem ser usadas pelos professores para ensinar elementos básicos da fônica.

Sugestões de ensino

Fônica em uma aula baseada em literatura: *Ovelhas no navio***, de Nancy Shaw

Ovelhas no navio, de Nancy Shaw, começa com os seguintes versos:
    Ovelhas embarcam no navio de rio.
    Águas correm. Velas sobem.
    Ovelhas lêem o mapa, mas precisam de uma capa
    Porque a nuvem forma chuva.

O texto continua com uma linguagem similar, com as pobres ovelhinhas forçadas a abandonar o navio por causa da chuva, mas, no fim, sobrevivem voltando para a margem em uma jangada. Depois do compartilhamento da história e da diversão gerada por ela, o professor pode distribuir cartas com palavras do livro para a classe, e as crianças então podem: • combinar as cartas com as palavras do texto; • identificar palavras que rimem com base na história (por exemplo, *navio, rio, trio, pavio*) e adicioná-las à sua lista de palavras que rimam com; • fazer jogos com as cartas: "Quando eu disser uma palavra, quero que todos que tenham uma carta que rime com ela fiquem em pé" ou "Procure amiguinhos com uma palavra que rime com a palavra da sua carta"; • pensar em outras palavras que possuam dígrafos vocálicos, como *embarcam, correm, sobem*, etc.; • colar as cartas na ilustração de um grande navio (*vela, mastro, onda* e assim por diante); • usar as cartas para criar frases do livro que o professor ditar ou rearranjar as palavras para formar frases usadas na história. Professores criativos podem pensar em muitas outras atividades com historinhas como essa, como as encontradas em outros livros de Nancy Shaw e de outros autores.

Nem todos os livros infantis servem de base para o ensino da fônica como algumas histórias especialmente prontas para isso. Partindo de uma historinha, muitos livros infantis oferecem vastas oportunidades para as crianças aprenderem alguns elementos da fônica de forma significativa e divertida.

Trachtenburg (1990), Blevins (1998) e outros autores já publicaram listas de livros infantis em língua inglesa que repetem elementos fônicos ao longo do texto. Ao usá-los como veículos para que as crianças aprendam a fônica,

---
* N. de R.T.: No português, há algumas coleções que são produzidas e direcionadas para crianças em fase de alfabetização. Entre elas, citamos a série *Mico Maneco*, da Editora Salamandra; série *Eu sei de cor*, da Editora Moderna; e as coleções *Estrelinha* e *Gato e Rato*, da Editora Ática.

** N. de R.T.: Tradução livre para *Sheep on a ship* (obra não traduzida para o português) e de trechos do livro, de modo a exemplificar essa atividade para professores brasileiros.

porém, é imperativo lembrar, também, que o sentido, a história e o amor pela literatura devem ser as considerações principais. Não se pode usar um livro, por exemplo, com o único intuito de ensinar vogais.

Por exemplo, a conhecida história de *João e o pé de feijão*. Embora o título possa ser um ótimo ponto de partida para chamar a atenção das crianças para os encontros vocálicos, pedindo-lhes que construam famílias de palavras baseadas em "João" e "feijão" (com as quais elas estão familiarizadas), o foco educacional deve ser a diversão e a apreciação desse conto maravilhoso.

Um programa de fônica integrado ao ensino abrangente da leitura não significa que a fônica deva ser negligenciada, como alguns críticos sugerem. Abordagens de fônica integrada em geral são menos explícitas, mas o conteúdo a ser aprendido ainda é apresentado sistematicamente. Os professores que integram a instrução fônica às suas atividades regulares de escrita e leitura reconhecem a importância da fônica e a tornam um componente importante de seu ensino. Apesar de listas de palavras serem, com frequência, usadas como o foco do ensino de elementos fônicos discretos, o ensino das relações som-símbolo enfatiza amplamente o encontro das crianças com o texto. Os professores tiram proveito de oportunidades espontâneas ao longo do dia em sala de aula para ajudar os alunos a adquirirem o conhecimento da fônica dentro do contexto das atividades contínuas de letramento. A fônica é apresentada como uma parte essencial do próprio ato da leitura.

INSTRUÇÃO SISTEMÁTICA E DIRETA DA FÔNICA/LINGUAGEM

Na outra ponta do espectro teórico que fundamenta a fônica está a instrução explícita, sistemática e direta, uma abordagem sintética que foca diretamente as correspondências som-símbolo. O professor aponta para um símbolo do alfabeto e explica para as crianças o som: "Este é o **m**, que tem som de /m/; este é o **s**, que tem som de /s/", e assim por diante. As relações fonema-grafema que as crianças aprendem são praticadas todos os dias, seja de forma isolada ou no contexto de palavras. As crianças aprendem os dois sons do **c** e do **g**, as relações fonema-grafema nos dígrafos, os sons regulares das vogais e as variantes som-símbolo das vogais, entre outros tópicos. Em suma, a instrução direta da fônica faz as crianças aprenderem explicitamente as relações som-símbolo que constituem o sistema ortográfico. Ao longo de um estudo de sete anos que comparou a fônica sintética com a analítica, pesquisadores escoceses descobriram que a abordagem sintética da fônica produz resultados melhores, especialmente com crianças de lares desprivilegiados (JOHNSON; WATSON, 2005).

"O diferencial da abordagem sistemática da fônica é que uma sequência de grupos de elementos fônicos é delineada, e esses elementos são ensinados em uma dimensão explícita" (COMITÊ NACIONAL DE LEITURA, 2000b, p. 8). Os elementos da fônica a serem aprendidos são precisamente identificados e sequenciados, para depois serem ensinados direta e sistematicamente. A sequência exata de elementos pode variar de um programa para outro, mas todos possuem uma ordem cuidadosamente definida de itens a serem abordados. No inglês, os padrões de vogais são apresentados individualmente ou de dois em dois, em vez de apresentar várias representações escritas de uma só vez. Em teoria e por princípio, a instrução explícita e sistemática deixa pouco espaço para o acaso.

A síntese é uma estratégia básica de decodificação que é essencial para a abordagem sintética do ensino da fônica. As crianças praticam a síntese fonêmica para formar palavras. O professor aponta para os símbolos em ordem, e as crianças dizem os sons que os símbolos representam, sintetizando-os para formar palavras – "/g/... /a/... /t/... /o/... *gato*". Ensinar e praticar as relações som--símbolo e sintetizar os sons são essenciais para tornar as habilidades de decodificação automáticas. Sobre uma base som por som, os alunos vão decodificando palavras cada vez maiores.

Sugestões de ensino

Instrução de fônica direta e sistemática

Vogais aleatórias

As cinco vogais são escritas no quadro ou mostradas em placas:

a   e   i
o   u

Conforme o professor aponta para cada letra em ordem aleatória, as crianças dizem os sons que as letras representam.

Círculos de som

Rimas ou fonogramas são dispostos em círculo:

ato   ato
eto   eto
ito   ito
oto   oto
uto   uto

As crianças dão a volta no círculo colocando consoantes ou encontros consonantais em frente aos conjuntos de letras, dizendo palavras – por exemplo, "bato, Beto, bito, boto, buto" ou "prato, preto, prito, proto, pruto". Essas combinações com frequência criam palavras sem sentido, mas palavras sem sentido são usadas na instrução direta e sistemática fônica, já que a sua ênfase principal é nas relações som-símbolo.

(continua)

Instrução de fônica direta e sistemática (continuação)
Síntese Sintetizar sons em palavras é uma parte importante do ensino da fônica. O professor escreve três letras separadas, cujos sons correspondentes as crianças já conhecem, no quadro: m a r   s i m Colocando a mão sobre a letra inicial, o professor pede ao aluno para fazer o som correspondente à letra. O professor então passa a mão sobre as duas primeiras letras, fazendo um movimento da esquerda para a direita, e o aluno faz a síntese dos dois primeiros sons. Por último, o professor passa a mão sobre as três letras, e o aluno faz a síntese dos três sons, dizendo a palavra formada pelos sons. Outras muitas atividades sugeridas para o ensino dos elementos fônicos (ver Cap. 3) podem ser usadas para a instrução explícita e direta da fônica.

    A abordagem sintética usa, em geral, palavras sem sentido ou pseudopalavras para praticar a decodificação. Essas são palavras que podem ser pronunciadas (ou "lidas"), mas que não fazem sentido, como *nila*, *crol* e *mechurada*. Palavras sem sentido dão a oportunidade de aplicar "puramente" as habilidades de decodificação. Constituem um veículo para que as crianças apliquem diretamente o seu conhecimento das relações som-símbolo ao dizer as palavras. "Muitos especialistas no assunto afirmam que pseudopalavras são o melhor item disponível para testar habilidades fônicas" (GROFF, 2001, p. 299).

    Embora as palavras sem sentido possam ser úteis para ensinar e praticar as habilidades de decodificação, é preciso tomar cuidado quando essas palavras são usadas com o propósito de avaliação (e muitas provas usam pseudopalavras para diagnosticar e medir o conhecimento de fônica das crianças e suas habilidades de decodificação). Algumas crianças, quando apresentadas a pseudopalavras como *braso*, podem ser capazes de decodificá-la corretamente, mas sabem que a palavra não faz sentido. Elas pronunciam, então, a palavra como uma que sabem ser real (como *braço*) e acabam ganhando um "errado". Assim, essas palavras podem dar uma visão distorcida do conhecimento que as crianças têm da fônica e da sua habilidade de decodificar.

Textos decodificáveis em leituras de fônica

    Em uma abordagem direta e sistemática, as crianças praticam e aplicam as suas habilidades decodificadoras com leituras específicas de fônica, isto é, livros de histórias com textos decodificáveis, que focam um elemento fônico particular. "O termo 'texto decodificável' refere-se a livros de leitura iniciante e a histórias nas quais existe uma tentativa de escrever prosa usando correspon-

Textos decodificáveis possuem palavras simples, com vocabulário cuidadosamente controlado, focado em sons particulares. Essa história é um exemplo do foco em vogais.
Fonte: Williams (1998).

dências específicas de som-símbolo que as crianças já aprenderam" (CASSIDY;. CASSIDY, 2002/3, p. 18). Conforme as crianças leem frases como *A mala do macaco* ou *A ovelha mordeu a orelha*, elas aplicam e praticam a decodificação com textos (mesmo que soem artificiais), em vez de com listas de palavras isoladas. Geralmente, no inglês essas leituras focam um som vocálico específico por livro. Palavras comuns que devem ser rapidamente reconhecidas são introduzidas, se necessário. As histórias ficam mais longas e elementos adicionais são incluídos conforme aumenta a habilidade de leitura dos alunos. Essas leituras, em geral, não são as únicas com que as crianças têm contato; são usadas, com frequência, como um suplemento ao programa regular, para fortalecer o seu conhecimento de fônica e a sua habilidade de decodificar. O seu objetivo é dar aos leitores iniciantes oportunidades de ler de modo independente, usando elementos fônicos que já aprenderam.

Como com outros materiais de leitura, esses decodificáveis já foram elogiados e condenados. Por um lado, não se pode dizer que essas coleções de ensino suplementar constituam uma leitura "real", pois a linguagem é controlada e soa artificial. Alguns críticos dizem que a criança não está lendo, mas sim meramente "praticando a fônica". Por outro, esses materiais dão às crianças a chance de ter contato com livros, de experimentar a leitura bem-sucedida e de ganhar o senso de conquista pessoal, já que elas recorrem fortemente às correspondências de som-símbolo para decodificar o que leem. "A aversão dos adultos pelos livros decodificáveis não respeita a necessidade da criança de exercitar uma habilidade. As crianças querem ser leitoras confiantes e ficam radiantes quando conseguem aplicar o que aprenderam" (MOATS, 1998, p. 47).

Provas da eficácia de uma abordagem direta e sistemática da fônica explícita já foram citadas por pesquisadores (ADAMS, 1990; CHALL, 1996; LYON,

---

* N. de T.: O porco grande tem um taco grande. / O cachorro marrom tem uma luva grande.

1997; COMITÊ NACIONAL DE LEITURA, 2000a) e por profissionais que adotam essa linha e testemunharam o seu sucesso, particularmente com crianças com transtorno de aprendizagem e outros problemas que interferem em sua aprendizagem da leitura.

Programas estruturados de linguagem*

Programas inteiros foram desenvolvidos para fornecer instrução sistemática, explícita e direta das relações som-símbolo, de modo a ajudar as crianças na aprendizagem da leitura, especialmente aquelas que apresentam dificuldade no contato com o texto.

Com frequência, emprego para especialistas em leitura exigem o domínio de pelo menos um desses programas. Tais programas, que combinam, em geral, as abordagens sintética e analítica, começam pelo ensino direto dos elementos mais básicos do sistema ortográfico (correspondência som-símbolo) e ajudam as crianças na aprendizagem da síntese desses elementos para formar sílabas e palavras.

McIntyre e Pickering (1995) descrevem o conteúdo e os princípios da instrução implícita em programas multissensoriais e estruturados de linguagem, isto é, programas que usam mais de uma modalidade de aprendizagem para a aquisição do conhecimento de sons-símbolos. O conteúdo desses programas tem uma forte ênfase na consciência fonêmica; aborda extensivamente as associações som-símbolo por meio de muita prática em segmentação e síntese; foca marcadamente as sílabas; inclui o ensino de elementos estruturais da língua (raiz e afixos das palavras), sintaxe e semântica. O ensino é realizado com a utilização de técnicas multissensoriais, seguindo uma ordem sequencial rígida. A ênfase é na instrução direta, com diagnóstico cuidadoso e o uso de técnicas analíticas e sintéticas.

A abordagem Orton-Gillingham

Embora a pronúncia e a síntese de elementos individuais de linguagem tenham sido usadas para ensinar a leitura desde a Grécia Antiga, o pioneiro da Era Moderna no que diz respeito à instrução estruturada da linguagem, com base nas relações de som-símbolo, é Samuel Orton, um neurologista que acreditava que incorporar estímulos visuais, auditivos e cinestésicos ajudaria as crianças com problemas de leitura. Orton concluiu que, como leitores fracos apresentavam habilidades de processamento visual inadequadas, eles deveriam aprender a usar outros caminhos para o cérebro associar a forma das letras (visual) com o som das letras

---

* N. de R. T.: No final do capítulo são sugeridos alguns programas em língua portuguesa.

(auditivo) e a sensação de escrever ou traçar as letras (cinestésico/tátil). Orton-Gillingham é uma abordagem multissensorial que integra as modalidades visual, auditiva, cinestésica e tátil ao processo de aprendizagem. As crianças são introduzidas aos símbolos e sons do alfabeto de maneira sistemática. Para a escrita, o professor pronuncia um som, a criança o repete e escreve ou traça a letra que representa o som. Para a leitura, os alunos olham a letra e ouvem o som associado a ela e, depois, fazem a síntese dos sons conforme leem o texto. A abordagem enfatiza o treino e a repetição para que as habilidades fiquem automáticas. Ensinam-se aos alunos as regras e os padrões de ortografia depois de eles já terem adquirido o domínio dos sons das letras, mas eles sempre dizem o nome, e não o som da letra, ao escrevê-la, adotando uma técnica conhecida como *Simultaneous oral spelling* (Ortografia oral simultânea, ou SOS, na sigla em inglês). Fazem parte da abordagem, ainda, o desenvolvimento de vocabulário, a compreensão (auditiva e leitora) e a expressão de linguagem (oral e escrita).

Anna Gillingham, uma professora e pesquisadora associada a Orton, formou uma parceria com uma professora alfabetizadora, Bessie Stillman, e, em 1936, escreveu um manual detalhando as técnicas baseadas nos princípios de Orton. Esse manual – *The gillingham method: remedial training for students with specific disability in reading, spelling, and penmanship* (O método Gillingham: treino corretivo para alunos com transtornos específicos em leitura, ortografia e caligrafia) – já foi reeditado e atualizado muitas vezes desde então (Educators Publishing Service).

Vários programas de linguagem estruturados, que envolvem a instrução sistemática e direta da fônica, evoluíram a partir das teorias e práticas de Orton. Em geral, esses programas foram elaborados para crianças com dificuldades extremas para decifrar o código da linguagem escrita, crianças com transtornos de aprendizagem e de linguagem que interferem no seu sucesso no início da leitura. Alguns programas foram ampliados para o uso de crianças mais velhas, e muitos foram adaptados para o uso pela classe inteira. Embora esses programas estruturados, construídos com base no sistema de escrita da língua alfabética, sejam recomendados, na maioria das vezes, para crianças com transtornos de leitura e problemas relacionados, que afetam a sua aprendizagem da leitura (CLARK; UHRY, 1995), mais e mais sistemas escolares têm se voltado para esses programas para lidar com problemas de leitura de forma geral.

Alguns desses programas estruturados, adotados por escolas e em consultórios, são citados a seguir.

O Método Spalding

Romalda Spalding, discípula de Samuel Orton, foi uma professora que adotava as técnicas de Orton para o ensino da classe inteira. Mas, apesar de Spalding adotar muitas estratégias multissensoriais empregadas em outros programas baseados em Orton, o sistema de marcações de Spalding tornou o seu método único. Após aprender os sons das letras junto com a formação dos símbolos que elas representam, as crianças usam um sistema de marcação para conectar os sons falados às palavras escritas. Essa é a ponte que conecta a escrita à leitura. As crianças escrevem e depois leem palavras de alta frequência; daí o título do livro *The writing road to reading* (O caminho da escrita para a leitura; 5ª edição, Harper Collins, 2003). O título não é apenas um jogo de palavras: a escrita e os fonogramas criam um caminho para conhecer e usar a linguagem escrita. Desde o início do ensino, as crianças ouvem a leitura e leem livros infantis, em vez de histórias decodificáveis, pois a ênfase é na literatura de qualidade, com um forte foco na compreensão de texto. O livro tem um capítulo sobre como planejar aulas, com detalhamento da ortografia, da escrita, dos procedimentos de leitura e de exemplos de diálogos; uma sequência e estágios de acordo com os anos escolares; recomendações atualizadas e ampliadas de livros infantis; e uma lista expandida e atualizada de palavras da lista Ayres (Spalding Education International).*

A abordagem Slingerland

Beth Slingerland foi outra discípula de Samuel Orton que adaptou as técnicas Orton-Gillingham para o uso com toda a classe. A abordagem Slingerland ensina padrões para a associação automática das modalidades auditiva, visual e cinestésica. O ensino começa com as letras do alfabeto, as menores unidades reconhecidas de visão, som e sensação. Passa, então, para as unidades de linguagem mais complexas, com a meta de ajudar as crianças a desenvolverem estratégias que lhes permitam ser bem-sucedidas no ambiente da sala de aula. Apesar de esse método ser bastante usado com crianças diagnosticadas com dislexia e outros transtornos de leitura, algumas escolas o adotam em todas as classes primárias (Slingerland Institute for Literacy).

Sistema Wilson de Leitura e Fundação Wilson de Leitura

O Sistema Wilson de Leitura, desenvolvido por Barbara A. Wilson, publicado em 1988, é outro programa de leitura e escrita baseado no método Orton-Gillingham, que ensina direta e sequencialmente, com base nos tipos de sílabas da língua inglesa. O programa é apropriado para alunos dos anos mais avançados do ensino fundamental e também para adultos que leem em nível abaixo do esperado ou que requerem uma instrução estruturada e multissensorial devido a um transtorno de aprendizagem relacionado à linguagem. O sistema segue uma sequência de aulas estruturadas em 12 passos, começando pela consciência fonêmica. O professor introduz letras, sons e palavras-chave;

---

* N. de R. T.: É uma lista de palavras de alta frequência da língua inglesa publicada originalmente em 1915 por Leonard Porter Ayres e vem recebendo atualizações desde então.

os alunos aprendem a fazer a síntese dos sons para formar sílabas e padrões de palavras, lançando mão de um sistema que envolve bater com a ponta dos dedos conforme dizem as palavras. Os alunos passam de palavras com um sílaba para outras mais longas, depois para elementos estruturais, como prefixos e sufixos. Desde o começo, os alunos aplicam as suas habilidades com foco tanto na precisão quanto na fluência, usando textos decodificáveis controlados e, mais tarde, não controlados. O vocabulário e a compreensão também são destacados. A Fundação Wilson é um programa para a educação em sala de aula no ensino fundamental que envolve consciência fonológica/fonêmica, fônica e ortográfica. Ela complementa a maioria dos programas de linguagem das escolas e traz componentes básicos do Sistema de Leitura Wilson, com lições diárias focadas em habilidades cuidadosamente sequenciadas, entre elas, conhecimento de diferentes portadores de textos, consciência alfabética, fonológica e fonêmica, decodificação, vocabulário, fluência, caligrafia e ortografia (Wilson Language Program).

Project Read/Language Circle

Desenvolvido pelas escolas públicas de Bloomington (Minnesota), o Project Read/Language Circle (Projeto Círculo de Leitura/Linguagem) é um programa de linguagem para alunos que precisam de uma experiência de aprendizagem sistemática, com conceitos de ensino direto e habilidades adquiridas por meio de técnicas multissensoriais. O projeto possui cinco pilares curriculares: fonologia, linguística, compreensão de leitura em forma de relatório (expositivo), compreensão de leitura em forma de história (narrativa) e expressão escrita.

Os pilares são integrados em todos os níveis de aprendizagem, mas alguns específicos são enfatizados em alguns momentos. O projeto é elaborado para ser aplicado na sala de aula típica ou de educação especial, Título I,[*] e para professores alfabetizadores que trabalham com crianças e adolescentes com problemas de aprendizagem da linguagem. Ele é recomendado como intervenção precoce para os primeiros anos do ensino fundamental, mas é igualmente eficaz com adolescentes e adultos. Os princípios do programa de aprendizagem sistemática, de conceito de ensino direto e de estratégias multissensoriais alcançam as necessidades educacionais dos alunos, reduzindo, assim, o número de indivíduos encaminhados à educação especial (The Learning Circle).

Programa Bradley de Linguagem e Leitura

Originalmente conhecido como *The won way: a winning way to teach reading and language* (O caminho ganho: um caminho vencedor para ensinar leitura e linguagem), o Programa Bradley é uma abordagem dirigida à turma toda que for-

---
[*] N. de R. T.: Título I é um fundo do governo norte-americano que financia programas e serviços para estudantes em desvantagem econômica.

nece instrução direta e sistemática de fônica e habilidades de linguagem para alunos da educação infantil e dos anos iniciais do ensino fundamental. O professor usa placas para introduzir os símbolos do alfabeto e combinações de letras para a classe. As crianças aprendem os sons das combinações de letras e os praticam escrevendo palavras e frases em resposta ao ditado do professor (The Bradley Institute).

Programa especializado em excelência de leitura individualizada (SPIRE)

O Programa especializado em excelência de leitura individualizada (SPIRE, na sigla em inglês) é um programa de intervenção multissensorial na leitura, elaborado para o uso com crianças de até 8 anos. O programa baseia-se nos princípios Orton-Gillingham de instrução estruturada e multissensorial que começa com consciência fonêmica e elementos fônicos básicos, até avançar para a educação fundamental. Os alunos aprendem, então, conceitos mais complexos da fônica, construindo seu conhecimento sobre o que já aprenderam conforme ganham confiança e sucesso. Além da consciência fonológica e da fônica, o programa traz oportunidades para a prática da fluência, estratégias de compreensão e desenvolvimento de vocabulário (Educators Publishing Service).

Programas de leitura Wisnia-Kapp (WKRP)

Os WKRP (na sigla em inglês) foram originalmente elaborados para alunos com extrema dificuldade em decodificar e codificar a linguagem escrita e para a instrução sistemática e multissensorial da fônica no último ano da educação infantil e nos primeiros anos do ensino fundamental. Os alunos primeiro identificam os nomes das letras e realizam exercícios de segmentação de fonemas. Os sons são introduzidos por meio de histórias, e desenhos fornecem dicas para a memória mnemônica, ajudando as crianças a se lembrarem das correspondências entre sons e símbolos que precisam aprender. Os alunos progridem por meio de uma sequência de passos cuidadosamente sequenciada, passando de letras para palavras e depois para textos, sempre ligando a nova informação ao que elas já sabem (Wisnia-Kapp Reading Programs).

A sequência de fonemas Lindamood (LiPS)
do programa para leitura, escrita e fala

O Programa Lindamood não é intensivo, embora trabalhe com as relações de fonemas-grafemas para a leitura e a escrita. Ele se diferencia dos outros programas já descritos porque é mais enraizado na descoberta consciente dos padrões sensoriais que permitem que fonemas sejam identificados e classificados. Como fonoaudióloga, Patricia Lindamood pesquisou e mapeou a importância da consciência fonêmica e a sua relação prognóstica com o desenvolvimento do letramento. O programa desenvolve a consciência fonêmica por meio da resposta articulatória, com ênfase no ponto e no modo de articulação dos fonemas. Por exemplo, /b/ e /p/ são classificados como sons bilabiais, pois os lábios se tocam quando o som é produzido. Uma trilha única fornece experiências concretas para codificar os sons em sílabas e palavras, primeiro com fotos do movimento da boca e, depois, com blocos coloridos. Essas ações funcionam como pontes para o uso de letras e para codificar palavras na escrita e na leitura. Em vez de memorização, o destaque aqui é a integração de informações intersensoriais para o pensamento, a reflexão e a autocorreção independente na linguagem oral, leitura e escrita (Lindamood-Bell Learning Processes).

Go Phonics – fônica sistemática baseada no programa de leitura do ensino fundamental

O ponto fundamental desse programa são as mais de 80 histórias foneticamente sequenciadas, que ligam, de maneira sistemática, a fônica e as habilidades de linguagem à leitura conforme são ensinadas. Escritas por Sylvia S. Davison, as histórias (93% delas decodificáveis) seguem uma sequência graduada, compatível com a abordagem Orton-Gillingham. Planos de aula incluem o ensino multissensorial e explícito, sistemático e direto da fônica, voltado tanto para a leitura quanto para a escrita. A caligrafia (ensinada no nível alfabético) é enfatizada graças ao seu valor multissensorial, pois incentiva respostas corretas de leitura e escrita. O ensino integra a consciência fonêmica, a fônica, a caligrafia, a ortografia, o vocabulário, a compreensão, a fluência e a linguagem dos anos fundamentais. Os alunos são preparados para a leitura com 50 jogos de fônica e folhas de exercício com novas habilidades de linguagem e de fônica (Go Phonics/Foundations for Learning).

Outros programas condizentes com a metodologia Orton-Gillingham – com materiais de apoio para a abordagem Orton-Gillingham – também estão disponíveis em língua inglesa. Alguns deles são

- **Preventing Academic Failure** (Prevenindo o fracasso acadêmico; PAF, na sigla em inglês), que integra escrita, leitura e caligrafia. (Educators Publishing Service)
- **Sistema Barton de Leitura e Escrita**, elaborado principalmente para pais e outros tutores voluntários, com aulas particulares estruturadas para ensinar ortografia, leitura e escrita (Bright Solutions for Dyslexia).
- **Phonics Card Games** (Jogos de cartas de fônica), com jogos que envolvem técnicas multissensoriais baseadas nos princípios Orton--Gillingham (Strong Learning, Inc.).
- **VoWac,** com uma variedade de programas e produtos, incluindo alguns para a educação em casa (Vowac Publishing Company).

- **Lively Letters** e **Sight Words You Can See** (Letras animadas e palavras que você pode identificar visualmente) são materiais multissensoriais elaborados para o uso em sala de aula e em consultórios (Telian-Cas Learning Concepts).
- **Earobics Literacy Launch** (Letramento inicial Earobics), que foca componentes da habilidade de decodificação básica usando um *software* (Cognitive Concepts).

Os programas supracitados representam apenas uma parcela dos disponíveis hoje, em língua inglesa, para o uso na escola. Há outros programas similares, e outros são lançados o tempo todo. Eles são desenvolvidos e atualizados tão rapidamente, que seria impraticável tentar identificá-los e descrevê-los todos aqui.

O que esses programas têm em comum? Embora eles obviamente se diferenciem um dos outros em alguns detalhes importantes, em geral todos eles:
- começam com uma forte ênfase no aprendizado das letras e dos sons. Todos partem do princípio alfabético da ortografia inglesa e começam introduzindo as correspondências som-símbolo de forma direta e sistemática;
- seguem uma sequência específica de instrução, cuidadosamente estruturada. As aulas começam com a relação de um único fonema-grafema e evoluem em uma sequência instrucional rigidamente prescrita até chegar a unidades de linguagem maiores;
- apresentam uma abordagem multissensorial de ensino. As modalidades visual, auditiva e cinestésica/tátil estão intimamente integradas para reforçar a aprendizagem;
- utilizam cartões de letras e palavras. Manipular cartas, cada qual com uma cor, é parte do aspecto multissensorial do programa;
- às vezes usam cores como códigos visuais. No Read Project, por exemplo, "palavras verdes" são regulares na escrita e na leitura, enquanto "palavras vermelhas" são foneticamente irregulares. O Programa Wilson utiliza cartas de diferentes cores para consoantes, vogais, sílabas e unidades estruturais (prefixos e sufixos);
- usam palavras sem sentido ou pseudopalavras – palavras que conseguimos pronunciar, mas que não têm sentido – como parte do ensino. Embora a instrução fônica convencional em geral evite o uso de palavras sem sentido, programas sintéticos usam esses elementos para focar diretamente a decodificação, em vez de se basear no contexto, em ilustrações ou outras pistas;
- requerem preparo considerável para o conteúdo e os procedimentos a serem seguidos. É comum professores participarem de oficinas por até um ano antes de serem considerados qualificados para utilizar o programa.

É claro que existem diferenças entre os programas estruturados de fônica/linguagem. Alguns programas insistem que apenas materiais de leitura controlados podem ser usados para a prática dos alunos; outros incentivam o uso de livros infantis e de histórias decodificáveis. Alguns usam extensivamente os sistemas diacríticos de marcação; outros, não. Os programas variam de aulas individuais ou para pequenos grupos, a procedimentos elaborados para grupos maiores ou para turmas inteiras. Diferenças à parte, todos os programas focam a aprendizagem da estrutura e do sistema ortográfico da língua inglesa como forma de ajudar todas as crianças – mas especialmente aquelas com dificuldade na escrita e leitura – a aprender com sucesso.

A maioria dos programas relacionados com a abordagem Orton-Gillingham é pensada para crianças pequenas. Entretanto, um grande número de crianças com tratamento de leitura chega aos anos finais do ensino fundamental e ao ensino médio todos os anos, e esses leitores continuam lutando contra os seus problemas de leitura. O déficit de desempenho na leitura fica cada vez maior conforme esses alunos crescem, e essa dificuldade impacta seu desempenho em todas as disciplinas acadêmicas.

Além da instrução de fônica direta e sistemática, alunos mais velhos precisam aprender os princípios de decodificação com o material que devem ler para a escola. Integrar os princípios de decodificação ao conteúdo escolar requer um esforço coletivo. Professores de matemática, história e ciências não são preparados, nem têm a disposição, para focar as sílabas das palavras e a análise estrutural, além de outros elementos de decodificação, quando os alunos se deparam com palavras desconhecidas em textos didáticos. Ainda assim, os professores reconhecem a importância do entendimento de seus alunos de palavras como *democracia* e *fotossíntese*.

O desenvolvimento profissional e a liderança administrativa são importantes para ajudar os professores do ensino fundamental e médio a se tornar mais conscientes sobre o que envolve a decodificação de palavras desconhecidas e como incluir isso em seu ensino regular.

OUTROS PROGRAMAS QUE INCLUEM A FÔNICA

Para integrar a fônica em um programa instrucional abrangente de leitura e escrita, é preciso não se basear inteiramente em uma única abordagem ou em um programa de fônica elaborado para toda a escola. Devido à natureza alfabética do sistema ortográfico de línguas como inglês e português, a fônica é uma dimensão direta de modelos instrucionais que não colocam a "fônica em primeiro lugar" (como o Recuperação da leitura/Reading Recovery), os programas de histórias decodificáveis de livros de exercícios e de computador elaborados para ajudar as crianças a aprender o código alfabético de sua língua.

Modelos de instrução

Um bom número de programas e modelos de ensino foi elaborado para atender às necessidades de alunos "em risco" (e também de outros) e, em geral, trazem a prática da decodificação como elemento essencial do ensino.

O programa Reading Recovery (Recuperação da leitura) é baseado no trabalho da educadora neozelandesa Marie Clay (1993), especialista em letramento. As sessões de ensino sugeridas incluem a leitura de livros conhecidos pelas crianças, avaliando a sua estratégia de leitura (e de decodificação), a composição de mensagens escritas com a ajuda do professor, se necessária, e a leitura de livros desconhecidos. As aulas também englobam exercícios de identificação de letras para crianças que precisam, a escuta dos sons das palavras e o foco nas relações som-símbolo como elementos essenciais da leitura. Embora, nesse programa, a ortografia seja apenas uma fonte de informação para as crianças em seu aprendizado, ela é uma importante fonte de informação na leitura e na escrita. Algumas pesquisas sugerem que incrementar o ensino com a consciência fonêmica aumenta a eficácia do programa Reading Recovery (EHRI; NUNES, 2002).

Success for all (Sucesso para todos) é outro programa de intervenção que envolve aulas particulares com alunos do primeiro ano do ensino fundamental, na tentativa de eliminar problemas antes que comecem a interferir no sucesso escolar da criança. Elaborado por Robert Slavin et al. (1996), o programa consiste em um planejamento escolar reestruturador, que envolve uma forte ênfase na aprendizagem cooperativa, agrupamentos homogêneos para o ensino da leitura, equipes de suporte familiar para envolver os pais no processo e uma grande ênfase na apresentação sistemática da fônica e da prática da decodificação. Embora sessões de ensino destaquem exercícios de compreensão, leitura em voz alta para a aquisição da fluência e atividades de escrita, elas também enfatizam o treino intensivo da fônica.

O Benchmark word identification program (Programa Benchmark de identificação de palavras) foi desenvolvido na Escola Benchmark para alunos com atraso na aprendizagem da leitura e é usado em conjunto com uma instrução baseada na leitura e na escrita. O programa enfatiza a abordagem de decodificação por analogia. As crianças aprendem 120 palavras-chave de alta frequência, que possuem padrões ortográficos similares, associados aos seus sons vocálicos, e aprendem a usar essas palavras para decodificar outras palavras desconhecidas que encontram em suas leituras. Os alunos leem muitos textos decodificáveis e uma variedade de livros infantis. Embora haja uma forte ênfase na decodificação por analogia, regras da fônica não são explicitamente ensinadas. Os alunos são incentivados a fazer as próprias regras conforme interagem com o texto escrito (GASKINS et al., 1997).

Book buddies (Amigos do livro) é um programa de intervenção suplementar, aplicado por voluntários em aulas particulares para crianças que precisam de ajuda (INVERNIZZI et al., 1997). O programa envolve a leitura repetitiva de textos conhecidos para a aquisição da fluência na leitura, assim como uma forte ênfase no estudo das palavras, que inclui instrução explícita das relações som-símbolo e a manipulação silábica. Elementos fônicos recebem grande atenção no ensino da escrita também.

Resposta a intervenção (RtI, na sigla em inglês), um modelo instrucional descrito com mais detalhes nos Capítulos 3 e 6, envolve um esquema de ensino de três níveis para o ensino da leitura. Todas as crianças recebem um programa abrangente baseado em pesquisas (Nível Um); instrução mais intensiva para as crianças que não se desenvolveram adequadamente (Nível Dois); e instrução ainda mais intensiva para aquelas que ainda necessitarem de auxílio adicional (Nível Três). É claro que a fônica é uma parte integral do ensino nos três níveis.

Há ainda outros modelos de ensino para a intervenção precoce na escola, todos com a intenção de evitar, logo de início, possíveis dificuldades dos alunos em sua vida escolar, e todos com graus variados de abordagem da fônica e de prática da decodificação como formas de aprender a ler.

Programas básicos de ensino da leitura (Basal Reading Programs)

Ao longo dos anos, programas para o ensino básico da leitura* – materiais instrucionais comercialmente publicados, elaborados para fornecer uma base e um princípio para o ensino da leitura em sala de aula – exerceram enorme influência sobre a maneira como a leitura era ensinada nas escolas. E continuam sendo a ferramenta principal usada no ensino da leitura em mais de 80% das classes dos Estados Unidos. Muitos professores e coordenadores veem esses programas "como encarnações da verdade científica", no que diz respeito ao ensino da leitura (SHANNON, 1983). Esses materiais básicos permaneceram entre as ferramentas mais amplamente adotadas no cenário educacional.

Em algum grau, a fônica sempre foi incluída como parte da instrução básica. Ela é trabalhada em programas básicos, em diferentes componentes:
- O mapa de escopo e sequência, que constitui o plano geral e a planta do programa, lista elementos fônicos, às vezes indicando qual elemento é introduzido, reforçado e dominado.
- Os livros de leitura, com histórias, constituem o foco da instrução.
- Os livros de exercícios contêm atividades relacionadas a essas histórias, especificamente elaboradas para permitir que as crianças prati-

---
* N. de R. T.: Basal Readings Programs é um material didático norte-americano muito usado para o ensino da leitura na década de 1970. Por ser um programa comercial, eles procuravam contemplar as várias correntes teóricas que predominavam no período.

quem e apliquem as estratégias de decodificação com base nos componentes da fônica.
- As edições dos professores trazem sugestões detalhadas sobre como introduzir e ensinar elementos fônicos particulares.
- O componente de avaliação engloba testes e outras ferramentas elaboradas para medir o conhecimento dos alunos dos elementos fônicos que estão sendo ensinados.

O grau de ênfase que esse programas dão à fônica reflete a tendência do momento nas escolas. Durante a era do método "olhar-dizer", a ênfase era no informal e incidental. Havia sempre o elemento fônica, "às vezes relacionado a materiais de leitura, mas, na maioria das vezes, de forma não relacionada, inserido como um componente dos planos de aula do dia a dia", que era introduzido depois que as crianças já haviam aprendido a reconhecer um grande número de palavras automáticas (AUKERMAN, 1984, p. 319). Não havia controle do vocabulário na correspondência som-símbolo nos estágios iniciais do ensino da leitura.

Quando o pêndulo balançou rumo à ênfase na decodificação, nas décadas de 1960 e 1970, a fônica se tornou muito mais relevante para o ensino básico da leitura. Coletâneas como Basic Reading (Leitura básica), de Lippincott, e Phonetic keys to reading (Chaves fonéticas para a leitura), da Economy Company, apresentavam vocabulário rigidamente controlado para os primeiros estágios de aprendizagem, baseando-se nas relações som-símbolo. As histórias eram estruturadas com base nas relações fonológicas; por exemplo, a história sobre um raio e um trovão enfatizava "o clarão e o barulhão do trovão" para ensinar o encontro vocálico **ão**. As aulas ganharam muita prática e repetição da fônica.

A partir do momento em que o método global se popularizou, as experiências autênticas de leitura, com livros de verdade de autores de verdade, tornaram-se uma prática comum no ensino da leitura. Os programas de ensino básico passaram a ser fortemente baseados em literatura. Séries de livros traziam histórias de qualidade para crianças, assinadas por autores infantis de renome, como Chris Van Allsburg e Julius Lester, poemas de Nikki Giovanni e Myra Cohn Livingston e textos informativos de Seymour Simon e Gail Gibbons, além de literatura folclórica de diferentes culturas e trechos completos de livros premiados.

Como a fônica é trabalhada nesses programas hoje em dia?* Ela continua sendo uma parte integral da maioria dos livros, com sugestões de aulas derivadas de histórias apresentadas em suas páginas. Em vez de começar com habili-

---

* N. de R. T.: No Brasil, atualmente, esses programas são conhecidos como "Livros didáticos de alfabetização". Para uma revisão, ver Albuquerque e Morais, 2005.

dades – por exemplo, escrevendo a história do "Vovô Viu a Uva" para ensinar a letra **v** –, as narrativas aparecem primeiro, e é partir delas que são tiradas as aulas de fônica. Por exemplo, na história *Henry and Mudge* (Henry e Mudge), de Cynthia Rylant, as palavra com **br-**, **fr-** e **dr-** são usadas para ensinar encontros consonantais. Os temas da narrativa, que passam pela vida em família e o desejo de ter um cãozinho, são enfatizados junto com os elementos de decodificação.

Embora nem todos os programas básicos de ensino da leitura sejam os mesmos e alguns enfatizem a fônica mais do que outros, a fônica continua fazendo parte do ensino básico da leitura. Vogais e consoantes ainda são listadas nos objetivos e nas cartas sequenciais. A atenção à consciência fonêmica é bastante inserida nas sugestões da edição para o professor alfabetizador. Algumas séries possuem livros simples de decodificação, para a prática da fônica básica. Nos livros de exercícios, que estão muito mais atraentes do que os de antigamente, as crianças ainda circulam imagens relacionadas a palavras "que começam com a letra **b**" e completam com palavras "que têm a mesma vogal que *mar*". Esses programas enfatizam a importância da decodificação e da fônica como o caminho para conquistar a fluência e a independência na leitura. Mas a fônica não é um fim em si mesma; ela deve ser estrategicamente incorporada em um programa inteiriço, que destaque o sentido do texto no aprendizado da leitura das crianças.

Livros de exercícios de fônica

Uma maneira de injetar a fônica diretamente no currículo de ensino da leitura é por meio de séries de livros de exercícios que foquem extensivamente a aplicação de habilidades e estratégias decodificadoras. Essas séries possuem vários livros, com dificuldade progressiva, com grande enfoque em exercícios no papel, elaborados para ensinar e reforçar todos os componentes da fônica.

Esses livros possuem grande atrativo prático para professores, pois são uma maneira de exercitar o ensino direto da fônica em sala de aula. Fornecem um bom material focado especialmente nos elementos fônicos discretos, que se supõe que as crianças precisam aprender para que consigam decodificar palavras escritas. Os alunos podem completar as folhas de atividades individualmente, e os exercícios completados podem, convenientemente, indicar um diagnóstico de seu domínio das relações som-símbolo. Ao longo dos anos, essas séries de livros didáticos têm se mostrado ferramentas populares de ensino.

Essas coleções também recebem críticas. Há quem diga que o uso de folhas de exercício distorce o senso da criança do que é, de fato, a leitura, reduzindo a instrução a uma tarefa tediosa e desviando tempo precioso em sala de aula que poderia ser usado para a interação com a literatura. Johnson e Louis (1987, p. 3) condenam exercícios que fazem as crianças "[...] suarem a camisa sobre letras, marcando vogais assim e assado, decidindo entre **b** ou **d** para o início ou o fim de uma palavra mutilada a ponto de ficar sem sentido devido ao isolamento". O ato de completar os exercícios de fônica não é o mesmo que praticar a leitura em um contexto mais funcional. Alguns especialistas preocupam-se com o uso de livros didáticos de exercícios na escola. Em sua pesquisa a respeito de práticas de leitura nas salas de aula dos Estados Unidos, Anderson et al. (1985) relataram que as crianças passavam quase 70% de seu tempo de aprendizagem da leitura sentadas fazendo exercícios em livros e folhas avulsas. A demanda por materiais como esses era descrita como insaciável. Expressou-se preocupação, portanto, quanto ao tempo gasto exclusivamente com livros de exercícios, privando as crianças de interações mais significativas com livros, que são tão essenciais para o desenvolvimento da habilidade e do gosto pela leitura.

Outra preocupação é o nível que os livros de exercícios em geral exigem das crianças. Muitos desses exercícios exigem apenas um nível básico de leitura, com respostas passivas que demandam pouco do aluno. As crianças raramente ingressam em reflexões de nível mais alto, usam leitura construtiva ou estratégica ou ampliam a sua escrita ao desenhar linhas e completar espaços, elementos típicos desses livros. Além disso, esses exercícios com frequência consomem tempo e podem ser enfadonhos demais.

As séries de livros de exercícios não são, é claro, uma questão de "ame--as ou deixe-as", no que diz respeito ao ensino da fônica. Em vez disso, precisam fazer parte de um programa mais abrangente.

> Quando os professores distribuem uma folha de exercício que exige que as crianças completem os espaços de palavras faltantes, apenas as crianças que já souberem as respostas corretas se sairão bem. E elas *não* precisam praticar. As que não souberem qual vogal colocar no espaço em branco não conseguem adquirir o conhecimento para isso por meio de uma folha de exercício. (ALLINGTON, 2002, p. 744).

Uma consideração importante para a escolha e o uso de folhas de exercícios é determinar como elas se encaixam nas necessidades do aluno. Por exemplo, pedir que as crianças identifiquem combinações iniciais de consoantes, como **cr**, **br** e **cl** conforme ouvem palavras lidas pode ser um modo eficaz e valioso de prática para as crianças que precisam de reforço desses elementos.

Apesar de terem sido abençoados e xingados ao longo dos anos, os livros de exercícios de fônica têm feito parte do programa escolar de ensino da leitura há muito tempo, e parece haver pouca evidência de que o uso dessas coletâneas seja desmerecedor como parte do cenário educacional. A chave, é claro, é como esses livros são usados no ensino da leitura. Basear-se exclusivamente em exercícios é indefensável. Usá-los para ajudar a suprir as necessidades educacionais das crianças – especialmente livros de exercícios que ofereçam a oportunidade de os alunos aplicarem a fônica que estão aprendendo – pode ser uma dádiva. "Folhas de exercício são ótimas para a prática individual. Quando os conceitos foram bem ensinados, elas não são, de jeito nenhum, desprezíveis, apenas mal usadas como substituição do ensino" (MOATS, 1998, p. 48).

Programas de fônica para computador

Graças ao impacto da tecnologia no mundo de hoje, não é à toa que têm surgido programas de fônica para computador, tanto para uso doméstico quanto na escola. Existem vários jogos de computador e programas instrucionais para o ensino de todos os aspectos da fônica disponíveis no mercado norte-americano, além de *sites* com todo o tipo de informação sobre o tópico.*
Desde a pré-escola, as crianças têm usado o computador como ferramenta de aprendizado em casa e na escola. O computador tornou-se "o ícone onipresente da era digital" (WALTER, 1998).

Há vários programas digitais disponíveis, em língua inglesa, para ajudar as crianças a aprenderem as relações som-símbolo. Alguns incorporam habilidades decodificadoras em um programa de leitura abrangente, com ensino de palavras para o reconhecimento automático, atividades de compreensão de texto, exercícios de escrita e outras atividades elaboradas para colaborar com o letramento das crianças. Outros são pouco mais do que livros de exercícios eletrônicos, nos quais as crianças tocam ou clicam em palavras na tela, em vez de circular letras ou palavras escritas na página de papel. Há programas voltados para os primeiros estágios da aprendizagem da leitura (com atividades do alfabeto e de consciência fonêmica) e para anos mais avançados do ensino fundamental, em que se ensinam outros elementos.

Os programas abordam amplamente a fônica, enfatizando especificamente a aprendizagem dos nomes das letras, na ligação entre sons e letras e letras e sons, na identificação de vogais, na síntese de letras para formar palavras, na identificação de sílabas e na construção de frases simples usando-se palavras foneticamente similares, além de outros aspectos que fazem parte do regime regular do ensino da fônica. Muitos programas exibem gráficos coloridos e animações. Falas gravadas estão entre os elementos auditivos. Outros também têm canções e jogos que ilustram as relações som-símbolo. Há, ainda, os que trazem videoclipes. As crianças recebem um retorno sobre o seu desempenho – respostas corretas produzem sons de aplausos ou bandinhas; respostas incorretas geram suspiros de decepção combinados com expressões motivacionais, como "Tente de novo!". Todos oferecem itens interativos que enriquecem e animam o ambiente de aprendizagem, atraindo as crianças para se tornarem ativamente envolvidas no aprendizado da fônica.

---

* N. de R. T.: No final deste capítulo são sugeridos alguns programas de computador que envolvem consciência fonológica ou fônica.

Uma pequena seleção dos programas disponíveis em língua inglesa:

- *Leap into Phonics,* um *software* que ajuda leitores iniciantes a dominarem a consciência fonêmica e habilidades fônicas básicas. Entre as áreas enfatizadas, estão palavras que rimam, sílabas e sons auditivos, identificação de sons em palavras, síntese e substituição de fonemas (Leap into Learning, Inc.).
- *Tronic Phonics* usa gráficos animados e ferramentas de desenho, escrita e pintura baseados em seleções de leitura, com enfoque em elementos específicos da fônica (Macmillan/McGraw-Hill).
- *Lexia,* um programa interativo de desenvolvimento de habilidades com gráficos atraentes, mas relativamente pouco sofisticados (Lexia Learning Systems).
- *Word Munchers,* um CD-ROM com formato de jogo, em que as crianças mandam um "comedor" de palavras capturar as palavras com determinadas vogais (Softkey International).
- *Disney's Phonics Quest,* no qual Mickey Mouse e seus amigos ajudam as crianças a aprender a fônica por meio de um enredo envolvente (Dorling Kindersley Multimedia).
- *Let's Go Read! 1: An Island Adventure* e *Let's Go Read! 2: An Ocean Adventure,* programas coloridos e animados que focam uma variedade de habilidades fônicas, do treinamento do alfabeto aos elementos que inserem a fônica na prática de leitura (HM/Riverdeep).
- *Reading Who, Reading You: Something Phonics, Something New,* um programa que apresenta a fônica em passos incrementados, por meio de jogos e quebra-cabeças (Sunburst).

Alguns programas computadorizados de fônica foram desenvolvidos a partir da literatura infantil, por exemplo:

- *Dr. Seuss Kindergarten Deluxe* – Os personagens criados pelo Dr. Seuss ganham vida para ajudar crianças na faixa etária da educação infantil a aprender vários componentes da fônica (Broderbund Software).
- *Curious George Learns Phonics* – Esse programa ensina fônica com a ajuda do amado personagem (o macaco George, o curioso), criado por H. A. e Margaret Rey (Houghton Mifflin Interactive).

Essa lista é apenas um pequeno exemplo dos programas disponíveis em língua inglesa para o ensino de fônica na escola e em casa.

Mais e mais programas computadorizados vêm sendo lançados para ajudar as crianças a aprender as relações letra-som usando celulares e *tablets*. Os formatos diferem de programa para programa. Mas, embora tenham detalhes, conteúdo e qualidade diferentes, todos trazem a instrução fônica para a era tecnológica do século XXI e fornecem meios particularmente valiosos de ajudar as crianças a aprenderem a ler.

Muitas vezes, a tecnologia é usada apenas em causa própria. Pais e professores são desafiados a separar os elementos de entretenimento dos fatores educacionais, para que os programas de fônica não se tornem meros substitutos de desenhos animados da manhã de sábado. Em muitos programas, as crianças precisam passar por muita coisa antes de chegar à essência. A meta é ajudá-las a aprender o sistema som-símbolo de sua língua.

Além de servir de fonte para a instrução direta, a internet é uma fonte valiosa de ideias e informações sobre a fônica. Quando se começa a fazer uma busca de materiais virtuais sobre a fônica, aparecem propagandas descrevendo e exaltando as virtudes de muitos programas comerciais e produtos para a casa e para a escola. Além das dimensões comerciais, porém, podem-se encontrar ideias diretamente aplicáveis ao ensino de fônica na sala de aula.

Ensinando fônica na era digital

Por Jennifer Edge Savage

Quando consideramos o "letramento" no século XXI, é impossível não pensar no letramento digital. Computadores menores, mais potentes e mais acessíveis invadiram os nossos espaços de trabalho, as nossas casas e as nossas salas de aula. A internet conecta as salas de aula ao mundo com ferramentas Web 2.0 e redes sociais, permitindo que os alunos interajam com outros em nível global.

A tecnologia de *smartphones* nos permite carregar pequenos computadores em nossos bolsos. Telas brancas interativas estão ocupando lugar nas salas de aula, deixando para trás os quadros para "tornar as coisas mais digitais". Os computadores estão sendo integrados ao currículo e ao ensino. O acesso ao texto digital e à tecnologia continua melhorando a cada dia. O uso do currículo digital torna o conteúdo intrinsecamente flexível e acessível. Esses atributos únicos da tecnologia podem servir de apoio aos fundamentos da aprendizagem da leitura.

Várias opções tecnológicas existem para dar suporte a todos os componentes de um programa abrangente de aprendizagem da leitura, incluindo a fônica. A tecnologia amplia o alcance do professor na sala de aula, fornecendo-lhe oportunidades multimídia atraentes para a prática e a exploração em um ambiente virtual flexível e interativo, para que alunos diferentes trabalhem diferentes aspectos da fônica. Há *softwares* que dão um *feedback* imediato sobre o desempenho do aluno, monitoram o seu progresso e fornecem dados legítimos acerca de seu desempenho, de modo que o seu domínio das relações som-símbolo fique imediatamente nítido. Programas oferecem mais flexibilidade, diferenciação e intervenção que currículos regulares, amplamente baseados em textos impressos. Quando alinhada de forma inteligente com as metas educacionais, a tecnologia se torna um componente essencial para o ensino e a aprendizagem em sala de aula. Embora existam muitas opções de apoio para o ensino da leitura e da fônica, nenhum *software* sozinho, provavelmente, irá englobar todos os componentes de um currículo abrangente. Atividades *on-line* gratuitas, programas de computador suplementares,

(continua)

> **Ensinando fônica na era digital** (*continuação*)
>
> diagnósticos computadorizados e ferramentas normativas, atividades práticas, dicionários digitais, *softwares* que transformam texto em fala, além de programas customizados que ampliam o currículo convencional e outros com suporte personalizado – todos constituem veículos para a instrução, que podem atrair os nativos da era digital das salas de aula atuais. Ferramentas tecnológicas como projetores de LCD, quadros interativos e sistemas de resposta para alunos estão mudando a cara do ensino em sala de aula. Há possibilidades ilimitadas!
> As "Orientações para avaliar *softwares*" (ver p. 159) trazem algumas dicas úteis para começar a selecionar programas e incorporar a tecnologia em um programa de ensino da leitura já existente. A tecnologia não deixa de ser, porém, apenas um apoio para um bom ensino; ela não o substitui. Toda a implementação de tecnologia deve acompanhar um desenvolvimento profissional contínuo, para garantir que os professores saiam-se bem na integração da tecnologia no programa de sala de aula. Com a mistura certa de ensino fundamentado em pesquisas e ferramentas tecnológicas adequadas, os professores podem criar um ambiente educativo poderoso, no qual todos os alunos possam atingir o seu potencial máximo.

Como ferramenta tecnológica, a internet fornece uma grande riqueza de sugestões testadas para atividades em sala de aula e planos de aula relacionados às habilidades de decodificação. Na internet, encontra-se uma grande variedade de sites com planos de aula para ensinar todas as dimensões da fônica da língua inglesa, junto com outros componentes instrucionais da leitura e da linguagem. Há *sites* oficiais do governo, de editoras e outras empresas, além de páginas pessoais, com ideias para ensinar todos os aspectos da fônica. Podem-se encontrar sugestões de ensino (muitas das quais ligadas a livros infantis), planos de aula, unidades curriculares, projetos, jogos, folhas de atividades e outras ideias de aplicação na sala de aula.

As muitas interconexões que existem na internet permitem ao professor explorar praticamente todas as dimensões do ensino da fônica. Compartilhar ideias eletronicamente abre oportunidades para os professores trabalharem em conjunto. A internet também dispõe de fontes *on-line* para a pesquisa de tópicos relacionados à fônica. Podem-se encontrar artigos, ensaios, citações, bibliografias e ferramentas de referência relacionadas, por meio das quais os professores podem explorar aspectos mais eruditos e profissionais das práticas de leitura. Empresas e organizações também fornecem materiais para promover ou explicar uma perspectiva específica ou um posicionamento com relação ao ensino da fônica.

Dado o impacto da tecnologia em nosso dia a dia, é de se imaginar que a fônica seja encontrada por todo lado na internet. Como qualquer outra fonte de informação, porém, os professores devem analisar esses dados com olhar crítico, julgando a sua validade, veracidade e utilidade.

MATERIAIS DE FÔNICA PARA USAR EM CASA

Com a atual atenção pública voltada para a fônica, não é de se surpreender que haja uma grande quantidade de materiais elaborados em língua inglesa para pais usarem em casa com os seus filhos. Além de programas interativos que podem ser usados em computadores domésticos, há uma boa fatia de mercado dedicada à fônica em forma de livros de exercício, jogos, vídeos e outros materiais elaborados para pais. Entre eles, há programas inteiros pensados para o ensino da fônica no ambiente doméstico, como suplemento ao que é aprendido em sala de aula ou para crianças que são educadas em casa.

Embora alguns desses livros tenham sido elaborados para o uso escolar (pais em geral não usam livros de exercícios em preto e branco), a maioria é dirigida a pais ansiosos para antecipar ou suplementar o ensino de fônica que o seus filhos receberão (ou não) na escola. Esses volumes cobrem uma variedade completa de informações e habilidades da fônica, encontradas em todos os currículos de leitura – exercícios do alfabeto e atividades de consciência fonêmica para crianças mais novas; exercícios de caligrafia com traçados e cópia de letras; jogos e quebra-cabeças para ensinar os nomes das letras e os seus sons; folhas de atividades e habilidades que focam os sons vocálicos das palavras; folhas de exercícios silábicos – resumindo, todos os elementos de um programa escolar de fônica abrangente "que você e seu filho podem realizar em casa". Na maior parte das vezes, esses programas consistem em extensões das atividades escolares de fônica e trazem exercícios exatamente como os que as crianças fariam na sala de aula. Livros de fônica para pais vêm em todos os formatos e tamanhos e para crianças de todas as idades. Há livros de exercício para alunos da pré-escola (alguns com sugestões de como fazer provas) para "ajudar o seu filho a largar na frente na conquista da inteligência". Outros refletem o conteúdo curricular dos anos primários e intermediários. Há, até, livros de exercícios especificamente elaborados para serem usados nas férias de verão, ajudando, assim, as crianças a se prepararem para o próximo ano escolar. Muitos têm ilustrações coloridas. Alguns trazem personagens conhecidos da TV e do cinema, como os Muppets, e de desenhos animados, como o Pernalonga e o Patolino, e até de Guerra nas Estrelas – todos ajudando a ensinar os sons das letras.

> **Orientações para avaliar materiais de fônica**
>
> A International Reading Association (Associação Internacional de Leitura) desenvolveu orientações a respeito do que professores e pais devem observar em um pacote de materiais para o ensino da fônica (OSBORN; STAHL; STEIN, 1997). Entre essas orientações, aqui estão questões a serem feitas quando se seleciona um programa de fônica para usar com as crianças:
>
> - Além do ensino da relação letra-som, o pacote fornece ou recomenda outros tipos de atividades de leitura e escrita?
> - O pacote inclui atividades com rimas?
> - O pacote tem outras atividades para as crianças refletirem sobre os sons da fala?
> - O pacote permite que se ensinem os nomes das letras?
> - O ensino sugerido ajuda as crianças a entenderem a relação entre as letras e os sons que elas representam?
> - As instruções são claras? As atividades são instrutivas?
> - O pacote traz histórias interessantes e de alta qualidade e outros materiais para as crianças lerem?
> - Os materiais trazem muitas palavras que podem ser reconhecidas pelas crianças com base nas relações entre letras e sons que elas estão aprendendo?
> - O pacote dá oportunidades para as crianças aplicarem o que estão aprendendo por meio da escrita? Se não, o pacote é flexível o suficiente para que você possa incluir ortografia e oportunidades de escrita no programa de ensino?
>
> Outras questões são relacionadas a assuntos práticos de tempo, facilidade de uso, custo e outros fatores.
> É claro que alguns programas não serão aprovados em todos os critérios. Há uma diferença entre um livro de jogos do alfabeto de 48 páginas, elaborado para o uso doméstico, e um conjunto de livros de exercícios feitos para serem adotados na escola. De toda forma, essas questões constituem um filtro para que usuários potenciais possam examinar os programas de fônica.

Fonte: Osborn, Stahl e Stein (1997). Reimpresso com permissão.

Há os que vêm com adesivos e outros brindes e também os que vêm com CDs com cantigas e rimas elaboradas para desenvolver a consciência fonêmica e o conhecimento das relações som-símbolo. Muitos têm vídeos.

E a propaganda de materiais para serem usados em casa não se limita a livros de exercícios. Há ímãs de letras para montar palavras na porta da geladeira, algumas das quais – quando tocadas – dizem o som que a letra representa na maioria das vezes. Jogos de tabuleiro eletrônicos também existem; com eles, a criança insere letras e palavras e recebem a resposta auditiva com base no que ela escreveu. As ferramentas de aprendizagem multissensoriais permitem que as crianças ouçam histórias em seus celulares e *tablets* enquanto acompanham a leitura. Elas também podem interagir com o material tocando as letras para ouvir os seus sons ou tocando as palavras para ouvir a sua pronúncia. Há, ainda, ferramentas eletrônicas, quebra-cabeças com letras, alfabetos ilustrados, cartelas de fônica, jogos de tabuleiro e livros com descrições de atividades artísticas relacionadas à fônica que os pais podem usar com seus filhos, além de outros materiais à venda. Em suma, o que não faltam são programas em língua inglesa de aprendizagem da fônica para uso doméstico.

Orientações para avaliar *softwares* de apoio em um currículo abrangente de leitura/fônica

Por Jennifer Edge Savage

1. O programa foi especificamente elaborado com base em pesquisas e orientações que apoiam todos ou alguns dos seguintes componentes do ensino da leitura: consciência fonêmica, fônica, fluência, vocabulário e compreensão?
2. O programa em si foi baseado em pesquisas ou demonstra resultados no desempenho de alunos?
3. O programa permite a customização, de modo a se alinhar com um currículo escolar específico, e define metas de leitura?
4. O programa permite a customização para servir de apoio a um ensino diferenciado?
5. O programa possui opções que se ajustam aos diferentes níveis de habilidade dos alunos e de estilos de aprendizagem?
6. O programa reúne dados sobre o desempenho de alunos ou fornece relatórios a respeito do progresso deles?
7. O programa fornece *feedback* sobre o desempenho do aluno, para que ele possa aperfeiçoar e informar a aprendizagem?
8. O programa é um bom suplemento para um currículo de leitura já existente?
9. O programa oferece representações variadas de conceitos-chave com texto? Textos audíveis? Imagens? Vídeos?
10. O programa é acessível para alunos com deficiências físicas que possam precisar de um acesso alternativo ao computador?
11. O programa dá oportunidades para a aprendizagem de novas habilidades e para a prática e a aplicação dessas habilidades?
12. O programa é intuitivo e fácil de usar? Para professores? E para alunos?
13. A editora fornece treinamento e outros recursos para os usuários?
14. As salas de aulas ou as escolas possuem as ferramentas necessárias para implementar o programa adequadamente?
15. Quais são as especificações técnicas do programa? Os computadores dos usuários estão de acordo com as especificações técnicas exigidas para o programa (espaço no disco rígido, memória *RAM*, velocidade, som, vídeo, etc.)? O fabricante fornece suporte técnico? O programa exige acessórios, como fones de ouvido? Microfones? Impressora? *Scanner*? Outros?

Nenhum *software* reunirá todos os componentes de um programa de leitura abrangente. É importante lembrar que a tecnologia é meramente uma ferramenta de apoio para um ensino bem-sucedido.

Por meio desses materiais, a fônica é ampliada para além das paredes da sala de aula, chegando até a casa das crianças.

Materiais feitos para que pais os usem em casa não se restringem à fônica. Há livros de atividades para vocabulário, compreensão de leitura, escrita, estratégias de aprendizagem, habilidades de reflexão, matemática, ciências e outras disciplinas escolares. Além dos livros de atividades e jogos para crianças pequenas e mais velhas que os pais podem usar para ensinar a fônica em casa, há programas nacionalmente divulgados nos Estados Unidos que garantem "ajudar o seu filho a aprender a ler, ou o seu dinheiro de volta". Esses materiais em geral incluem conjuntos de cartões com as letras do alfabeto, CDs de áudio e livros de exercícios com listas de palavras e frases elaboradas para compor um programa de fônica completo para pessoas (crianças e adultos) aprenderem a ler. Eles dizem usar um formato de jogo "para brincar em casa, tornando a aprendizagem divertida", com cartas tipo de baralho, áudios e vídeos, seleções de leitura para a prática e outros materiais. Embora tenham sido primeiramente elaborados como produtos para a aprendizagem da leitura em casa, esses programas também têm sido usados em aulas de apoio na escola e até em algumas salas de aula. Com preços que variam entre 200 e 400 dólares (dependendo dos componentes escolhidos na compra), esses produtos geram altos lucros. São propagandeados no rádio, na televisão e em revistas populares. Na maioria das vezes, baseiam-se mais em testemunhos e em vendedores do que em pesquisas que provem a sua eficácia.

Embora os materiais para a aprendizagem da leitura em casa sejam elaborados para pais que desejam ensinar a fônica, ampliando ou suplementando o que os seus filhos aprendem na escola, há também os que foram feitos para pais que educam seus filhos em língua inglesa para o ensino doméstico – isto é, que optam por não mandar as crianças para a escola, mas sim educá-las exclusivamente em casa. Entre os programas de ensino da fônica em língua inglesa para o ensino doméstico, o Saxon Phonics Program (Programa Saxon de Fônica; Saxon Publishers) tende a ser mais abrangente do que os materiais dirigidos aos pais encontrados com frequência em livrarias. Ele contém um currículo sequenciado, passando por vários níveis, com orientações de professores (às vezes, com vídeos também), livros didáticos para as crianças, placas do alfabeto para as atividades de construção de palavras, livrinhos com histórias simples e vocabulário detalhadamente controlado e outras ferramentas de ensino para formar um programa doméstico de ensino que cubra uma vasta variedade de conceitos e habilidades fundamentais da fônica.

CONCLUSÃO

O que é bom no ensino da fônica? A resposta dependerá do ponto de vista que se tem da linguagem e de como ela deveria ser ensinada. Alguns diriam que a resposta envolve uma abordagem direta e sistemática, com muitas pronúncias e combinações de fonemas com base no conhecimento explícito das relações som--símbolo. Outros diriam que o bom ensino envolve ocasiões incidentais de conteúdo fônico, conforme as crianças precisem dele. Outros, ainda, diriam que o bom ensino da fônica baseia-se no contato proposital que os alunos terão com materiais legítimos de leitura. Há quem acredite que esse bom ensino deva incluir exercícios sistemáticos para decorar e praticar os elementos ortográficos. Outros incluiriam a aprendizagem de palavras sem sentido; outros preferem não usar palavras sem sentido. Por fim, alguns incluiriam o domínio de regras e padrões e alguns, não.

Embora os pontos de vista acerca do bom ensino da fônica possam variar, poucos negariam que o propósito máximo da fônica é aprender a ler e a escrever de forma mais eficiente e que o ensino da fônica que produz a habilidade e a inclinação à leitura e à escrita deve ser julgado como bom.

Alguns definiram o bom ensino da fônica em termos do que deve constar no programa instrucional.

> Pesquisas apoiam o ensino para crianças de padrões ortográficos e de decodificação por analogia, assim como padrões de morfemas comuns em palavras com mais de uma sílaba. As crianças também aprendem melhor a fônica quando é adotada uma variedade de atividades que enfatizam a transferência. (CUNNINGHAM; CUNNINGHAM, 2003, p. 107).

Stahl, Duffy-Hester e Stahl (1998) apresentam sete princípios do bom ensino de fônica, orientados por pesquisas e pelo bom senso. O bom ensino da fônica:
- *Deve desenvolver o princípio alfabético,* a noção de que as letras representam sons específicos.
- *Deve desenvolver a consciência fonológica,* incluindo a consciência fonêmica.
- *Deve fornecer uma sólida base de conhecimento de letras,* de modo que as crianças reconheçam as letras automaticamente e sem esforço.
- *Não deve ditar normas, não precisa de folhas de exercícios, não deve dominar a instrução e não precisa ser chato,* uma vez que regras muitas vezes não funcionam, e folhas de exercícios podem tirar tempo de outras atividades de leitura mais valiosas e interessantes.
- *Fornece bastante prática de leitura de palavras,* pois o objetivo da fônica é ajudar crianças a reconhecer e ler as palavras com que se deparam nos textos.
- *Leva à identificação automática de palavras,* já que a fônica não é um fim em si mesma, mas um meio de ajudar o aluno a ler com facilidade e eficiência.
- *É uma parte do ensino da leitura,* e os alunos não terão prazer com a leitura se passarem a aula pronunciando palavras e completando exercícios de fônica.

Em última análise, o bom ensino da fônica permite aos alunos aprender os componentes de seu sistema ortográfico de forma que possam entender e escrever palavras em atividades de leitura e escrita.

Observando programas elaborados para fornecer ensino intensivo de fônica – programas completos, *kits* e jogos, CD-ROMs e CDs de áudio, livros práticos e pacotes inteiros pensados para o uso doméstico e na escola – é importante lembrar que ler envolve a construção do sentido do que está escrito. O texto pode ser tão simples quanto a programação do cinema, tão útil quanto as orientações de um jogo, tão pessoal quanto uma carta de um ente querido ou tão espiritual e inspirador quanto um poema ou uma passagem bíblica.

Programas intensivos de fônica focam fortemente o domínio das relações som-símbolo por parte das crianças. Essa consciência das relações som-símbolo é importante para se entender o que está escrito, já que, sem a habilidade de decodificar os horários de um filme, as orientações de uso de um produto, uma carta ou um poema, o significado da mensagem permanece inacessível. A meta da fônica sistemática é, no fim das contas, fornecer às crianças as ferramentas de que precisam para se tornar leitoras e escritoras fluentes e confiantes. Porém, a habilidade de aplicar esse conhecimento à interação com histórias e poemas também é importante. É isso que significa ler.

O ensino intensivo da fônica é importante, mas é apenas uma parte da aprendizagem da leitura. Embora a consciência fonêmica e a fônica sejam pilares fundamentais de um currículo abrangente em sala de aula, outros componentes do letramento – vocabulário, compreensão da leitura e fluência – também são essenciais, assim como atividades de linguagem oral e outras atividades linguísticas que constroem uma sólida base para o sucesso na leitura.

REFERÊNCIAS

ADAMS, M. J. *Beginning to read*: thinking and learning about print. Cambridge, MA: MIT Press, 1990.

ALLINGTON, R. L. What I've learned about effective reading instruction. *Phi Delta Kappan*, v. 83, p. 740-747, 2002.

ANDERSON, R. C.; HIEBERT, E. H.; SCOTT, J. A.; WILKINSON, I. A. G. *Becoming a nation of readers*: the report of the commission on reading. Washington, DC: National Institute of Education, U.S. Department of Education, 1985.

ARMBRUSTER, B.; LEHR, F.; OSBORN, J. *Put reading first*: the research building blocks for teaching children to read. Jessup, MD: National Institute for Literacy, 2001.

AUKERMAN, R. *Approaches to beginning reading*. 2nd ed. New York: Wiley, 1984.

BLEVINS, W. *Phonics from A to Z*. New York: Scholastic, 1998.

CASSIDY, J.; CASSIDY, D. What's hot, what's not for 2003. *Reading Today*, Dec. 2002/Jan. 2003.

CHALL, J. S. *Learning to read*: the great debate. 3. ed. Fort Worth: Harcourt Brace, 1996.

CLARK, D. B.; UHRY, J. K. *Dyslexia*: theory and practice of remedial instruction. 2nd ed. Baltimore: York Press, 1995.

CLAY, M. *Reading recovery*: a guidebook for teachers in training. Portsmouth, NH: Heinemann, 1993.

CUNNINGHAM, P. M.; CUNNINGHAM, J. W. What we know about how to teach phonics. In: FARSTRUP, A. E.; SAMUELS, S. J. (Eds.). *What research has to say about reading instruction.* Newark, DE: International Reading Association, 2003.
EHRI, L. C.; NUNES, S. R. The role of phonemic awareness in learning to read. In: FARSTRUP, A. E.; SAMUELS, S. J. (Eds.). *What research has to say about reading instruction.* Newark, DE: International Reading Association, 2002.
GASKINS, I. W. et al. Procedures for word learning: making discoveries about words. *The Reading Teacher,* v. 50, p. 312-327, 1997.
GILL, S. R. Teaching rimes with shared reading. *The Reading Teacher,* v. 60, p. 191-193, 2006.
GROFF, P. Teaching phonics: letter-tophoneme, phone-to-letter, or both? *Reading and Writing Quarterly,* v. 17, p. 291-306, 2001.
HARRIS, T. L.; HODGES, R. E. (Eds.). *The literacy dictionary.* Newark, DE: International Reading Association, 1995.
INVERNIZZI, M.; JUEL, C.; ROSEMARY, C. A. A community volunteer tutorial that works. *The Reading Teacher,* v. 50, p. 304-311, 1997.
JOHNSON, R. S.; WATSON, J. E. A sevenyear study of the effects of phonics teaching on reading and spelling achievement. *Insight 17,* 2005. Disponível em: http://www.scotland.gov.uk/Publications/2005/ 02/20682.
JOHNSON, T. D.; LOUIS, D. R. *Literacy through literature.* Portsmouth, NH: Heinemann, 1987.
LYON, R. *30 years of NICHD research*: what we now know about how children learn to read. Washington, DC: National Institute of Child Health and Human Development (NICHD), 1997.
MASSACHUSETTS DEPARTMENT OF EDUCATION. *English language arts curriculum framework.* Malden, MA: Mass. Dept. of Education, 1997.
McINTYRE, C. W.; PICKERING, J. S. (Eds.). *Clinical studies of multisensory structured language education for students with dyslexia and related disorders.* Salem, OR: International Multisensory Structured Language Education Council, 1995.
MOATS, L. C. Teaching decoding. *American Educator,* v. 22, p. 42-49, 95-96, 1998.
MOUSTAFA, M.; MALDONADO-COLON, E. Whole-to-part phonics: building on what children know to help them know more. *The Reading Teacher,* v. 52, p. 448-458.
NATIONAL READING PANEL. *Teaching children to read*: an evidence-based assessment of the scientific research literature on reading and Its implications for reading instruction. Washington, DC: National Institute of Child Health and Human Development, 2000a.
NATIONAL READING PANEL. *Teaching children to read*: an evidence-based assessment of the scientific research literature on reading and Its implications for reading instruction - reports of the subgroups. Washington, DC: National Institute of Child Health and Human Development, 2000b.
OSBORN, J.; STAHL, S.; STEIN, M. *Teachers' guidelines for evaluating commercial phonics packages.* Newark, DE: International Reading Association, 1997.
PINNELL, G. S.; FOUNTAS, I. C. *Guided reading*: good first teaching for all children. Portsmouth, NH: Heineman, 1996.
SHANNON, P. The use of commercial reading materials in American elementary schools. *Reading Research Quarterly,* v. 19, p. 68-85, 1983.
SLAVIN, R. E. et al. *Every child, every school; success for all.* Newbury Park, CA: Corwin, 1996.
STAHL, S. A.; DUFFY-HESTER, A. M.; STAHL, K. A. D. Everything you wanted to know about phonics (but were afraid to ask). *Reading Research Quarterly,* v.33, p. 338-355, 1998.
TRACHTENTBURG, P. Using children's literature to enhance phonics instruction. *The Reading Teacher,* v. 43, p. 648-652, 1990.
WALTER, V. A. Girl power: multimedia and more. *Book Links,* v. 7, p. 37-41, 1998.

Referências usadas na adaptação à língua portuguesa

OLIVEIRA, J. B. A.; SILVA, L. C. F. *Métodos de alfabetização*: o estado da arte. Disponível em: < http://www.alfaebeto.org.br/Arquivos/Documentos/ABC_vers_o_9_de_outubro.pdf>. Acesso em: 31 jul 2014.
ALBUQUERQUE, E.; MORAIS, A. *O livro didático de alfabetização*: mudanças e perspectivas de trabalho. In: MORAIS, E.; ALBUQUERQUE, E.; LEAL, T. (Org). Alfabetização: apropriação do sistema de escrita alfabética. Belo Horizonte: Autêntica, 2005.

Livros infantis citados neste capítulo

DAVISON, S. S. Mitch's hat. In: *Jack's Cap;* Rain, rain go away. In: *Noses and Roses.* Ilustração de Holly L. Davison. Washington: Foundation for Learning/LCC, 2003.
FLEMING, D. *In the small, small pond.* New York: Henry Holt, 1998.
GAG, W. *Millions of cats.* New York: Putnam, 1928.
GEISEL, T. (Dr. Seuss). *Cat in the hat.* New York: Random House, 1957.
GUARINO, D. *Is your mama a llama?* New York: Scholastic, 1991.
HOBERMAN, M. *A house is a house for me.* New York: Penguin Putnam, 1993.
HUTCHINS, P. *Good night, owl!* New York: Macmillan, 1972.
HUTCHINS, P. *Rosie's walk.* New York: Macmillan, 1968.
LEWISON, W. C. *Buzzz said the bee.* Illustrated by H. Wilhelm. New York: Scholastic, 1992.
MARTIN, B. Jr. *Brown bear, brown bear, what do You see?* Illustrated by E. Carle, New York: Henry Holt, 1989.
SENDAK, M. *Chicken soup with rice.* New York: Scholastic, 1986.
SHAW, N. *Sheep on a ship.* Illustrated by M. Apple. Boston: Houghton Mifflin, 1986.
SHAW, N. *Sheep in a jeep.* Illustrated by M. Apple. Boston: Houghton Mifflin, 1986.
SHAW, N. *Sheep out to eat.* Illustrated by M. Apple. Boston: Houghton Mifflin, 1992.
STEIG, W. *Amos and Boris.* New York: Farrar, Straus and Giroux, 1992.
WILLIAMS, A. *Pigs and dogs play ball.* Wright Group, 1998.

Sugestão de programas que envolvem fônica em português

JARDINI, R. S. R. *Métodos de boquinhas:* alfabetização e reabilitação dos distúrbios da leitura e escrita: livro I: fundamentação teórica. São Paulo: Casa do Psicólogo, 2003.
NICO, A. N.; GONÇALVES, A. M. S. *Facilitando a alfabetização:* multissensorial, fônica e articulatória. São Paulo: ABD, [2010].
OLIVEIRA, J. B. A.; TORRES, A. C. *Manual da coletânea do Programa Alfa e Beto de alfabetização.* Uberlândia: IAB, 2003.
VOLPE, M. R. F. *Alfabetização multissensorial:* capacitação para inclusão escolar. [São Paulo: ABD], 2007.

Sugestões de programas computadorizados de consciência fonológica e/ou fônica no português

CAPOVILLA, A. G.; CAPOVILLA, F. C.; MACEDO E. C. *Alfabetização fônica computadorizada.* São Paulo: Memmon, 2005. v. 1. CD-ROM.
EDUCAKIDS. *Soletração.* [Pato Branco: CTS Informática, 20--?]. Software educativo.
PLUCK no planeta dos sons. [Sorocaba: s.n, 20--?]. Disponível em: < http://www.pluck.com.br/site/>. Acesso em: 31 jul. 2014. Software educativo.
SANTOS, R. et al. (Coord.). *Pedro no parque de diversões:* estimulando a consciência fônica. [Pato Branco: CTS Informática, 20--?]. Software.

Sugestão de livros infantis com histórias cumulativas em português

WOOD, A. *O rei bigodeira e sua banheira.* Ilustração de Don Woon. Porto Alegre: Ática, 1996.
DRUCE, A. *Bruxa, bruxa venha a minha festa.* São Paulo: Brinque-Book, 1995.
HOLZWARTH, W.; ERLBRUCH, W. *Da pequena toupeira que queria saber quem tinha feito cocô na cabeça dela.* São Paulo: Companhia das Letrinhas, 1994.
MACHADO, A.M. *Ah, Cambaxirra, se eu pudesse...* São Paulo: FTD, 2003.
WEBB, S. *Viviana, Rainha do Pijama.* São Paulo: Salamandra, 2006.
ROSEN, M.; LANGLEY, J. *Dorminhoco.* São Paulo: Brinque-Book, 1990.
WOOD, A. *A casa sonolenta.* Porto Alegre: Ática, 2009.
BELINKY, T. *O grande rabanete.* São Paulo: Moderna, 2002.

A fônica e o aprendizado da ortografia   5

A fônica é tão importante para a decodificação quanto para a codificação. Para escrever corretamente, é preciso aplicar o conhecimento das relações som-símbolo de maneira sofisticada. Embora o princípio alfabético seja aplicado na aprendizagem da ortografia, outros fatores afetam a escolha das opções ortográficas corretas. Este capítulo:
- examina a ortografia no contexto do processo da escrita;
- apresenta a escrita inventada no contexto dos estágios infantis de desenvolvimento da escrita;
- descreve o processamento fonológico e visual e o conhecimento da palavra como as três dimensões necessárias para se escrever corretamente.

Há quase 80 anos, L. S. Tierman (1930) resumiu o segredo da ortografia de sucesso. "O fator essencial da ortografia", é escrever todas as letras, e escrevê-las na ordem certa". Falar é fácil, o duro é fazer!

A ortografia tem sido há muito tempo motivo de preocupação da escola e da sociedade. Trata-se de um tópico escolar e, também, de uma habilidade funcional da escrita. Ao longo dos anos, as crianças têm gastado toneladas de grafite e barris de tinta em testes de ortografia, e depois copiando as palavras que erraram repetidas vezes. Os professores já passaram incontáveis horas ensinando os alunos a escrever corretamente e mais e mais horas corrigindo a ortografia de seus trabalhos escritos. Para muitos adultos, até o advento dos revisores eletrônicos de ortografia, escrever mal era visto quase como um fardo genético que tinham de carregar por toda a vida.

Escrever corretamente e ler têm muito em comum.

Há um consenso geral nas comunidades acadêmicas de que o processo de *escrita* de palavras e o processo de *leitura* de palavras saem da mesma base implícita de conhecimento de palavras... O conhecimento ortográfico é um motor que faz funcionar a leitura eficaz, assim como a escrita eficiente. (TEMPLETON; MORRIS, 1999, p. 103).

Ambas dependem do princípio alfabético e lidam com o código da linguagem escrita. Ler envolve decodificar; escrever envolve codificar. Ambas baseiam-se em um conhecimento sólido das relações de som e símbolo. Ehri e Wilce (1987) demonstraram o valor da ligação entre o ensino das relações sons-letras e o de leitura quando a criança começa a ser alfabetizada.

Embora estejam intimamente relacionadas, a leitura e a escrita correta também são diferentes sob pontos de vista significativos. A leitura exige o rápido reconhecimento de grupos de símbolos escritos; escrever corretamente envolve a produção desses símbolos, um por vez. Leitores têm o contexto da passagem do texto para ajudá-los a chegar à pronúncia e ao significado das palavras; escritores têm de colocar as palavras em um contexto. E, apesar de haver uma correlação positiva entre o resultado de testes de leitura e de ortografia, a habilidade da leitura não garante a proficiência ortográfica. (Leitores com dificuldade, porém, provavelmente também apresentam dificuldades para escrever o som de modo correto.)

ORTOGRAFIA COMO PARTE DA ESCRITA

Pesquisas sugerem uma forte relação entre a ortografia e a escrita (BROMLEY, 2007). A ortografia é uma habilidade da linguagem escrita. Apesar da popularidade de concursos de soletração nos Estados Unidos – entre os quais, o conhecido National Spelling Bee, que pode ser descrito como uma espécie de concurso de beleza em que os competidores soletram palavras, em vez de desfilar –, a ortografia é própria da linguagem escrita. Escrever corretamente tem a ver com a representação visual de sons falados por meio do uso de símbolos escritos e faz parte do aprendizado da escrita. "É apenas no contexto social e funcional da escrita que as crianças entendem para que serve a ortografia; separada da escrita, a ortografia não tem propósito" (HEALD-TAYLOR, 1998, p. 409).

A ortografia é tanto um tópico do currículo escolar quanto uma habilidade da escrita funcional. Como disciplina, possui o seu lugar no currículo, um foco instrucional próprio, seu momento apropriado no dia a dia escolar seu conjunto de materiais comerciais voltados para o seu ensino e até seu lugarzinho no boletim. Como componente da escrita funcional, a ortografia faz parte do envolvimento das crianças com a linguagem escrita, especialmente no contexto do processamento da escrita.

Com o advento do processamento da escrita, a ortografia tem sido intimamente integrada ao ensino da linguagem escrita.

A ideia de escrever como um processo chegou ao cenário educacional em meados da década de 1960. A sua aceitação rápida e quase universal foi marcada como uma "mudança de paradigma", uma nova maneira de compreender, tornando a tradicional "aula de redação centrada no produto" imediatamente obsoleta. (WALSHE, 1988, p. 212).

Especialistas como Lucy Calkins (1994), Donald Graves (1983, 1994) e Donald Murray (1968) mudaram o foco da instrução primária de produtos – histórias, poemas, relatórios e outros materiais escritos – para o processo que os escritores adotam para a produção desses materiais. Em síntese, o modelo do processamento da escrita sugere que compor a linguagem escrita – seja por parte de um romancista profissional trabalhando em um *best-seller* ou de um grupo de alunos do primeiro ano produzindo coletivamente a narração de uma experiência – envolve três passos ou estágios:
- *Pré-escrita*, durante a qual o autor decide sobre o tópico, discute ideias sobre esse tópico, delimita-o, pesquisa e organiza ideias relacionadas à escrita. Os alunos em geral discutem ideias com os professores e participam de oficinas de escrita.
- *Escrita*, quando as crianças passam as suas ideias para o papel, compondo o primeiro rascunho. As ideias tomam forma, os detalhes são transformados em palavras e os pensamentos, em frases; juntas, as frases formam parágrafos. O trabalho é feito como um primeiro rascunho, já que raramente um escritor produz o trabalho final de primeira.
- *Pós-escrita*, que envolve edição, revisão e publicação do texto da criança. "Pesquisas na área de literatura consideram a habilidade de revisar o texto como fundamental para o desenvolvimento da reflexão e da criação de uma escrita de qualidade" (DIX, 2006, p. 566). A edição envolve checar os aspectos mecânicos da escrita: se todas as frases estão completas e se iniciam com letra maiúscula, se a pontuação está adequada e se as palavras estão escritas corretamente. Uma segunda revisão foca o sentido e a comunicação eficaz, com um olhar para a escolha das palavras, a variedade das frases e a clareza de ideias. A publicação, que é o fechamento do processo de escrita, ocorre quando os alunos postam os seus trabalhos no *blog* ou na revista da escola, levam as suas histórias para casa para serem lidas pelos seus pais ou montam livros com textos da classe toda.

Onde fica a ortografia nesse processo de escrita? Quando os alunos estão trabalhando em seus primeiros rascunhos, a ortografia não deve ser uma preocupação central. Escritores devem sentir-se livres para usar palavras sem dar atenção à sua escrita exata. Se houver uma ênfase exagerada na ortografia nessa fase do processo, a criança que estiver elaborando uma história sobre um monstro gigantesco e não souber escrever *gigantesco* acabará optando pela ortografia segura de *grande*. Jovens escritores precisam ouvir "Coloquem as suas ideias no papel como se fossem ler em voz alta para uma plateia. Se não souberem escrever uma palavra, escrevam-na como se fala e depois a corrigiremos".

Esse "depois" ocorre no estágio da pós-escrita, quando as crianças editam o seu trabalho para a publicação. A ortografia é também uma habilidade social; isto é, a escrita é julgada como eficaz por outras pessoas com base, em parte, em sua precisão. Uma má ortografia atrapalha a comunicação efetiva. Ela também desvia a atenção do texto, mesmo que ele seja bem criativo e que outros aspectos, como a escolha das palavras, a estrutura das frases e a organização de ideias, tenham sido feitos com habilidade. (Um texto ruim com ótima ortografia, porém, continua sendo um texto ruim.)

Esse é um ponto muito importante. A ortografia impacta a eficácia do texto na medida em que este foi feito para ser compartilhado. Se eu fizer a lista do supermercado e eu mesmo fizer as compras, não faz muita diferença como escrevo o nome do molho para o meu sanduíche, já que eu sei o que tenho de comprar. Agora, se a minha mulher for fazer as compras, preciso deixar a escrita clara o suficiente para que ela não se esqueça de pegar a *maoneze* (sic). Mas, se eu estiver escrevendo uma receita para enviar para o jornal local, é melhor escrever *maionese* corretamente, já que serei lido por um público maior. A escrita inventada é uma parte legítima dos primeiros rascunhos, mas a escrita padrão é uma cortesia aos leitores e uma marca de uma comunicação escrita efetiva.

Embora o ensino da ortografia seja efetivamente integrado ao processo da escrita, há um lugar nos programas de estudos da linguagem para a instrução direta, para ajudar as crianças a escrever corretamente.

Conforme as crianças examinam os padrões de escrita, aprendendo prefixos e sufixos para formar novas palavras, explorando a etimologia e o desenvolvimento das palavras que lhes são novas, elas focam os padrões ortográficos, como o uso de acentos, e compõem listas de palavras que aparecem com frequência (ou palavras de "alta frequência"), já que se deparam múltiplas vezes com as mesmas palavras escritas em suas experiências de linguagem na sala de aula – todas oferecem oportunidades para o ensino direto da ortografia.

Construindo a partir de seu conhecimento da natureza alfabética do nosso sistema escrito de linguagem, as crianças desenvolvem conhecimento específico dos detalhes de como o sistema ortográfico funciona. E esse conhecimento específico é desenvolvido por meio do ensino direto. Com o foco na instrução direta e na ortografia como uma parte distinta do currículo de ensino da linguagem, os professores com frequência se perguntam sobre o papel de livros didáticos de ortografia e de testes semanais de ortografia. Tradicionalmente, livros didáticos indicam uma lista de palavras por semana, para que os alunos as decorem. Essas listas ainda são recomendadas, mas as palavras devem ser selecionadas de acordo com os níveis de desenvolvimento da ortografia das crianças e organizadas com base em seu padrão ortográfico. Templeton e Morris (1999) sugerem que, nos anos iniciais, as palavras devem ser reconhecidas automaticamente; nos níveis intermediários, novas palavras, relacionadas ortograficamente ou de mesmo significado das palavras já conhecidas, são incluídas. Templeton e Morris também sugerem que, como fontes de listas de palavras, professores devem olhar livros didáticos para determinar quais palavras seriam adequadas. Com relação ao número de palavras a serem usadas nessas listas semanais, "já foi sugerido o número suficiente para que os alunos possam distinguir um ou mais padrões" (TEMPLETON; MORRIS, 1999, p. 107). Novamente, dependendo do estágio de desenvolvimento das crianças, menos do que 10 por semana parece adequado para alunos do primeiro ano; de 10 a 12 para o segundo e terceiro anos; e mais de 20 para o quarto ano e as séries seguintes.

A ortografia insere-se bem no contexto de um programa abrangente de fônica. Por meio da instrução direta e explícita, com listas formais de palavras, as crianças aprendem a aplicar o princípio alfabético em atividades de escrita desde os primeiros anos escolares. Ao mesmo tempo, a ortografia é integrada no ensino da escrita como uma habilidade de linguagem funcional. A ortografia recebe a sua quota de atenção em oficinas de escrita para crianças, quando elas realizam atividades autênticas de escrita como parte de um programa abrangente de letramento.

ESTÁGIO DE DESENVOLVIMENTO DA ESCRITA/ESCRITA INVENTADA

Ao adquirirem a habilidade de escrever, as crianças passam por estágios de desenvolvimento da escrita, assim como passam por estágios de aquisição da linguagem conforme desenvolvem a habilidade de falar. A consciência das relações letra-som que elas desenvolvem como parte do processo de aprendizado da escrita as leva a diferentes estágios de escrita inventada.

A **escrita inventada**, ou temporária, ainda é um tópico controverso e muito discutido na educação. Ao inventar a escrita, as crianças estão criando versões para palavras com base nas relações letra-som que elas conhecem. A escrita inventada reflete as tentativas das crianças de escrever uma palavra de acordo com o que elas escutam. É uma parte normal do desenvolvimento da criança como escritora e um indicador poderoso da consciência "letrada" da criança. Por meio da invenção da escrita, as crianças demonstram o seu entendimento sobre o desenvolvimento de como a linguagem escrita funciona. As suas tentativas de escrever palavras como as escutam são construídas com base em seu conhecimento das relações som-símbolo, que é a essência da fônica.

Desde que Charles Read (1971) publicou a sua pesquisa pioneira a respeito da escrita inventada, a ideia tem sido aplaudida e amplamente adotada em salas de aula, mas também tem sido confrontada por uma oposição veemente de críticos que temem que o uso da escrita inventada afaste as crianças da escrita padrão. Os críticos atribuem todo tipo de problemas à escrita inventada, igualando-a à ortografia errada e responsabilizando-a pelo empobrecimento do processo educativo. Apesar disso, "[...] a sofisticação gradual da escrita inventada pelas crianças deveria ser celebrada por professores e pais, como uma amostra da inteligência e da competência emergente da linguagem escrita" (VACCA et al., 2009, p. 105). O que os críticos parecem não reconhecer é que os erros das crianças não são aleatórios nem enraizados na ignorância, mas sim tentativas genuínas de aplicar o princípio alfabético à língua escrita, baseando-se em seu conhecimento de fônica. As crianças usam o seu conhecimento das relações som-símbolo como suporte para as suas tentativas de escrita.

A escrita inventada deve ser incentivada. As ideias e a linguagem escrita ficarão limitadas se as crianças estiverem com medo de arriscar adivinhações com base em seu entendimento sobre as correspondências som-símbolo de sua língua. É a isso que a escrita inventada se refere.

Ironicamente, muitos críticos da escrita inventada veem a fônica como uma maneira de ajudar as crianças a superar os "erros" que eles localizam em sua escrita. A escrita inventada reflete um autêntico envolvimento com a fônica, já que essa prática tem por base a lógica fonética. É um modo de descobrir como o princípio alfabético funciona e leva as crianças a se envolver com uma escrita que faça sentido desde o início. A escrita inventada não é um fracasso na conquista da escrita correta; é um passo no caminho do domínio do sistema que leva à correção ortográfica.

A escrita inventada é apoiada por pesquisas e pela prática. Com base na revisão de pesquisas, Adams (1990, p. 386) concluiu que "[...] o incentivo na sala de aula à escrita inventada e independente desde o início parece ser uma abordagem promissora na direção do desenvolvimento das habilidades do letramento". O committee on the prevention of difficulties in young children (Comitê de prevenção de dificuldades de crianças pequenas) recomenda que

> [...] o ensino deve ser elaborado com o entendimento de que o uso da escrita inventada não deve entrar em conflito com o ensino da ortografia correta. Começar o ensino com a escrita inventada pode ser útil para desenvolver o entendimento da identificação e da segmentação dos sons falados e das relações sonoro-ortográficas (SNOW; BURNS; GRIFFIN, 1998, p. 7-8).

Em um estudo, alunos do primeiro ano que usavam a escrita inventada desenvolveram logo de início uma escrita independente e (ironicamente, talvez), ao final do ano, apresentavam habilidade ortográfica bem maior do que as crianças das quais era exigido o uso da ortografia tradicional (CLARKE, 1988). "De certa forma, a escrita inventada continua por toda a vida. Nós a adotamos toda vez que nos arriscamos ou fazemos uma tentativa com uma palavra da qual não temos certeza" (TEMPLETON; MORRIS, 1999, p. 108).

Aprender a escrever corretamente, assim como aprender a falar, é um processo. As crianças passam por estágios em seu caminho rumo à maturidade de competência ortográfica. Cada estágio indica um nível diferente de sofisticação e de consciência cognitiva com relação a como funciona a escrita. Os estágios vão do simples para o complexo.

> Embora as crianças que inventaram escritas tendam a se mover em direção à ortografia convencional, o fim dessa progressão não é tanto a aquisição da habilidade ortográfica, mas a base sobre a qual o domínio da ortografia pode ser construído. (GENTRY; GILLET, 1993, p. 21).

Embora diferentes especialistas definam e descrevam os estágios do desenvolvimento da escrita e da escrita inventada de modos distintos (BEAR; TEMPLETON, 1998; BEAR et al., 2004; FRESCH, 2001; GENTRY; GILLET, 1993; HENDERSON, 1990; WEAVER, 1988), quatro vastas categorias ou fases podem ser identificadas: pré-fonética, fonética, transicional e convencional. Traill (1993) combina a descrição dos estágios da ortografia com os respectivos estágios da escrita.

Pré-fonético

O estágio pré-fonético do desenvolvimento da criança como escritora em geral inclui *rabiscos* e *escrita aleatória*. Em culturas letradas, quando as crianças aprendem a segurar um instrumento de escrita – lápis, caneta, marcador, giz de cera –, logo começam a imitar os adultos escrevendo bilhetes, listas de supermercado, mensagens telefônicas e outras atividades de escrita do dia a dia. Com o incentivo de seus cuidadores, elas começam a "brincar de escrever". Aos três anos, mais ou menos, quando as crianças já desenvolveram uma consciência básica da forma e da função do texto, elas aprendem a diferenciar entre desenho e escrita. Progridem de fazer desenhos a produzir rabiscos – geralmente, marcas angulares repetitivas –, que às vezes são distribuídas horizontalmente na página, e outras vezes em todas as direções. "Os rabiscos podem ser ovalados ou ondulados, pontudos ou curvados, mas são quase sempre compostos por linhas horizontais contínuas" (GENTRY; GILLET, 1993, p. 23).

A versão de uma criança de dois anos para um cartão de Dia dos Pais que diz "Eu amo você, papai".

Exemplo de escrita no início do estágio pré-fonético.

Nesse estágio pré-letrado, as crianças fazem desenhos, imitam a escrita e começam a aprender algumas letras e as suas formas. Os rabiscos fazem parte do desenvolvimento emergente de seu letramento; pais e outros cuidadores precisam incentivar as crianças pequenas quando elas apontam o seu interesse e a sua consciência do uso da escrita como ferramenta de comunicação.

"Pássaros estão no céu."

Um exemplo de estágio da escrita aleatória.

Conforme aumenta a sua exposição ao texto escrito, a criança entra no estágio da escrita aleatória, no qual começa a usar algumas formas de letras, mas sem a referência de suas correspondências sonoras. Ela começa a desenvolver a consciência de que a escrita é, de alguma forma, relacionada ao que as pessoas precisam dizer e também estão aprendendo, nessa fase, as letras, em especial as de seu nome. Consciente da função da escrita, mas ainda não do princípio alfabético, a criança faz marcas que se aproximam dos formatos das letras como uma maneira de expressar os seus pensamentos no papel. Via de regra, as letras desenhadas não têm relação com os sons que representam, embora algumas combinações aleatórias de letra-som possam ficar evidentes. Esse estágio pré-fonético é, com frequência, acompanhado por desenhos, e a escrita pode refletir a divisão entre as palavras.

Quanto mais oportunidades houver para que a criança interaja com a linguagem – ouvindo histórias e versinhos populares, conversando e brincando com palavras com os adultos, além de ser incentivada a desenhar e contar suas próprias histórias, cantar as musiquinhas do alfabeto, ditar histórias para que os adultos as transcrevam e aprender a reconhecer e a escrever as letras –, maiores serão as chances de ela se desenvolver mais rapidamente rumo aos próximos estágios da escrita inventada.

No estágio pré-fonético, apenas as próprias crianças, em geral, conseguem ler o que escreveram. Ao final desse estágio, porém, conforme elas começam a aprender a ler, algumas relações som-símbolo tornam-se aparentes.

Escrita fonética

À medida que vão ganhando consciência dos sons e das letras, as crianças aprendem a aplicar o princípio alfabético, e mais correspondências letras--sons começam a aparecer. A escrita começa a ser guiada por uma estratégia fonética, conforme elas demonstram o seu reconhecimento inicial de que as letras possuem relação com os sons. Em geral, isso corresponde aos estágios iniciais do aprendizado da leitura também.

Esse estágio, em geral, começa com tentativas *semifonéticas* de escrita. Com frequência, a primeira ou as primeiras letras das palavras aparecem seguidas por uma série de letras aleatórias. As consoantes, em geral, aparecem; as vogais, um pouco mais tarde. Os sons das vogais são muitas vezes omitidos (*sal* é escrito *sl*, *mato* é escrito *mt*) ou substituídos (*pote* é escrito *pate*, *um* é escrito *om*).* A separação entre as palavras começa a aparecer. As crianças, em geral, usam uma combinação de letras maiúsculas e minúsculas.

*Mensagem escrita por criança de cinco anos no estágio de escrita fonética, para o avô, que acabara de passar por uma cirurgia.***

---

* N. de R.T.: Na língua portuguesa, há uma preferência, por parte das crianças em usar as vogais. Há duas possíveis explicações para isso: a vogal é o núcleo da sílaba e/ou o nome das vogais geralmente coincide com seu som (CARDOSO-MARTINS; BATISTA, 2005).

** N. de R.T.: *Dear Pop, I hope you're getting better. Does the cut hurt? I love you.* (Querido vovô, espero que esteja se recuperando. O corte dói? Amo você.) É possível perceber que a criança, nessa etapa, escreve as palavras da forma como são pronunciadas.

Parte da escrita fonética inicial é um estágio de letra-nome, em que as crianças usam os nomes das letras para representar palavras – BB para *bebê*, HTU para *gato*. "Em posse do conhecimento do alfabeto e da consciência de que as letras podem ser usadas para representar os sons, as crianças usam os nomes das letras quase que literalmente para os sons que estão tentando escrever" (INVERNIZZI; ABOUZEID; GILL, 1994a, p. 157).

A escrita fonética reflete uma consciência crescente de como as palavras faladas combinam com as que estão no texto escrito. Conforme as crianças progridem, passando para fases posteriores desse estágio de desenvolvimento da escrita, e começam a desenvolver habilidades de leitura, mais e mais palavras escritas começam a se aproximar da escrita convencional. As vogais começam a aparecer,* e as sílabas se tornam mais aparentes. As crianças aprendem a escrever corretamente as palavras de "alta frequência" – *bola, gato, casa* e assim por diante –, que, em geral, são foneticamente regulares. Ao se aproximarem do fim do estágio fonético e adquirirem um vocabulário básico de leitura, a sua escrita também se aproxima da forma padrão.

Escrita de transição

No estágio transicional, a escrita estende-se para além das correspondências um-para-um, que caracterizam os estágios anteriores, e começa a demonstrar a consciência crescente da criança acerca da natureza mais complexa do sistema ortográfico. As crianças experimentam um crescimento concomitante de sua habilidade de leitura. Conforme começam a conquistar a independência e a fluência na leitura, sua independência e fluência na escrita também aumentam.

No estágio transicional, as crianças começam a usar consoantes e vogais em sua escrita de forma razoavelmente consistente. "As crianças conceituam as estruturas das palavras em termos mais relacionais, e não de modo estritamente linear, da esquerda para a direita" (TEMPLETON, 1991, p. 187). Elas vão além das relações um-para-um encontradas em suas primeiras tentativas de escrita. Aprendem a agrupar letras de maneira padronizada, e a maioria dos seus erros já são próximos à escrita convencional.

Henderson (1990) chama esse estágio de desenvolvimento da escrita de *padrão dentro-da-palavra*. O estágio é marcado pelo uso consistentemente correto das vogais, por uma maior precisão no uso dos encontros consonantais e pelo uso de letras silenciosas, como em *hora*. Conforme aprendem os elementos fônicos discretos, trabalhando com famílias de palavras e em atividades de escolha de palavras, as crianças tornam-se mais conscientes dos padrões ortográficos. Elas ainda podem escrever *muinto* para *muito*, seguindo a maneira que es-

---
* N. de R.T.: No caso da língua portuguesa, as consoantes começam a aparecer.

cutam, ou *ilia* para *ilha*, por não dominarem ainda o uso do /ʎ/, por exemplo. Entretanto, as escritas inventadas usadas pelas crianças, nesse estágio, são geralmente reconhecíveis, pois elas adotam padrões, como usar *li* para o som /ʎ/.

Esse estágio também inclui a *fase da junção de sílabas*, na qual as crianças começam a entender como as sílabas são combinadas para formar palavras com mais de uma sílaba. Elas aprendem que, quando as sílabas são unidas, podem-se adicionar ou eliminar letras. Por exemplo, entre *loba* e *lomba*, há o acréscimo de **m** na sílaba do meio. As crianças aprendem aos poucos a ler essas "regras" examinando os padrões das palavras como parte do ensino explícito da ortografia.

O conhecimento de palavras polissílabas é ampliado quando as crianças usam palavras com prefixos e sufixos em sua escrita. Elas reconhecem, por exemplo, a ortografia correta de *extraordinário* (e não *estraordinário*), pois a palavra é formada ao se adicionar ordinário ao prefixo *extra*. Os alunos estudam o papel da etimologia, aprendem o efeito das raízes greco-latinas e os afixos da ortografia de sua língua, além de se envolver em outras atividades relacionadas ao vocabulário que servem de apoio, ao mesmo tempo, para a leitura e a escrita, sobretudo ao longo do ensino fundamental (HENRY, 2005).

No decorrer desse estágio de desenvolvimento das crianças como pequenas escritoras, a ortografia é um componente integral do estudo das palavras na sala de aula. As crianças expandem o seu vocabulário enormemente, adquirem um estoque razoável de palavras que reconhecem automaticamente, aprendem a usar os prefixos e sufixos e também a lidar com palavras homófonas. Todas essas atividades influenciam, também, a sua habilidade de escrever bem. O ensino explícito da análise de palavras as ajuda a aprender as convenções comuns que governam a escrita. Esta se torna uma ferramenta funcional, e os alunos recorrem ao padrão ortográfico no momento da revisão de texto, no estágio pós-escrita do processo.

Escrita padrão

A escrita mais precisa ocorre quando a criança consegue aplicar de modo consistente as regras da ortografia. Nesse estágio convencional, a consciência das crianças das regularidades e variações das relações som-símbolo é amplamente estabelecida.

Aqui, elas desenvolvem a consciência a respeito das *derivações*, que são percebidas na ortografia de palavras que derivam de outras palavras. Por exemplo, as crianças aprenderão a usar o **h** em *horário* se entenderem que vem de *hora* e o **sc** de *nascimento* se entenderem que vem de *nascer*. As relações de significado e de ortografia são, com frequência, traçadas por meio das raízes e dos afixos. "A ortografia preserva as ligações de sentido entre as palavras" (CUNNINGHAM, 1998, p. 132). Apesar das mudanças no som, palavras relacionadas em geral também apresentam relações na ortografia.

Saber como as palavras derivam umas das outras é parte integral do estudo do vocabulário, que, por sua vez, faz parte do ensino da linguagem na sala de aula. O foco nos aspectos ortográficos das palavras amplia o estudo do vocabulário e leva a um conhecimento mais profundo e a uma valorização de como funciona a língua. As crianças também aprendem a escrita padrão das palavras conforme expandem o seu vocabulário por meio de muitas leituras e de outros contatos com o texto.

Os estágios de desenvolvimento da escrita não são estáticos nem fixos, e há uma sobreposição considerável entre eles. Nem todos os especialistas concordam no que diz respeito à diferenciação das fases ou aos aspectos da escrita inventada no processo do aprendizado da escrita das crianças. Bear et al (2004), por exemplo, designam sílabas/afixos e relações derivativas como estágios separados do desenvolvimento da escrita. O movimento das crianças de um estágio para outro é, em geral, gradual. Elas costumam mostrar características de diferentes estágios ao mesmo tempo, e algumas podem até pular um estágio inteiro. Há diferenças individuais em qualquer faixa etária; enquanto uma criança de seis anos ainda apresenta dificuldade com a escrita fonética inicial, outra da mesma idade pode já estar entrando no estágio de transição. Apesar disso, conhecer os estágios do desenvolvimento da escrita das crianças e a forma como elas escrevem as palavras ajuda a explicar o uso da escrita inventada no processo de se tornarem escritoras competentes e confiantes. Para os professores, essa consciência sugere orientações para o ensino da ortografia na sala de aula.

No fim das contas, apenas algumas pessoas afortunadas alcançam o domínio do padrão ortográfico. O estágio de domínio da ortografia formal é como a bondade ou a felicidade máximas – é um objetivo pelo qual lutar, mas ao qual raramente se chega. A maioria de nós depende do dicionário e do verificador ortográfico.

Aprendendo a falar; aprendendo a escrever

Ao lidar com a escrita inventada, é importante que educadores e pais reconheçam os aspectos de desenvolvimento do seu ensino. Conforme aprendem a falar, as crianças passam por estágios de aquisição da linguagem. Elas começam experimentando os sons por meio de balbucios, progridem para frases de uma palavra e discurso holofrástico, aprendem a colocar duas ou três palavras juntas em padrões gramaticais aproximados e, finalmente, chegam ao estágio em que usam a língua como forma de comunicação. Ninguém se irrita quando a criança diz "Óia o au au" ou "Eu fazi o bolo". Expressões assim fazem parte do desenvolvimento normal da fala no processo de aquisição da linguagem.

Ainda assim, há quem se aborreça quando crianças escrevem *muinto* para "muito" ou quando escrevem *jigante* em sua história de Dia das Bruxas sobre um grande monstro. O que essas pessoas não percebem é que essas versões são tão aceitáveis quanto o "Óia o au au" no processo de a criança dominar o sistema ortográfico que leva à escrita correta. Quando a ortografia é exageradamente enfatizada nos primeiros estágios do processo da escrita, as crianças acabam sendo desviadas do uso de palavras interessantes, como *gigante*, para outras ortograficamente mais seguras, mas menos interessantes e menos "coloridas" e alternativas. Conforme passam pelos estágios de desenvolvimento da escrita, as crianças focam tipos diferentes de informação sobre a linguagem, em suas tentativas de escrever palavras por meio da escrita inventada.

É claro que ninguém esperaria que uma criança do 4º ano do ensino fundamental fale "Óia o au au", sobretudo em uma situação de linguagem formal. Nem *muinto* e *jigante* caracterizam as últimas versões da escrita das crianças conforme progridem nos anos escolares. A eficácia dos materiais escritos por elas é julgada, em parte, pela ortografia correta.

A ortografia correta é uma cortesia que autores oferecem aos seus leitores. Ainda assim, a escrita inventada deve ser reconhecida como uma série de fases importantes pelas quais as crianças passam ao aprenderem a escrever. Reflete um processo de desenvolvimento, uma maneira de ajudar crianças pequenas a se tornar boas escritoras. A escrita inventada delas é baseada em seu conhecimento da fônica. Fornece um modo interessante para os professores avaliarem e diagnosticarem o que os alunos sabem sobre as relações letra-som e o seu conhecimento em desenvolvimento do sistema ortográfico da língua. Em vez de ser algo a ser evitado, como alguns críticos sugerem, a escrita inventada deve ser incentivada. Exige um conhecimento da fônica e reflete uma tentativa de aplicar a lógica e estratégias para a produção da comunicação escrita. A escrita inventada ou temporária representa um veículo útil para se ensinar a fônica como parte do aprendizado da escrita.

ORTOGRAFIA: COMO ENSINÁ-LA

As crianças não aprendem a escrever corretamente por osmose; desde os primeiros anos, elas precisam de um programa de ensino direto e explícito, que envolva "a análise de palavras dirigida pelo professor e pelo aluno, de maneira a guiar os alunos no sentido de compreender como aspectos e padrões da ortografia funcionam" (TEMPLETON; MORRIS, 1999, p. 108-9).

Um dos objetivos do ensino da ortografia é "elevar a consciência que os alunos têm dos sons das palavras e, com frequência, dos padrões que representam por escrito esses sons" (CARREKER, 2005, p. 23). Considerando-se a ortografia, é uma boa ideia ver exemplos de palavras regulares e irregulares.

Palavras regulares são escritas da maneira que são ouvidas, com correspondências som-símbolo próximas, que obedecem a padrões ortogáficos claros: palavras como *fada, vela* e *mola*. Há palavras, ainda, que obedecem a uma **regra ortográfica** clara, como as que possuem dois erres (sempre que soar /R/ entre vogais, usamos **rr**, por exemplo, *carro, barraca*), ou **gu** (sempre que soar /g/ antes de **e** e **i**, usamos **gu**, como *linguiça* e *fogueira*).

Palavra irregulares envolvem padrões ortográficos não compatíveis com a pronúnica das palavras: exemplos disso são o uso do **h** (em *hora* e *homem*) e do **s** com som /z/ (em *casa* e *mesa*).

Heald-Taylor (1998) apresenta três paradigmas, ou modelos, da maneira como a ortografia tem sido ensinada em língua inglesa ao longo dos anos.* Tradicionalmente, a ortografia era ensinada por meio do treino e da memorização, com ênfase na precisão ortográfica. Depois, um paradigma de transição surgiu baseado na noção de que as estratégias ortográficas estavam intimamente ligadas à leitura e envolviam a integração de variadas qualidades linguísticas, que se estendiam para além da memorização de palavras. A ortografia passou a ser aprendida, em geral, em conjunto com atividades de estudo das palavras. Em um paradigma com foco nos alunos, a ortografia é vista como um processo de desenvolvimento ensinado como um componente funcional da escrita. Heald-Taylor explica as tradições, teorias, pesquisas e implicações educativas desses paradigmas mais extensivamente.

Bear e Templeton (1998) sugerem práticas baseadas em pesquisas relacionadas ao ensino da ortografia. Assim, as crianças devem ser agrupadas partindo da avaliação cuidadosa dos estágios de desenvolvimento da escrita e devem receber palavras de estudo diferentes. Devem ter oportunidades para analisar palavras conhecidas de modo a explorar e descobrir padrões ortográficos e generalizações que relacionam muitas palavras.

Em salas de aula mais contemporâneas, a ortografia está intimamente ligada à leitura.

> Um programa de ortografia ou de estudo das palavras deve refletir os seguintes princípios organizacionais e instrucionais: (1) em todos os níveis, um núcleo comum de palavras deve ser analisado; (2) de acordo com o desenvolvimento dos alunos, uma variedade de estratégias e atividades deve ser oferecida, de forma que as palavras sejam produtivamente examinadas; e (3) que a filosofia de que a ortografia é lógica seja refletida. (TEMPLETON, 1991, p. 190).

O ensino da ortografia envolve uma combinação intimamente integrada de fônica, processamento visual e sentido das palavras. A habilidade de escrever corretamente baseia-se em um sólido conhecimento das relações de

---

* N. de R.T.: Algumas referências em língua portuguesa são: Morais (1998); Silva et al., (2007); Moojen (2011) e Nunes e Bryant (2014).

som-símbolo, que são o núcleo do ensino da fônica. Mas a fônica, por si só, não é suficiente. Quem escreve também precisa do processamento visual para produzir e reconhecer as opções ortográficas apropriadas; em outras palavras, precisam saber que a palavra "tem a aparência de certa". Por fim, a ortografia correta é realçada enormemente pelo conhecimento da palavra. É aqui que a ortografia é integrada a um programa curricular que enfatize o desenvolvimento do vocabulário.

Processamento fonético

O conhecimento do sistema ortográfico é uma das bases da escrita bem-sucedida, assim como é essencial para uma boa leitura. A fônica é um dos pontos de ligação na conexão leitura-escrita. O ponto de partida da escrita, assim como da leitura, é a consciência fonêmica. "Há uma relação direta entre consciência fonêmica e escrita, de maneira que uma realça a outra" (ORTON, 2000, p. 17). Materiais adotados em sala de aula para ensinar a ortografia nos primeiros anos escolares são, praticamente, indistintos dos materiais usados para ensinar a fônica. A relação entre a ortografia e a fônica é recíproca. De um lado, o conhecimento das relações som-símbolo é essencial para o aprendizado da ortografia; do outro, pesquisas e práticas indicam que "aprender a escrever corretamente facilita a aquisição das regras da fônica" (GROFF, 2001, p. 299).

A ortografia envolve uma série de processos relacionados à fônica.

> Para escrever um palavra, o aluno tem de ser capaz de segmentá-la oralmente, dividindo-a em fonemas individuais (uma habilidade de consciência fonêmica), de mapear cada som à sua letra correspondente (compreensão alfabética e conhecimento das correspondências letra-som), escrever as palavras na ordem correta e lê-las novamente para ver se estão escritas corretamente (uma estratégia de decodificação). (COYNE; KAME'ENUI; SIMMONS, 2001, p. 68).

A habilidade de escrever é construída, em parte, sobre um conhecimento das relações som-símbolo. Para escrever a palavra /v/ /ɛ/ /l/ /a/, precisamos de quatro símbolos escritos que correspondem aos quatro sons da palavra. Ensinar a ortografia é uma maneira de ensinar fônica. Seja tentando pronunciar *balão* ou tentando escrever *bola*, a criança precisa saber que "**b** quer dizer /*b*/". As tentativas iniciais de escrita requerem um conhecimento básico das relações som-símbolo, e as atividades de escrita oferecem oportunidades para que os professores ajudem os alunos a aprender essas relações.

Sugestões de ensino

Processamento fonético

Construção de palavras

Usar letras individuais para construir palavras é uma atividade de ortografia por si só. As crianças usam cartões ou placas com letras para escrever as palavras ditadas pelo professor. Ver quantas palavras elas conseguem escrever com essas letras, formando palavras mais longas, é outra forma de construir palavras para o propósito da ortografia. Jogos como palavras cruzadas também envolvem a construção de palavras e ortografia.

Famílias de palavras

Famílias de palavras usam fonogramas ortograficamente similares ou rimas. "Aprender a escrever corretamente é um processo de fazer associações entre padrões ortográficos de palavras e as suas pronúncias" (INVERNIZZI; ABOUZEID; GILL, 1994a, p. 161). Trabalhando com famílias de palavras, as crianças usam combinações padronizadas, em vez de letras individuais, para codificar palavras. Na prática, elas focam especificamente a ortografia desses elementos fonéticos. Padrões ortográficos como os seguintes são escritos no quadro, e os alunos adicionam a eles letras iniciais para formar listas de palavras:

- *ente* *pente, mente, lente* e assim por diante. Nesse caso, os alunos percebem que, embora seja pronunciado (em várias regiões brasileiras) com /i/ no final, as palavras são escritas com **e**.
- *ão* *balão, coração, sabão* e assim por diante. As crianças aprendem esse padrão acentuado tão frequente na língua portuguesa.
- *ar* *pular, cantar* e assim por diante. As crianças aprendem que, embora o /r/ final não seja pronunciado em várias regiões do Brasil, ele é utilizado nesse padrão de escrita. Note que aqui não interessa a classe gramatical, e sim, refletir sobre a diferença entre falar e escrever.

Murais de palavras

Espaços da sala de aula dedicados à exibição de palavras têm se provado eficazes tanto para a leitura quanto para a ortografia. O foco das palavras pode variar entre padrões ortográficos e determinados dígrafos até a letra silenciosa *h*. Palavras irregulares usadas com frequência na escrita e palavras relacionadas a tópicos curriculares podem também ser mostradas como referência para os textos das crianças. Murais de palavras com foco na fônica fornecem referências convenientes para as crianças que estão aprendendo a ortografia.

Triagem de palavras

Exercícios que envolvem o exame, a comparação e a classificação de palavras com base em elementos fonéticos específicos são essenciais para dirigir o ensino de ortografia na sala de aula. A triagem de palavras foca a atenção das crianças diretamente nos padrões ortográficos, como *eza/esa* e o uso do *h*, pedindo que elas separem palavras com *eza* em uma coluna e as com *esa* em outra:

beleza	pobreza	inglesa	portuguesa
francesa	tristeza	certeza	princesa

(continua)

> **Processamento fonético** (continuação)
>
> Depois, elas separam palavras com **h** em uma coluna e sem **h** em outra:
>
> | ontem | horizonte | ervilha | hélice |
> |-------|-----------|---------|--------|
> | hoje | homem | osso | orca |
>
> Nesses casos, não há regra fácil para decidir a opção ortográfica. Por meio das escolhas de palavras, os alunos começam a descobrir, porém, que as variações com as quais os sons são escritos não são aleatórias. Uma análise cuidadosa desses casos, indica que a ortografia de um determinado som é, em geral, definida com base na origem da palavra (caso do uso do **h** inicial) ou na classe gramatical da palavra. Por exemplo, no caso da disputa do *eza/esa*, os substantivos originados de um adjetivo são escritos com *eza*, já os adjetivos femininos que indicam lugar de origem e título de nobreza são escritos com *esa*.
>
> **Separar, buscar e descobrir**
>
> Fresch e Wheaton (1997) descrevem a estratégia "separar, buscar e descobrir", um programa de ortografia para ser aplicado na sala de aula com base na escolha de palavras para ajudar as crianças a desenvolverem generalizações que agrupem regularidades e exceções na ortografia da língua. As crianças adotam escolhas abertas (palavras agrupadas em categorias definidas por elas mesmas) e escolhas fechadas (com palavras-chave que guiam a classificação dos termos). A partir desse seu trabalho, as crianças lançam hipóteses a respeito dos princípios que governam a ortografia das palavras e aplicam as suas descobertas em seu trabalho escrito.
>
> Deve-se observar que todas essas atividades sugeridas trazem um elemento de processamento visual também.

Uma atividade popular de ortografia, que tem sido usada há muito tempo como ferramenta de ensino e de avaliação, é o velho e bom concurso de soletração. Apesar de esse tipo de concurso fazer parte da cultura norte-americana, o seu valor instrucional como atividade de desenvolvimento das habilidades ortográficas é suspeito. A ortografia é uma atividade da linguagem escrita, e esse tipo de competição é oral. Talvez seja melhor pedir que as crianças escrevam palavras, em vez de soletrá-las u-m-a-l-e-t-r-a-p-o-r-v-e-z.

A fônica é importante para a aprendizagem da ortografia, mas o alcance da escrita correta depende não só do conhecimento das correspondências letra-som. A precisão ortográfica depende, também, do processamento visual.

Processamento visual

Embora a fônica seja essencial para a ortografia, ela não é suficiente para alcançar uma regularidade consistente. Já foi dito, até mesmo, que quem escreve foneticamente escreve pior (SMITH, 1999). Como Henderson (1990, p. 67) escreveu: "Aqueles que tentarem escrever corretamente pelo som serão derrotados". O reconhecimento visual de como as palavras são representadas na escrita também precisa fazer parte do ensino direto da ortografia nas escolas.

Vamos pensar na palavra *sessenta*. Foneticamente, sabemos que o som inicial é /s/, mas há duas formas de representar esse som nessa posição da palavra – com **c** ou **s**. O mesmo ocorre com o som seguinte do /s/, que apresenta ainda mais formas de representá-lo – como **c, sc** e **ss** (mais frequentes na língua), **xc** e **x** (menos frequentes). Reconhecer os padrões visuais e as estruturas das palavras permite a quem escreve exercitar escolhas ortográficas.

O ensino da ortografia necessariamente envolve uma dimensão visual. Ao construir e escolher palavras, ou participar de atividades similares a essas, as crianças precisam necessariamente lidar com as suas formas visuais, assim como com as estruturas fonéticas dessas palavras.

Sugestões de ensino

Processamento visual
Reconhecendo palavras erradas
Quem escreve corretamente tem consciência de quando uma palavra parece certa ou não. O ensino da revisão e da edição faz parte da fase pós-escrita do processo, assim como a busca por termos escritos incorretamente e pequenas lições de localização da ortografia adequada de palavras – tudo isso exige que as crianças usem as suas habilidades de processamento visual para se tornarem boas escritoras. Testes padronizados em geral adotam esse método de medida para avaliar as habilidades ortográficas das crianças. A técnica também pode ser aplicada informalmente na sala de aula. Em vez do ditado convencional de palavras em provas de ortografia, podem ser dadas às crianças versões incorretas da ortografia de palavras-alvo, em questões de múltipla escolha ou em um contexto, e depois pedir que elas corrijam a palavra. Há quem acredite, porém, que mostrar versões incorretas de palavras para pequenos leitores e escritores com dificuldades não é uma boa ideia.
Código de cores para pontos difíceis
A cor é um elemento visual útil que ajuda as crianças a se lembrar de como as palavras funcionam. Quando escrevem uma palavra incorretamente, muitas vezes as crianças erram apenas uma letra ou sílaba. Ao escrever *páçaro* (sic), por exemplo, apenas o **ss** está errado. Ao copiarem as palavras escritas de forma equivocada como modo de praticá-las, elas podem escrever a letra ou sílaba problemática com uma cor diferente, focando a sua atenção nessa parte complicada da palavra: pá**ss**aro   pá**ss**aro   pá**ss**aro Copiar os pontos problemáticos com diferentes cores chama a atenção dos alunos para as partes específicas das palavras que eles precisam lembrar.

(continua)

Processamento visual (continuação)
Listas pessoais
No livro infantil *Donavan's word jar* (O pote de palavras de Donavan)*, de Monalisa De-Gross (Harper Collins, 1994), o menino Donavan Allen, como a maioria dos alunos do terceiro ano, coleciona coisas. Mas, em vez de colecionar moedas ou figurinhas, como os seus colegas de classe, Donavan coleciona palavras e as mantém em seu pote especial de palavras. Como parte do estudo do vocabulário, as crianças fazem coleções de suas palavras especiais, aquelas que elas querem aprender a escrever, como palavras relacionadas a dinossauros e a outros tópicos de interesse. As palavras podem ser registradas em cartões, cadernos, em um bloquinho de notas ou em qualquer outro lugar que seja interessante para as crianças. Elas aprenderão os significados das palavras que escolhem para incluí-las em suas coleções pessoais, mas, ao copiarem palavras em suas listas, precisam focar especificamente a forma visual – isto é, na ortografia de cada palavra.
Ortografia aos pares
Powell e Aram (2008) sugerem uma estratégia de Ortografia aos Pares (SIP, na sigla em inglês) para resolver problemas na escrita de palavras com mais de uma sílaba. Os alunos pronunciam as palavras sílaba a sílaba, falando exatamente como se escreve. Eles, então, circulam sílabas com diferentes padrões de ortografia e criam ferramentas mnemônicas para ajudá-los a se lembrar da ortografia das sílabas antes de praticarem a escrita das palavras inteiras.
Cadernos de estudo das palavras
As crianças podem fazer cadernos de estudo das palavras individuais, com termos que sejam importantes, para elas e/ou palavras que já lhe causaram problemas no passado. Com as palavras organizadas em ordem alfabética, esses cadernos podem ser usados como referências úteis para a escrita das crianças e como uma fonte de estudo e de revisão das dificuldades pessoais.

A escrita correta é um processo de exercício das opções ortográficas. Há múltiplas formas pelas quais os sons podem ser representados na escrita, e a consciência dos elementos visuais da linguagem escrita reforça o que é correto e o que contribui para a habilidade da pessoa de escrever corretamente. A ortografia precisa é também apoiada significativamente pelo conhecimento do significado das palavras.

Conhecimento das palavras

O desenvolvimento do vocabulário é um componente essencial do currículo escolar. O conhecimento vocabular está intimamente ligado à compreen-

---

* N. de R.T.: Como esse livro não tem tradução para o português, uma sugestão de ponto de partida para essa atividade é o livro de Jô Gallafrio, *O curioso mundo das palavras*. (Ciranda Cultural).

são da leitura (e à inteligência), e o seu ensino auxilia o aluno a se sair bem na leitura e na escrita. A habilidade de reconhecer palavras das crianças, o crescimento do vocabulário e a compreensão da leitura se inter-relacionam como componentes essenciais de um programa abrangente de leitura (RUPLEY; LOGAN; NICHOLS, 1998, p. 99).

O ensino do vocabulário tem consequências diretas, também, sobre a ortografia. Quanto mais uma criança souber sobre uma palavra, maiores serão as suas chances de escrevê-la corretamente. Henderson (1990, p. 77) enfatiza a importância de relacionar o ensino da ortografia ao dos significados das palavras como parte das atividades em sala de aula:

> As crianças e os jovens que aprendem a procurar relações de significado entre palavras e a observar as suas ortografias comuns aprendem duas coisas. Primeiro, aprendem os vários padrões pelos quais raízes e afixos se combinam; aprendem a lógica do som, ou fonologia, das palavras. Depois, aprendem a procurar essas raízes em cada nova palavra que encontram e, a partir disso, aprendem não uma, mas muitas novas palavras em apenas uma leitura. O ensino formal prepara jovens para dominar um rico vocabulário por si mesmos.

Atividades de vocabulário que focam a expansão do estoque de palavras fazem parte do currículo de linguagem das salas de aula norte-americanas, e a ortografia está intimamente ligada às muitas dimensões do estudo da palavra realizado em sala de aula.

O vocabulário das crianças cresce por meio de:
- *alertas para palavras,* quando as crianças examinam de onde as palavras vêm e exploram os significados das novas palavras que encontram;
- *exercícios com sinônimos e antônimos,* quando elas encontram palavras para usar no lugar de "chato" ou para substituir termos usados demais, como "disse" e "bonito", em sua escrita;
- *redes,* quando as crianças criam redes de significado, diagramas de Venn, ramificando três diagramas, análises semânticas e outras ferramentas visuais que relacionam o significado de palavras novas a conceitos familiares e experiências;
- *estudo intercurricular de palavras,* quando os alunos focam o vocabulário específico das ciências, dos estudos sociais e de outras disciplinas escolares;
- *jogos,* quando as crianças brincam de adivinhações, por exemplo, ou de outros jogos que envolvam o lado divertido da linguagem. Uma brincadeira divertida é "O gato do ministro", um jogo de palavras que exercita o vocabulário e a memória. Os jogadores devem, alternadamente, escolher um adjetivo para o gato do ministro, usando as letras

em ordem alfabética. Por exemplo, o primeiro jogador usa um adjetivo que começa com **a** (amigo), o jogador o seguinte deve dizer um que começa com **b** (bonito) e assim por diante. Os jogadores vão saindo da brincadeira conforme eles repetem um adjetivo ou não conseguem nomeá-lo. Vence aquele que ficar por último;
- *contatos com livros*, já que a quantidade de leitura dos alunos tem se mostrado o melhor prognóstico de crescimento do vocabulário nos anos elementares (FIELDING; WILSON; ANDERSON, 1988); livros que focam o significado das palavras,* aprofundam o estudo do vocabulário.

Ao se envolverem nesses exercícios de construção do vocabulário, os alunos aprendem a escrever novas palavras, que se tornam parte de seu vocabulário pessoal. É aqui que o ensino da ortografia torna-se uma parte integral das aulas de linguagem.

Entre as áreas que abordam o ensino do significado das palavras com implicações diretas na ortografia estão a atenção às palavras homófonas, às raízes e aos afixos e às palavras derivadas. Por meio da leitura, as crianças descobrem palavras novas e intrigantes, que se tornam parte de seu repertório de escrita.

Palavras homófonas

Como sugere o nome, **palavras homófonas** são aquelas que têm o mesmo som, mas são escritas de formas diferentes (como *mal/mau; seção/sessão; cem/sem*). Fazer a escolha certa entre palavras homófonas é uma função de significado e de contexto linguístico. Essas palavras são, com frequência, confundidas na escrita. Por exemplo, embora a representação ortográfica da palavra *mal* esteja correta, o seu uso está incorreto na frase "A Chapeuzinho tem medo do lobo *mal*". A escolha incorreta de palavras homófonas representa um dos erros mais comuns da linguagem escrita.

Apesar de exercícios focados e isolados para chamar a atenção dos alunos para a escolha adequada de palavras homófonas serem importantes, os melhores resultados são obtidos quando as crianças exercitam essas escolhas em suas experiências de escrita dentro e fora da escola. Elas também podem aguçar o olhar para localizar erros em textos que encontrem nos ambientes que frequentam. É comum, até mesmo em jornais, por exemplo, confundirem *mau* humor com *mal* humor ou *sessão* de cinema com *seção* de cinema.

---

* N. de R.T.: Uma sugestão em língua portuguesa é a coleção "Adivinhe só", de Ana Maria Machado (Editora Salamandra), especialmente os livrinhos *Manos malucos* 1 e 2.

Sugestões de ensino

Palavras homófonas

Mural de palavras

Aqui estão conjuntos de palavras homófonas que crianças podem confundir ao escrever:

a/há	cinta/sinta	sem/cem
acender/ascender	cinto/sinto	serração/cerração
acento/assento	conserto/concerto	sessão/seção
calda/cauda	expiar/espiar	tachar/taxar
cassar/caçar	houve/ouve	torço/torso
cela/sela	mal/mau	trás/traz
censo/senso	noz/nós	viagem/viajem
cheque/xeque	ora/hora	voz/vós

As crianças podem expandir este mural de palavras quando encontrarem outras homófonas em seus exercícios de escrita.

Palavras homófonas em contexto

O contexto determina qual palavra homófona é apropriada para cada frase, por isso é interessante que as crianças pratiquem bastante com frases como as seguintes:

A cozinheira deixou a ... cair sobre a ... do cachorro. (calda/cauda)
... muitos anos, o homem costumava ir para casa ... pé. (há/a)
O lobo ... não conseguia conversar com a vovozinha porque ela escutava ... (mau/mal)
No Natal, ... repartimos uma ... (nós/noz)
Em qual ... do shopping começará a ... de cinema? (seção/sessão)

Literatura infantil*

As crianças gostam de livros que brincam com a linguagem de formas diferentes, inclusive com palavras homófonas. Em inglês, por exemplo, livros dos autores Fred Gwynne e Norton Juster, este segundo para crianças mais velhas, focam a linguagem e usam palavras que são pronunciadas da mesma forma, mas possuem sentidos diferentes.

Raízes e afixos

As palavras chegam à nossa língua de diferentes formas. Algumas palavras curtas vêm de outras longas, como *tevê* de *televisão*. Mas muitas outras palavras são construídas a partir de elementos menores, a maior parte deles raízes, **prefixos** e **sufixos**, muitos dos quais foram emprestados do grego e do latim. Os elementos morfêmicos são os blocos de construção das palavras, e conhecer o seu significado e a sua forma ortográfica realça as habilidades de ortografia e vocabulário.

A raiz, ou **base**, de uma palavra determina o seu significado; **afixos** (prefixos e sufixos) mudam a forma e, com frequência, o significado da pala-

---

* N. de R.T.: Em português, além dos livros citados na nota anterior, há *Rebelião de palavras*, de William Tucci (Editora Scipione), *A palavra tem segredo*, de Luciana Célia (Editora Libretos), *Meias palavras, palavra e meia*, de Renato Petry (Ensinamento Editora), entre outros livros.

vra. Compreender o significado das partes que compõem a palavra está intimamente relacionado à habilidade de escrevê-las corretamente. A raiz latina **duc(t)**, por exemplo, que significa "levar a", pode ser encontrada em *conduzir, deduzir, educar, introduzir, produzir, aqueduto* e muitas outras palavras da nossa língua. Adams (1990, p. 151) reforça a importância do ensino que molda a conexão entre os elementos de significado e os elementos ortográficos nas palavras: "[...] o que se espera é que esse ensino melhore tanto a ortografia quanto a percepção visual da palavra. Reciprocamente... um ensino assim deve reforçar o vocabulário dos alunos e refinar as suas habilidades de compreensão."

Sugestões de ensino

Raízes e afixos		
Blocos de construção		
Os alunos devem entender que morfemas (raízes e afixos) são os blocos de construção das palavras. Uma base comum pode ser escrita no quadro, por exemplo, *igual* e grupos de alunos podem ver quantas novas palavras eles podem construir adicionando prefixos e sufixos a essa base (*desigual, igualdade, igualar, igualável* e assim por diante).		
Aqui está uma lista de prefixos e sufixos que as crianças podem encontrar em suas experiências iniciais com a leitura e a escrita:		
Prefixos		
anti-	contra	antissocial, antipático
auto-	a si mesmo	automático, automóvel
bi-	dois	bicicleta, bimestre
ex-	para fora	exterior, exportar
inter-	entre	internacional, interação
in-	negação	infeliz, inconsciente
micro-	pequeno	microscópio, microfone
re-	de novo	revisar, refazer
tele-	distante	telefone, televisão
tri-	três	triângulo, tricampeão
Sufixos		
-ário	relacionado a	literário, aviário
-ável	capaz de	usável, agradável
-ência	estado ou qualidade	aparência, decência
-ente	alguém/algo que faz	assistente, servente
-eiro	o que produz	padeiro, ferreiro
-mente	de maneira	rapidamente, vagarosamente
-ota	pequeno	bolota, ilhota
-aço	indica abundância	ricaço, corpaço
-ácia	qualidade ou estado	audácia, perspicácia
-ada	feito de	goiabada, marmelada

(continua)

> **Raízes e afixos** (continuação)
>
> ### Sílabas
> A atenção às unidades das palavras que lhes dão significado começa como parte do ensino relacionado às sílabas. Ao examinar morfemas que são sílabas frequentes – como *des-* de *desfazer* e *-ão* de *imaginação* –, os alunos percebem a natureza desses elementos e o efeito que têm no significado da palavra.
>
> ### Classificação de palavras
> Os alunos classificam as palavras de acordo com as suas raízes, de origem grega ou latina, com palavras-guia como *automóvel* (auto/"de/por si mesmo"), *telefone* (fone/"som/voz") e *telescópio* (tele/"longe").
>
> ### Murais de palavras
> Os professores podem criar murais de palavras com diferentes elementos estruturais. Por exemplo, usando o prefixo *in-*, que indica negação, e seus variantes *im-* e *i-*, podem-se fazer listas como
>
> | | | | |
> |---|---|---|---|
> | *incompleto* | *impróprio* | *irregular* | *ilegal* |
> | *inativo* | *impaciente* | *irrelevante* | *ilegível* |
> | *infeliz* | *imaturo* | *irresistível* | *ilógico* |
>
> Os alunos podem aumentar essas listas com palavras que encontrarem em seus estudos ou em suas leituras. Também podem perceber padrões ortográficos nas listas, identificando outras palavras que comecem com a mesma sílaba, mas que não tenham o significado da negação no *in-*, *im-* ou *i* (p. ex., *incenso*, *ímpeto*, *irrigar*, *ilustrar*).
>
> ### Áreas de conteúdo
> Muitos dos termos técnicos e específicos de vocabulário usados em matemática, ciências, estudos sociais e outras disciplinas do currículo contêm morfemas que se prestam ao estudo de palavras e a atividades de ortografia. Em ciências, ao aprenderem palavras como *termal*, *termostato* e *termômetro*, os alunos podem focar o significado de *term-*. *Termômetro* leva a *barômetro*, que também conduz ao significado de *-metro*. Em estudos sociais, palavras como *importar*, *exportar* e *transportar* podem levar ao conhecimento de *-portar*, que significa "carregar". O estudo das palavras e da ortografia estende-se por todo o currículo escolar.
>
> ### Vinte questões
> As crianças propõem umas às outras questões sobre os significados das palavras, com base em sua origem: "Estou pensando em uma palavra que significa carregar coisas de um lugar para outro" (*transporte*). "Estou pensando em uma palavra para o maior livro de palavras da língua" (*dicionário*).

As crianças podem descobrir muito sobre raízes e afixos explorando os significados das palavras como parte de atividades de desenvolvimento de vocabulário na sala de aula. Explorando a função do sufixo *eiro/eira*, por exemplo, como "alguém que faz algo", a classe pode pensar em *pipoqueiro* (que vende pipoca), *faxineiro* (que faz a faxina) e *engenheiro* (que elabora a engenharia). Explorando o sentido da raiz *anfi*, por exemplo, as crianças descobrem que ela vem do grego antigo e significa "de ambos os lados" e assim entendem o significado de *anfíbio* e *anfiteatro*. É dessa maneira que a ortografia se torna parte de um cenário maior de estudo das palavras.

Examinar como usamos partes das palavras para formar ou mascarar o sentido é um estudo interessante da semântica.

Na decodificação de palavras desconhecidas encontradas em suas leituras, as crianças aplicam o conhecimento que têm das partes integrantes da palavra na descoberta de sua pronúncia e do seu sentido. Na escrita, elas aplicam esse conhecimento para codificar o texto e alcançar a precisão ortográfica.

Derivações

A conexão significado-ortografia também é estabelecida no trabalho com palavras que derivam de outras palavras. Por exemplo, o adjetivo *democrático* e o verbo *democratizar* derivam, ambos, do substantivo *democracia*. Um enorme número de palavras do nosso léxico estão relacionadas entre si dessa maneira. Pistas para a ortografia são muitas vezes encontradas quando as crianças trabalham com as palavras derivadas como parte das atividades de desenvolvimento do vocabulário. As crianças aprendem a distinguir entre *comprimento* (a medida) e *cumprimento* (a saudação) quando percebem que este segundo é da família de *cumprir* e *cumprimentar*. Saber a derivação de uma palavra pode ser útil na escolha das letras corretas para representar os sons; o **i** de *remédio* pode dar à criança a dica de que *remediar* também se escreve com **i**, e não com **e**. Traçar e relacionar palavras promove uma consciência conceitual e linguística que se presta bem às crianças em seu desenvolvimento da leitura e da escrita.

Às vezes, o som muda em palavras derivadas. O primeiro **o** de *porco* torna-se aberto no plural, *porcos*. Acontece também do **e**, muitas vezes pronunciado como **i** no Brasil, mudar a pronúncia em palavras derivadas, como em *bilhete* e *bilheteiro*. São esses traços que as crianças começam a descobrir conforme exploram as palavras.

Trabalho com o dicionário

O dicionário é um auxílio importante e confiável para a ortografia, já que se trata da autoridade máxima no que diz respeito a determinar a ortografia correta de cada palavra. Antes de os primeiros dicionários em inglês serem escritos no século XVII, as palavras eram escritas de qualquer forma que permitisse o entendimento dos leitores. Mas, uma vez que o dicionário foi introduzido como uma forma de regulamentar a língua, a ortografia passou a ser mais rigidamente regulada. Já que o dicionário designa uma forma de escrita como correta, todas as outras se tornam incorretas. Embora os verificadores de ortografia do computador tenham tirado boa parte da pressão do "procure no dicionário", o uso de dicionários continua fazendo parte do ensino da ortografia na sala de aula. Os verificadores de ortografia nem sempre localizam erros, como alguém que já tenha esquecido plurais e trocado *calda* por *cauda* bem sabe. Ao mesmo tempo em que as crianças aprendem a usar o dicionário como uma ferramenta de ortografia, elas adquirem outras habilidades concomitantes necessárias para o uso desse livro: consciência da ordem alfabética, uso de palavras da mesma família, o sentido dos símbolos usados para a pronúncia, uso de múltiplos sentidos para uma só palavra e assim por diante. O objetivo do trabalho com o dicionário é ajudar as crianças a aprender a usar essa ferramenta rápida e eficientemente para determinar a ortografia de palavras desconhecidas.

Ferramentas mnemônicas

Nenhuma discussão sobre o aprendizado da ortografia seria completa sem abordar as ferramentas mnemônicas; truques de memória que podem ser muito úteis na escrita correta de certas palavras. A maioria de nós lembra-se de que "antes do **p** e **b** vem o **m** para se intrometer". Na infância, aprendemos pequenos truques de memória para nos ajudar a lembrar de como são escritas algumas palavras. Aprendemos que *excesso* possui um excesso de "esses", enquanto *exceção* não possui nenhum. Aprendemos que *agente*, tudo junto, é agente secreto, e que *a gente* é sinônimo de *nós*. E até criamos frases mnemônicas para lembrar da acentuação, como "vai a e volta da, crase há, o vai a e volta de, crase pra quê?", cantamos musiquinhas e adotamos outros procedimentos idiossincráticos para nos ajudar a grafar corretamente certas palavras. Embora a maior parte das ferramentas que aprendemos na infância pareça um pouco ultrapassada, ainda nos apoiamos em algumas delas para escrever corretamente.

Ferramentas de mnemônicas podem ser úteis, mas apenas para um número restrito de palavras. Você consegue pensar em um truque que ajude as crianças a se lembrarem de como escrever cada uma das palavras que precisam saber escrever? Aprender a ortografia envolve muito mais do que truques de memória que ajudem as crianças a contornar os pontos difíceis. Envolve uma abordagem sólida das relações som-símbolo, a habilidade de recordar as formas visuais das palavras e uma base de conhecimento das palavras sobre a qual construir o poder da comunicação.

O ensino direto e explícito da ortografia assume diversas formas conforme as crianças progridem ao longo dos anos escolares. Envolve o estudo de padrões básicos de palavras, à medida que as crianças aprendem a colocar os seus pensamentos no papel de forma que outros possam lê-los. Envolve pequenas lições sobre a diferença entre *mas* e *mais* e o acréscimo do *ndo* para o gerúndio, por exemplo. Também envolve a atenção às letras maiúsculas, já que *maria mora no brasil* não está correto, mesmo que as letras estejam bem distribuídas. Elisões também fazem parte desse ensino, pois o apóstrofo faz parte da ortografia de *d'água* e *d'Oeste*. Envolve, ainda, o estudo de prefixos e sufixos gregos e latinos, além da revisão e a edição no estágio pós-escrita, quando os professores reúnem-se com os alunos para preparar a publicação de seu material. Também se chama a atenção para traços ortográficos de palavras novas, que as crianças aprendem como parte de seu vocabulário em expansão. Há também o ensino direto de como verificar a escrita de uma palavra no dicionário. Envolve o incentivo de orgulho decorrente do cuidado com um trabalho, deixando-o o melhor possível. Por fim, envolve a orientação do professor e o seu exemplo, junto com estratégias diretas de ensino para que se processe a ortografia das palavras de modo regular e consistente.

AVALIANDO A ORTOGRAFIA DAS CRIANÇAS

No paradigma tradicional do ensino da ortografia norte-americano, a habilidade de escrever corretamente é medida com um teste às sextas-feiras, em que são tratadas as palavras memorizadas durante a semana. Com atenção voltada para o ensino direto e explícito da ortografia, as provas para a medição do entendimento ortográfico dos alunos permanecem no cenário da sala de aula. A habilidade de escrever corretamente uma lista delimitada de palavras fornece uma medida geral da ortografia da criança e também pode servir de base para uma nota no boletim; porém, ela expressa uma fatia restrita da habilidade geral da criança de lidar com o sistema ortográfico de sua língua.

Os professores precisam de uma combinação de medidas formais e informais para determinar o quão bem as crianças podem aplicar as suas habilidades ortográficas. Como fontes de informação para a avaliação da ortografia, Routman (2000) sugere testes, registros, exercícios em forma de ditados e escrita espontânea dos alunos. Cada um desses itens dá um *insight* sobre o tipo de instrução de que as crianças precisam para melhorar a sua *performance* ortográfica.

Testes de ortografia

Existem testes formais padronizados para avaliar as habilidades das crianças. Nos Estados Unidos, testes oficiais, administrados por instituições, como o California achievement test (Teste de desempenho da Califórnia; CTB

Macmillan/McGraw-Hill), o Stanford achievement test (Teste de desempenho de Stanford; Psychological Corporation) e o Iowa test of basic skills (Teste de habilidades básicas de Iowa; Riverside Publishing), que indicam a situação das crianças no que diz respeito à ortografia em relação a outras crianças do mesmo ano escolar/da mesma faixa etária. Outras provas focam mais especificamente a ortografia,* como o Test of written spelling (Teste de ortografia; TWS-4, na sigla em inglês), de Stephen C. Larson e Donald D. Hammill (PRO-ED) e o Diagnostic screening test: spelling, de T. D. Gnagey (Teste de triagem diagnóstica: ortografia; Slosson Educational). Essas provas em geral fornecem informações mais detalhadas do desenvolvimento ortográfico das crianças.

Alguns dos testes são elaborados para o público em geral; outros são voltados, principalmente, para crianças com dificuldades no processamento da linguagem e outros transtornos de aprendizagem. Alguns cobrem toda a trajetória escolar, enquanto alguns são dirigidos a uma faixa etária específica. Alguns pedem que as crianças escrevam palavras ditadas; outros usam questões de múltipla escolha, que exigem que as crianças identifiquem as palavras escritas corretamente de uma lista de quatro ou cinco lâminas. E já foi sugerido que falta a esses testes o embasamento teórico necessário para selecionar palavras, e que eles não conseguem discriminar a boa ortografia da fraca (JOSHI; AARON, 2005). Ainda assim, todas essas medidas formais têm por objetivo dar aos professores e a outros tutores uma medida da habilidade das crianças de escrever corretamente.

Registros de ortografia

Bear et al. (2004, p. 34) sugerem uma série de registros de ortografia, dirigidos a vários anos escolares, com "palavras especialmente escolhidas para representar uma variedade de aspectos ou padrões da ortografia em níveis progressivos de dificuldade". Esses registros qualitativos de ortografia adotam padrões ortográficos particulares, como troca sonora/surda, uso dos **RR**, uso do **h** inicial e assim por diante. Eles podem ser usados para fornecer informações detalhadas sobre o desenvolvimento da ortografia das crianças em diferentes estágios.

Relatórios como esses não dão apenas uma informação diagnóstica, mas também uma nova perspectiva por meio da qual se pode analisar a ortografia das crianças em suas atividades funcionais de escrita. Eles ajudam os professores a ver quais aspectos ortográficos as crianças já dominam e quais precisam de mais trabalho.

---

* N. de R.T.: No final deste capítulo são sugeridos alguns instrumentos publicados em língua portuguesa para avaliação ortográfica.

Exercícios em forma de ditados

Os ditados têm sido usados com o propósito de avaliar a ortografia das crianças há muito tempo.

> As palavras podem ser ditadas de modo a usar o conhecimento já ensinado sobre as correspondências letra-som, tornando os alunos mais conscientes das letras separadamente e do fato de que apenas uma letra diferente (ou som) no início, meio ou fim da palavra a transforma em outra. Também é útil ditar palavras desconhecidas, mas cujas grafias possam ser concluídas por analogia. (CHALL; POPP, 1996, p. 38).

Conforme as crianças ouvem palavras, seja isoladas ou no contexto de frases, elas tornam-se aptas para combinar os símbolos ou padrões de símbolos que correspondem aos sons das palavras. Como forma de avaliação (e de ensino também),

> [...] precisamos ter em mente que o desempenho ortográfico das crianças em frases ditadas pelo professor não é o mesmo de quando compõem textos. Os resultados dos ditados podem ser melhores porque a criança está muito concentrada em escrever corretamente. Isto é, ela não tem de criar um conteúdo que faça sentido enquanto escreve. (ROUTMAN, 2000, p. 412).

Como no caso dos registros de ortografia, as palavras dos ditados podem ser selecionadas por seu padrão ortográfico.

A escrita espontânea das crianças

Testes e registros ortográficos não são suficientes para obter um quadro completo da habilidade da criança de escrever corretamente. A ortografia é uma habilidade funcional da escrita, e o seu benefício supremo é a capacidade da criança de escrever palavras corretamente em suas atividades rotineiras de escrita. A observação diária da escrita da criança – especialmente a observação dos primeiros rascunhos e de escritos pessoais, como diários, além de outras atividades espontâneas – fornece uma infinidade de informações sobre o seu conhecimento ortográfico e a sua competência na aplicação desse conhecimento no dia a dia. O teste máximo da habilidade da criança de escrever bem é a aplicação da ortografia em experiências autênticas de escrita. A boa ortografia é a marca de uma escrita eficaz. Não importa quão bem uma criança se saia no teste de ortografia semanal, ou que nível ela alcance em baterias de testes padronizados –, a ortografia deve ser avaliada em um contexto mais amplo da escrita. A fônica, o processamento visual e o significado das palavras juntam-se em narrativas, poemas, cartas, relatórios e outras formas de discurso escrito que as crianças produzem. Essa é a medida de avaliação fundamental da habilidade de escrever corretamente da criança.

CONCLUSÃO

O que existe na relação entre a fônica e a ortografia? Como no processo de aprendizado da leitura, a fônica constitui um componente necessário, mas não suficiente, para a aprendizagem da escrita correta. Isto é, o conhecimento das relações som-símbolo da sua língua é essencial para escrever bem, mas conhecer essas relações não basta.

Para a maior parte das crianças (e muitos adultos), a ortografia não é uma tarefa fácil. Aprender a escrever corretamente é um processo complexo e intrincado, que exige consciência cognitiva e linguística, e não apenas memorização. As crianças precisam ser imersas na escrita e receber instruções diretas de acordo com o seu nível de desenvolvimento e a sua consciência da estrutura ortográfica de sua língua.

A ortografia faz parte de um programa de letramento mais abrangente. Está diretamente ligada à consciência fonêmica e à fônica. Na verdade, "[...] a ortografia é um modo poderoso de ensinar a fônica" (VACCA et al., 2009, p. 215). Faz parte do desenvolvimento do vocabulário, da compreensão e (menos diretamente) da fluência. Em nível ortográfico, a fônica é a cola que conecta leitura/escrita. A ortografia faz parte da escrita, e nenhum programa de letramento fica completo sem um componente forte de escrita.

Embora precise de um foco direto e explícito, o ensino da ortografia faz parte da área geral de estudo da palavra. Requer um conhecimento do sistema ortográfico que é inerente à fônica; envolve a habilidade de processamento visual para reconhecer e exercitar as opções ortográficas; e é apoiado pelos significados, que expandem o vocabulário.

Aprender a ortografia está intimamente relacionado a aprender a ler. A ortografia das crianças com frequência reflete as suas ideias de como a linguagem funciona. A ortografia dos alunos indica a sua assimilação da fônica e reflete grande parte de sua leitura.

No fim das contas, porém, a ortografia permanece uma parte de um cenário maior, o da comunicação escrita. Trata-se de apenas uma dimensão da eficácia da escrita, mas com frequência é a parte que atrai mais atenção pública. Há um incômodo social acerca da inabilidade de se escrever corretamente, e até mesmo hostilidade aberta diante de erros ortográficos encontrados em mensagens escritas. A ortografia continua sendo um elemento essencial do letramento das crianças.

REFERÊNCIAS

ADAMS, M. J. *Beginning to read*: thinking and learning about print. Cambridge, MA: MIT Press, 1990.

BEAR, D. R. et al. *Words their way*: word study for phonics, vocabulary, and spelling. 3. ed. Upper Saddle River, NJ: Pearson/Merrill/Prentice Hall, 2004.

BEAR, D. R.; TEMPLETON, S. Explorations in developmental spelling: foundations for learning and teaching phonics, spelling, and vocabulary. *The Reading Teacher*, v. 52, p. 222-242, 1998.
BISSEX, G. *GYNS AT WRK*: a child learns to write and eead. Cambridge, MA: Harvard University Press, 1980.
BROMLEY, K. Best practices in teaching writing. In: GAMBRELL, L. N.; MORROW, L. M.; Pressley, M. (Eds.). *Best practices in literacy instruction*. New York: The Guilford Press, 2007.
CALKINS, L. M. *The art of teaching writing*. Portsmouth, NH: Heinemann, 1994.
CARDOSO-MARTINS, C.; BATISTA A. C. E. O conhecimento do nome das letras e o desenvolvimento da escrita. Evidências de crianças falantes do português. *Psicologia: reflexão e crítica*, 183, p. 330-336, 2005.
CARREKER, S. Spelling instruction: Foundation of reading and ornament of writing. *Perspectives*, v. 31, p. 22-25, 2005.
CHALL, J. S.; POPP, H. M. *Teaching and assessing phonics*: why, what, when, and how. Cambridge, MA: Educators Publishing Service, 1996.
CLARKE, L. K. Invented versus traditional spelling in fi rst graders' writing: Effects on learning to spell and read. *Research in the Teaching of English*, v. 22, p. 281-309, 1988.
COYNE, M. D.; KAME'ENUI, E. J.; Simmons, D. C. Prevention and intervention in beginning reading: two complex systems. *Learning Disabilities Research and Practice*, v. 16, p. 63-73, 2001.
CUNNINGHAM, P. M. The multisyllabic word dilemma: helping students build meaning, spell, and read 'big' words. *Reading and Writing Quarterly*, v. 14, p. 189-219, 1998.
CUNNINGHAM, P. M. *Phonics they use*. 3rd ed. New York: Longman, 2000.
DIX, S. I'll do it my way: three writers and their revision practices. *The Reading Teacher*, v. 59, p. 566-573, 2006.
EHRI, L. C.; Wilce, L. S. Does learning to spell help beginners learn to read words? *Reading Research Quarterly*, v. 22, p.47-65, 1987.
FIELDING, L. G.; WILSON, P. T.; ANDERSON, R. C. A new focus on free reading: The role of trade books in reading instruction. In: RAPHAEL, T. (Ed.). *The contexts of school-based literacy*. New York: Random House, 1988.
FRESCH, M. J. Journal entries as a window on spelling knowledge. *The Reading Teacher*, v. 54, p.500-513, 2001.
FRESCH, M. J.; WHEATON, A. Sort, search, and discover: spelling in the child-centered classroom. *The Reading Teacher*, v. 51, p. 20-31, 1997.
GENTRY, J. R.; GILLET, J. W. *Teaching kids to spell*. Portsmouth, NH: Heinemann, 1993.
GRAVES, D. H. *Writing*: teachers and children at work. Portsmouth, NH: Heinemann, 1983.
GRAVES, D. H. *A fresh look at writing*. Portsmouth, NH: Heinemann, 1994.
GROFF, P. Teaching phonics: letter-to-phoneme, phoneme-to-letter, or both? *Reading and Writing Quarterly*, v. 17, p. 291-306, 2001.
HANNA, P. R.; HODGES, R. E.; HANNA, J. S. *Spelling*: structure and strategies. Boston: Houghton Mifflin, 1971.
HEALD-TAYLOR, G. Three paradigms of spelling instruction in grades 3 to 6. *The Reading Teacher*, v. 51, p. 404-413, 1998.
HENDERSON, E. H. *Teaching spelling*. 2nd ed. Boston: Houghton Mifflin, 1990.
HENRY, M. K. Spelling instruction in the upper grades: the etymology/morphology connection. *Perspectives*, v. 31, p. 30-32, 2005.
INVERNIZZI, M.; ABOUZEID, M.; GILL, J. T. Using students' invented spellings as a guide for spelling instruction that emphasizes word study. *Elementary School Journal*, v. 95, p. 155-167, 1994a.
INVERNIZZI, M.; ABOUZEID, M.; GILL, J. T. *A fresh look at writing*. Portsmouth, NH: Heinemann, 1994b.
JOSHI, R. M.; AARON, P. G. *Spelling*: Assessment and instructional recommendations. *Perspectives*, v. 31, p. 38-41, 2005.
MOOJEN, S. M. P. *A escrita ortográfica na escola e na clínica*: teoria, avaliação e tratamento. São Paulo: Casa do Psicólogo, 2011.

MORAIS, A. G. *Ortografia:* ensinar e aprender. Porto Alegre: Ática, 1998.
NUNES, T.; BRYANT, P. Leitura e ortografia: além dos primeiros passos. Porto Alegre: Penso, 2014.
MURRAY, D. *A writer teaches writing:* a practical method of teaching composition. Boston: Houghton Mifflin, 1968.
ORTON, J. G. Phonemic awareness and inventive writing. *New England Reading Association Journal,* v. 36, p. 17-21, 2000.
POWELL, D. A.; ARAM, R. Spelling in parts: a strategy for spelling and decoding polysyllabic words. *The Reading Teacher,* v. 61, p. 567-570, 2008.
READ, C. Preschool children's knowledge of English orthography. *Harvard Educational Review,* v. 41, p. 1-34, 1971.
ROUTMAN, R. *Conversations:* strategies for teaching, learning, and evaluating literacy learning. Portsmouth, NH: Heinemann, 2000.
RUPLEY, W. H.; LOGAN, J. W.; NICHOLS, W. D. Vocabulary instruction in a balanced reading program. *The Reading Teacher,* v. 52, p. 336-346, 1998/1999.
SILVA, A.; MORAIS, A.G; MELO, K. L. R. (Org.). *Ortografia na sala de aula.* Belo Horizonte: Autêntica, 2007.
SMITH, F. Why systematic phonics and phonemic awareness instruction constitute an educational hazard. *Language Arts,* v. 77, p. 150-155, 1999.
SNOW, C. E.; BURNS, M. S.; GRIFFIN, P. *Preventing reading difficulties in young children.* Washington, DC: National Academy Press, 1998.
TEMPLETON, S. Teaching and learning the english spelling system: reconceptualizing method and purpose. *Elementary School Journal,* v. 92, p. 185-201, 1991.
TEMPLETON, S.; MORRIS, D. Questions teachers ask about spelling. *Reading Research Quarterly,* v. 34, p. 102-112, 1999.
TIERMAN, L. S. The value of marking hard spots in spelling. *University of Iowa Studies in Education,* v. 5, p. 8, 1930.
TRAILL, L. *Highlight my strengths:* assessment and evaluation of literacy learning. Crystal Lake, IL: Rigby, 1993.
VACCA, J. L. et al. *Reading and learning to read.* 7th ed. Boston: Allyn & Bacon/Pearson, 2009.
WALSHE, R. D. Questions teachers ask about teaching writing K-12. In: WALSHE, R. D.; MARCH, P. (Eds.). *Teaching writing K-12.* Melbourne, Australia: Dellastar, 1988.
WEAVER, C. *Reading process and practice:* from socio-psycholinguistics to whole language. Portsmouth, NH: Heinemann, 1988.

Livros infantis citados neste capítulo

CLEMENTS, A. *Frindle.* New York: Simon and Schuster, 1996.
DeGROSS, M. *Donovan's word jar.* New York: HarperCollins, 1994.

Sugestões de testes para avaliação de ortografia em português

MOOJEN, S. M. P. *A escrita ortográfica na escolar e na clínica:* teoria, avaliação e tratamento. São Paulo: Casa do Psicólogo, 2009.
BATISTA, A. O.; CAPELLINI, S. A. *PRO-Ortografia:* desempenho ortográfico de escolares de 2º ao 5º ano do ensino privado do município de Londrina. Psicol Argum, v. 29, n. 67, p. 411-25, 2011.
STEIN, L. M. Subteste de avaliação da escrita. In: Stein, L. M. TDE : teste de desempenho escolar: manual para aplicação e interpretação. São Paulo: Casa do Psicólogo, 1994.

Concluindo: a fônica em um programa abrangente de leitura 6

A fônica continua sendo uma parte essencial da vida educacional das crianças que estão aprendendo a ler e a escrever. Trata-se de um elemento importante em um programa abrangente de leitura na sala de aula. Este capítulo:

- examina o que seria esse programa abrangente de leitura;
- descreve os principais componentes desse programa;
- examina a fônica com relação a outros elementos em um programa abrangente de leitura.

Em uma sociedade letrada, ler sempre foi essencial para a educação de crianças. Mais atenção pública tem sido dada à leitura do que a qualquer outra disciplina escolar. Mais pesquisas são conduzidas, mais dinheiro é gasto em materiais curriculares e mais serviços de suporte são fornecidos do que a qualquer outro aspecto do currículo. A eficácia da escola é, com frequência, julgada com base no desempenho dos alunos em testes de leitura. Ensinar crianças a ler há muito tempo é uma prioridade central da educação.

A legislação norte-americana No Child Left Behind e o IDEA (relacionado à educação especial) têm como alvo a leitura. Ambos estipulam que se ensine as crianças a ler com técnicas baseadas em evidências científicas em um programa abrangente de leitura.

ENSINO ABRANGENTE DE LEITURA

O que, afinal, é um programa abrangente de leitura? Embora tenha sido definido e descrito de formas diferentes, muitos professores veem o ensino abrangente como um processo de sintetização de partes de diferentes modelos que possam funcionar bem juntos, em um programa de ensino bem articulado na sala de aula.

Muitos professores veem o ensino abrangente da leitura como um currículo equilibrado de sala de aula, que tem por objetivo atender às necessidades de todas as crianças. Para esses professores, trata-se de uma abordagem que envolve um regime saudável de ensino voltado para o desenvolvimento de atividades, balanceado com uma prática extensiva de leitura de textos reais. É um programa que integra todas as áreas da linguagem: ouvir, falar, ler e escrever. Utiliza-se tanto textos narrativos quanto expositivos como veículos para ensinar as crianças a ler. Strickland (1995, p. 295) sugere que o programa envolve a busca pelas "[...] pontes entre a sabedoria convencional do passado e a necessidade de empregar a sabedoria e os resultados das pesquisas atuais".

A instrução abrangente envolve moldar e ensinar uma variedade de habilidades e estratégias que as crianças possam aplicar em seu desenvolvimento como leitores e escritores. Junto com a instrução direta e sistemática da decodificação, inclui o ensino do uso de outras estratégias de reconhecimento de palavras: reconhecimento automático, análise estrutural e indicações do contexto. Impregna o ensino com a linguagem e constrói uma relação próxima entre a leitura e a escrita. Inclui a adoção de muitos tipos de texto – livros didáticos, textos decodificáveis, livros infantis, jornais, etc. – que podem servir de veículos para que as crianças desenvolvam e pratiquem a habilidade de ler e escrever. Em suma, um programa abrangente de leitura dá às crianças todas as oportunidades de aprender a ler e a escrever como participantes de uma sala de aula inserida na comunidade letrada.

Pesquisas apoiam um ensino equilibrado em um programa abrangente de leitura. Em estudos que comparam programas de ensino de leitura,

> [...] abordagens em que há um ensino sistemático do código, junto com uma ênfase no sentido, a instrução da linguagem e leituras de textos reais costumam ter um resultado superior no que diz respeito ao desempenho da leitura como um todo. (ADAMS, 1990, p. 49).

Em outras palavras, nem uma abordagem que se apoia somente na fônica nem uma que enfatize o sentido a ponto de excluir a fônica é eficaz no equilíbrio desses dois aspectos.

Um programa abrangente de leitura envolve "uma rede de estratégias explícitas e de ensino de habilidades com experiências ricas de leitura e de escrita" (MCINTYRE; PRESSLEY, 1996, p. xi). Embora esse modelo de leitura e de escrita continue surgindo e apresente uma série de questões não solucionadas, pesquisas e relatórios de programas foram detalhados (VAIL, 1991; BAUMANN; IVEY, 1997; DUDLEY-MARLING, 1996). Ao serem envolvidas em tarefas de leitura legítima, as crianças recebem dos professores uma instrução direta das habilidades e estratégias de que precisam para serem bem-sucedidas como pequenas leitoras e escritoras.

Nem todo mundo concorda com o conceito ou com a expressão "instrução balanceada de letramento". Frank Smith (1999, p. 155), um ardente defensor do método global, diz que combinar abordagens diferentes é como "[...] servir uma poção ligeiramente diluída de veneno com um antídoto fortemente diluído". Na outra ponta do espectro filosófico, Chester E. Finn (2000) diz que o termo *instrução balanceada* nada mais é do que uma expressão usada para disfarçar o método global. Alguns aconselham:

> [...] equilibre, mas não misture... Um equívoco no que concerne ao equilíbrio defendido por pesquisas é que o professor deveria ensinar as relações som--símbolo no contexto de narrativas reais. A mistura do ensino da decodificação e da compreensão na mesma atividade instrucional é claramente menos eficaz. (CENTER FOR THE FUTURE OF TEACHING AND LEARNING, 1997, p. 16).

Em última análise, não há um único modelo de abordagem abrangente ou balanceada para o ensino da leitura e da escrita. Práticas de ensino diferem de professor para professor, de ano escolar para ano escolar, de sala de aula para sala de aula e de aluno para aluno dentro de uma mesma classe. O ensino da leitura é mais do que uma receita que sugere duas xícaras de instrução fônica direta, uma fatia de compreensão, 1,5 kg de literatura infantil, uma pitada de motivação e 10 minutos de prática. "Um programa abrangente e equilibrado é uma perspectiva filosófica acerca dos tipos de conhecimento de leitura que as crianças deveriam desenvolver, e como esses tipos de conhecimento podem ser alcançados" (FITZGERALD, 1999, p. 100).

COMPONENTES DO PROGRAMA

Embora o debate sobre a leitura balanceada continue, e apesar de especialistas argumentarem o que constituiria uma instrução equilibrada, o ensino abrangente da leitura certamente inclui os componentes identificados como essenciais pelo Comitê Nacional de Leitura dos Estados Unidos (NATIONAL READING PANEL, 2000). O trabalho do NRP de reunir achados de pesquisas de princípio científico sugere uma base de conhecimento de cinco componentes que a criança precisa saber, em ordem, para aprender a ler. Esses cinco componentes são: consciência fonêmica, fônica, vocabulário, compreensão de texto e fluência.

Consciência fonêmica

A consciência fonêmica – habilidade de reconhecer e manipular sons na língua falada – é um importante pré-requisito na aprendizagem da leitura. O Capítulo 2 define, explica e sugere maneiras de ensinar esse aspecto em um programa abrangente de leitura.

Dada a natureza alfabética do nosso sistema de escrita, é importante que as crianças reconheçam que as palavras são formadas por sons e que eles são representados na escrita por símbolos gráficos de forma previsível. Diferenças fonêmicas entre as palavras levam a diferentes significados também. As palavras *mato* e *gato* têm significados bem diferentes, apesar de se distinguirem apenas por uma pequena diferença de som. O mesmo pode ser dito de pares de palavras como *bola* e *bala* e *faca* e *vaca*, além de milhares de outros pares como esses, que as crianças encontram em suas experiências iniciais de leitura. As crianças que não reconhecerem essas diferenças fonêmicas ficam em enorme desvantagem na aquisição de habilidades de leitura. No início da instrução da leitura, os alunos são ensinados a manipular fonemas usando as letras do alfabeto. A prática precoce da combinação entre letras e sons (que é a essência da instrução fônica) dá uma forte contribuição para o bom desempenho na leitura e na escrita. As crianças precisam reconhecer os sons ao decodificarem palavras.

> O ensino da consciência fonêmica melhora a habilidade das crianças de ler palavras e também a sua compreensão de leitura. A consciência fonêmica ajuda a compreensão de leitura primariamente por meio de sua influência na leitura de palavras. Para as crianças entenderem o que leem, elas devem ser capazes de ler as palavras com rapidez e precisão. A leitura rápida e precisa libera a atenção das crianças para que elas possam focar no sentido do texto que estão lendo. (ARMBRUSTER; LEHR; OSBORN, 2001, p. 6).

A consciência fonêmica ajuda as crianças a aprender a escrever também. É claro que as crianças um pouco mais velhas precisarão de menos instrução e prática da consciência fonêmica do que aquelas que estão começando a aprender a ler. Apesar disso, a consciência fonêmica permanece um forte apoio para o ensino da fônica ao longo de todos os anos escolares iniciais. Para crianças mais velhas que vêm lutando com a leitura, a consciência fonêmica pode ser a peça que falta no quebra-cabeças que lhes permitirá desfrutar do sucesso na leitura.

Fônica

A fônica – estudo concentrado e consciente das relações som-símbolo com o propósito de aprender a ler e a escrever – foi inteiramente abordada ao longo deste livro. Ela permanece sendo uma das qualidades essenciais de um programa abrangente de leitura.

O objetivo do ensino da fônica é ajudar as crianças a reconhecer palavras rápida e precisamente, partindo das relações sistemáticas e previsíveis entre letras e sons das palavras. Programas abrangentes de leitura incluem o ensino explícito da fônica em uma sequência previsível e claramente definida, junto com vastas oportunidades para que as crianças apliquem o seu conhecimento da fônica na leitura e na escrita.

O ensino da fônica é mais eficiente quando ocorre logo no início da vida escolar da criança – na educação infantil e no primeiro ano do ensino fundamental. As crianças aplicam o seu conhecimento de fônica conforme leem textos decodificáveis e outros materiais apropriados de leitura, além de usá-lo também nas histórias simples que escrevem com escrita inventada.

O ensino da fônica continua sendo apropriado conforme as crianças progridem nos diferentes anos escolares. Conforme decodificam novas palavras que encontram em ciências, matemática e estudos sociais, entre outras áreas curriculares, elas aplicam o seu conhecimento das relações som-símbolo, da silabação e do uso de raízes e afixos para determinar a pronúncia e o sentido de palavras desconhecidas e para outros aspectos de seu estudo de palavras. A fônica é aplicada, também, quando as crianças deparam-se com novas palavras em suas leituras independentes.

Nos anos iniciais, a fônica serve de suporte para a compreensão de texto, pois ajuda as crianças a decodificarem palavras rápida e precisamente. Quando elas conseguem identificar com facilidade as palavras que encontram, podem focar a sua atenção na compreensão do sentido e desfrutar do texto que estão lendo. Enquanto algumas crianças possam aprender a ler – independentemente da abordagem pedagógica utilizada –, muitas delas – sobretudo as que têm dificuldades de leitura – precisarão muito mais de uma abordagem direta e sistemática da fônica em um programa abrangente e equilibrado de leitura.

Não importa como se define um programa assim, o ensino direto e sistemática da fônica é uma parte essencial desse programa.

Vocabulário

Nunca é demais ressaltar a importância do vocabulário como parte do processo de aprendizagem da leitura. O conhecimento de palavras constitui a base fundamental do sucesso na leitura. "Pesquisas indicam que o ensino direto do vocabulário pode aumentar o seu aprendizado e a sua compreensão" (MCKEOWN; BECK, 2004, p. 13).

O tamanho do vocabulário no primeiro ano é um forte prognóstico da compreensão de leitura no 11º ano escolar (10 anos depois!). Ao ingressarem na escola, as crianças precisam de um extensivo conhecimento de palavras para se saírem bem na aprendizagem da leitura. Contudo, crianças que chegam ao primeiro ano com déficits de vocabulário demonstram cada vez mais problemas com a leitura e tendem a fracassar mais e mais no futuro. Isso sugere uma ênfase no desenvolvimento da linguagem oral bem cedo nas experiências escolares dos alunos.

O desenvolvimento do vocabulário começa antes mesmo do ensino da leitura. Aprender novas palavras faz parte do processo de aquisição da linguagem que ocorre precocemente na vida da crianças. Conforme as crianças envolvem-se em atividades orais diárias, o crescimento do vocabulário é rápido. As estimativas variam, mas é razoável supor que, quando começam a aprendizagem da leitura, as crianças têm um vocabulário de ouvir-falar de cerca de cinco mil palavras (JUST; CARPENTER, 1987).

O conhecimento de palavras é essencial para a leitura. Embora seja importante que uma criança seja capaz de usar a fônica para decodificar uma palavra como **s-a-l**, igualmente (ou mais) importante é que a criança saiba o que é *sal* após pronunciar a palavra em voz alta. Crianças pequenas recorrem ao seu estoque de vocabulário oral para dar sentido ao que leem. O progresso na leitura depende do desenvolvimento da linguagem oral. Isso vale para as dificuldades frequentemente encontradas por quem está aprendendo a língua materna e por crianças que vêm de ambientes de linguagem restrita.

O vocabulário e a compreensão são intimamente relacionados. "Muitas pesquisas documentaram a força da relação entre o vocabulário e a compreensão... O vocabulário de um leitor é o melhor prognóstico do quão bem aquele leitor consegue entender um texto" (NAGY, 1988, p. 1). As crianças mal conseguem entender o que estão lendo se não sabem o sentido das palavras do texto.

Embora as crianças adquiram a maior parte do vocabulário indiretamente, uma parte dele deve ser aprendido diretamente. Ensinar o significado de palavras específicas é uma tarefa usual na maioria das aulas de leitura. Antes de lerem um trecho, as crianças aprendem palavras que são fundamentais para o entendimento do texto. Esse ensino é estendido conforme professores e crianças continuam usando novas palavras automáticas repetidamente em diferentes contextos.

O desenvolvimento do vocabulário por meio da oralidade, em geral, precede a leitura compartilhada e outras atividades de leitura. O vocabulário também é desenvolvido em um programa abrangente de leitura por meio de exercícios para reconhecer palavras automaticamente e indicações de contexto e da análise estrutural.

As **palavras reconhecidas automaticamente** são aquelas que as crianças identificam de modo instantâneo no texto, e aprender a reconhecer palavras imediatamente é uma parte importante do ensino da leitura. Essas são palavras que aparecem com frequência nos textos, e muitas delas são foneticamente irregulares – isto é, não possuem relações previsíveis de som-símbolo. O objetivo de desenvolver um grande estoque de palavras reconhecidas automaticamente é a identificação rápida e precisa das palavras que as crianças verão nos textos. Construir um grande estoque de palavras reconhecidas imediatamente é importante por várias razões. Enquanto o nosso sistema de escrita tiver uma natureza alfabética, ele não é perfeito. Muitas palavras que as crianças encontram em suas experiências de leitura e escrita nem sempre possuem uma relação consistente de som-símbolo. Por exemplo, a palavra *táxi* não pode ser facilmente decodificada com base na relação som-símbolo. As crianças precisam reconhecer rapidamente essas palavras como unidades inteiras. Reconhecê-las instantaneamente permite a fluência da leitura. Dada a natureza alfabética do sistema de escrita do inglês e o seu número de palavras (cerca de 750 mil; na língua portuguesa, são cerca de 600 mil), porém, é impraticável pensar na aprendizagem de cada palavra irregular como uma entidade individual. É por isso que a fônica continua sendo tão importante para a aprendizagem da leitura.

Indicações de contexto consistem em informações nas passagens ao redor da palavra desconhecida que ajudam o leitor a determinar o seu sentido (e às vezes a sua pronúncia). Leitores iniciantes com frequência usam ilustrações como pistas para identificar as palavras e entender o seu significado. Usar as indicações de contexto em conjunto com a fônica é outra es-tratégia em que os leitores se apoiam ao interagirem com o texto impresso. Assim, a fônica permite que os leitores façam adivinhações bem informadas sobre as palavras; o contexto e a linguagem de fundo fornecem aos leitores estratégias flexíveis que podem ser usadas para obter as informações de que precisam para acertar.

O sentido das palavras em geral depende do contexto em que elas são usadas. Além de usar as indicações de contexto como uma estratégia de estudo da palavra, recorrer ao contexto em leituras independentes é uma ótima maneira de adquirir vocabulário ao longo de toda a vida escolar dos alunos.

A **análise estrutural** – o processo de abordar as palavras usando as partes básicas que as compõem (prefixos, raízes, sufixos) – está intimamente ligada à análise fonética. Assim como a análise fonética diz respeito aos fonemas nas palavras, a análise estrutural aborda os morfemas. Essas unidades estruturais são os blocos de construção das palavras, e aprender sobre elas constitui um importante aspecto do estudo da palavra em um programa abrangente de leitura.

Mountain (2005) sugere o ensino da análise estrutural já no primeiro ano. Aprender sobre raízes, prefixos e sufixos começa cedo, assim que as crianças começam a usar palavras compostas como parte de suas atividades de consciência fonêmica. Continua com a prática da silabação, já que a maioria das unidades estruturais formam sílabas separadas na palavra. Estende-se para o estudo da palavra, quando os alunos exploram as raízes greco-latinas e traçam os significados das palavras por meio de conexões etimológicas em conjunto com o ensino explícito da ortografia e do vocabulário. As crianças usam o conhecimento das palavras junto com o dos elementos fonéticos da análise estrutural como uma habilidade de reconhecimento dos termos escritos.

É claro que o dicionário e outros subsídios de referência são importantes para a aprendizagem do significado das palavras. O dicionário é a grande referência para o significado de palavras. Quem escreve se apoia no dicionário para acertar a ortografia, e leitores o usam para ver a pronúncia e o significado de palavras desconhecidas. Um programa abrangente de leitura inclui o ensino da ordem alfabética, o uso de palavras-guia, a interpretação de reescritas fonéticas, a escolha entre muitos significados e outras habilidades derivadas do dicionário voltadas para o desenvolvimento do vocabulário das crianças. Uma maneira particularmente eficaz de ajudar no crescimento do vocabulário das crianças é ler em voz alta. "Ler em voz alta é a atividade mais importante que existe para construir o conhecimento de palavras necessário para uma leitura bem-sucedida" (MORRISON; WLODARCZYLE, 2009, p. 111). A leitura em voz alta torna os livros acessíveis para as crianças, sobretudo as que possuem dificuldades de leitura. Elas ouvem o vocabulário e os padrões de linguagem em sua experiência com livros como fontes de diversão e de informação. O desenvolvimento do vocabulário deve fazer parte da discussão que vem depois da leitura em voz alta, já que os professores selecionam palavras que sejam importantes ou interessantes para a história. Expor as crianças a narrativas e poemas com leituras em voz alta gera diversão, desperta o interesse pela leitura e estimula o crescimento do vocabulário. Cada um desses componentes – aprendizagem indireta, instrução direta, reconhecimento imediato de palavras, uso de indicações do contexto, análise de raízes e afixos e atividades de leitura em voz alta – são importantes para o estudo de palavras e para o desenvolvimento do vocabulário em um programa abrangente de leitura.

Compreensão

O objetivo máximo da leitura e da escrita é a compreensão, a habilidade de conferir um significado ao texto impresso. Mesmo os mais ardentes defensores da fônica reconhecem que é o significado a principal meta da leitura, e que a fônica é apenas um passo no processo para se alcançar essa meta.

A compreensão é um processo complexo que depende de uma constelação de fatores baseados no texto e no sentido. Está relacionada ao nível, à estrutura e ao conteúdo do texto. Também está relacionada a fatores "além dos olhos do leitor", como a trajetória de linguagem da criança, o processamento cognitivo e o imaginário mental, o conhecimento prévio, ou *schemata*, a consciência metacognitiva e a motivação. Ao ajudarem os alunos a construírem o significado do que estão lendo, os professores levam em conta esses fatores como uma parte da instrução.

A compreensão é um processo ativo e intencional. Pesquisas sobre a compreensão de texto indicam que ensinar as crianças a aplicar estratégias específicas ajuda-as a entender o que leem.

Estratégias de compreensão são planos conscientes – conjuntos de passos que bons leitores usam para apreender o sentido do texto. O ensino de estratégias de compreensão ajuda os alunos a se tornarem leitores ativos e determinados, que têm controle sobre a compreensão de sua leitura. (ARMBRUSTER; LEHR; OSBORN, 2001, p. 49).

Crianças que conseguem empregar estratégias ao interagir com o texto – estratégias como usar organizadores gráficos, predizendo e confirmando, gerando questões e respondendo a elas, reconhecendo a estrutura do texto em uma narrativa ou em trechos expositivos, determinando as relações de pergunta-resposta, sintetizando ou resumindo, fazendo conexões entre si → o texto → o mundo, realizando interferências, monitorando a sua compreensão e assim por diante – são capazes de compreender melhor do que aquelas às quais essas estratégias não foram ensinadas. As crianças podem ser ensinadas direta e explicitamente a empregar essas estratégias ao lerem por meio de explicações, pelo exemplo ou pela demonstração do professor, de leituras em voz alta, práticas orientadas ajuda à aprendizagem (ensino por andaimes, discutido no Cap. 3).

A fônica está intimamente relacionada à compreensão de diversas maneiras. A compreensão depende do processamento da linguagem; a fônica trata do processamento da linguagem em nível micro. A habilidade de reconhecer palavras é crucial para o entendimento do texto escrito, e a fônica é, com frequência, um ingrediente essencial do processo de reconhecimento da palavra. A fônica apoia a automaticidade no reconhecimento das palavras, e a automaticidade leva à fluência, que, por sua vez, é muito ligada à compreensão. A relação entre o vocabulário e a compreensão é forte e direta; o conhecimento de palavras é um fator fundamental na compreensão do que se lê. Quando as crianças conseguem decodificar palavras facilmente, a sua atenção pode ser dedicada à compreensão e à resposta. Para aqueles que lutam com a decodificação, a leitura pode ser uma experiência frustrante e desagradável. Em suma, a fônica é um passo essencial no caminho de construção do significado do texto.

Fluência

A fluência – habilidade de ler um texto rápida e corretamente, com expressão adequada – é o quinto pilar de um programa abrangente de leitura sugerido pelo Comitê Nacional de Leitura dos Estados Unidos. "Ler fluentemente é uma das características definidoras dos bons leitores, e a falta de fluência é uma característica comum dos leitores fracos" (HUDSON; LANE; PULLEN, 2005, p. 202). (Ver p. 119-121 para uma breve discussão sobre os fonemas suprassegmentais de tom, entonação, acento e duração como parte da leitura fluente.)

A fluência é "onde a borracha toca no asfalto" na leitura. É a ponte entre o reconhecimento de palavras e a compreensão. A fluência requer reconhecimento automático de palavras. Leitores fluentes não têm de lutar para decodificar, por isso podem se concentrar na apreensão do sentido do que estão lendo. Leitores fluentes leem sem esforço. Reconhecem as palavras, conectam as ideias e leem o texto de maneira fluida, com a expressão que transmite o significado.

Há uma relação próxima entre fluência e compreensão, mas, se a fluência é a causa da compreensão ou o seu resultado, é discutível. O que não é discutível é a forte correlação que existe entre as duas. A leitura fluente é uma indicação de que os leitores entendem o que estão lendo.

As crianças não desenvolvem a fluência automaticamente. O ensino da fluência exige modelo, orientação e *feedback* (NATIONAL READING PANEL, 2000; WORTHY; BROADDUS, 2002). Leituras repetidas provaram ser uma maneira eficaz de melhorar a fluência. Leitura de livros com o auxílio de uma gravação, teatro, marcação de passagens do texto e outras técnicas sugeridas na p. 120 também são apropriadas para que as crianças se tornem leitoras fluentes. Pikulski e Chard (2005, p. 513) sugerem um programa instrucional de nove passos para ajudar as crianças a desenvolverem a fluência, dos quais o primeiro passo é "construir as fundações grafofônicas da fluência, incluindo fonologia, familiaridade com as letras e fônica".

A fluência está obviamente relacionada à fônica. Sem a habilidade de decodificar rápida e facilmente, a leitura da criança será trabalhosa e entrecortada, e não fluente. Mas somente decodificar não é suficiente. As crianças podem com frequência decodificar listas de palavras isoladas rápida e automaticamente, mas a fluência é desenvolvida com a leitura de textos, e não listas de palavras. É por isso que ler livros infantis e outros materiais de leitura é importante em um programa abrangente de leitura.

Outros fatores

Além dos cinco pilares (consciência fonêmica, a fônica, o vocabulário, a compreensão e a fluência) outras áreas foram identificadas como importantes para um programa abrangente de leitura. Allington (2005) sugere outros cinco aspectos – todos baseados em evidências – do ensino de leitura eficaz: organização da classe; combinar alunos e textos; acesso e escolha de textos interessantes; escrita e leitura; e ensino especializado. Duas outras áreas de instrução que são essenciais para programas abrangentes de leitura são a escrita e a literatura para criança.

Escrever e ler estão intimamente relacionados. Ambos são processos de construção de sentido que exigem áreas comuns de conhecimento. Ambos são operações ativas e reflexivas. A informação ortográfica que as crianças adquirem como parte da fônica é aplicada a ambas. As palavras que são encontradas na leitura são usadas na escrita. As crianças desenvolvem a fluência lendo histórias, poemas, reportagens e outros materiais que tenham escrito. "Um corpo crescente de pesquisas tem demonstrado que a leitura e a escrita são intimamente relacionadas, e que ambos os processos podem ser melhor aprendidos quando conectados um com o outro em vez de isolados" (NOYCE; CHRISTIE, 1989, p. 3).

A literatura infantil é outro componente vital de um ensino abrangente de leitura. Conforme conhecem personagens como Madeline, Chapeuzinho Vermelho, Harry Potter, entre outros, elas descobrem a alegria e a plenitude que ficarão com elas pela vida toda. Ler e desfrutar de livros infantis é uma das principais gratificações da aprendizagem da leitura. A literatura toca as vidas das crianças. *Amor* é uma palavra constantemente associada à literatura para crianças. As crianças (e seus professores) sempre comentam "Eu *amo* essa história (ou personagem, ou autor)!". O amor é uma ferramenta motivacional poderosa, e usar a literatura infantil para gerar essa motivação certamente faz parte de um programa equilibrado e abrangente de leitura nas escolas.

Resposta à intervenção

A implementação de um programa abrangente de leitura ganha mais importância sob a luz da iniciativa denominada Resposta a intervenção do governo federal norte-americano, como forma de lidar com crianças com transtornos.

A abordagem tradicional para identificar crianças com transtorno de leitura tem sido um modelo de "esperar fracassar" com base nas discrepâncias entre a aptidão das crianças e o seu desempenho. Em outras palavras, as crianças que estavam tendo dificuldade para aprender a ler e que não possuíam deficiências físicas, cognitivas e emocionais aparentes eram, em geral, designadas como tendo transtornos de aprendizagem e encaminhadas para a educação especial. Mais de 50% das crianças na educação especial encaixavam-se nessa categoria, mais do que qualquer outro tipo de categoria especial de educação. Quase 80% das crianças classificadas na categoria transtorno de aprendizagem o são devido a problemas de leitura.

Em vez de classificar as crianças assim, no critério vago de aptidão *versus* desempenho, espera-se que as escolas agora instituam um modelo de serviço de três níveis, que inclui o ensino fundamentado em pesquisas na sala de aula, seguido por intervenções em dois níveis (UNIVERSITY OF TEXAS, 2005).

Como já foi descrito no Capítulo 3, o Nível 1 envolve um programa abrangente de leitura na sala de aula, baseado na instrução de qualidade e apoiado em pesquisas. Seu objetivo é o ensino preventivo e proativo para a classe inteira, adotando técnicas apoiadas por evidências científicas. A ideia é assegurar que os alunos recebam um ensino de alta qualidade em um cenário regular de educação antes de serem classificados como alunos com transtorno de aprendizagem.

O Nível 2 tem por alvo as crianças que não apresentaram progresso aceitável na aprendizagem de leitura no ambiente da sala de aula. Essas crianças recebem ensino mais intensivo, individualizado e explícito. Para algumas delas, essa instrução pode ser dada na sala de aula mesmo; para outras, aulas paralelas podem ser necessárias. Os professores de classe, especialistas de leituras e educadores especiais, além de administradores escolares, desempenham papéis ativos na avaliação e no planejamento do ensino para essas crianças.

No Nível 3 as crianças que não respondem adequadamente à intervenção no segundo nível recebem uma intervenção mais extensiva, com ensino de longo prazo realizado individualmente ou em pequenos grupos com um educador especial ou um especialista em leitura. Essas crianças podem ser diagnosticadas com transtorno de aprendizagem e qualificadas para serviços de necessidades especiais.

A Resposta à Intervenção é ambiciosa, complexa e desafiadora, "mas, se realizada corretamente, a gratificação potencial é grande" (FUCHS; FUCHS, 2009, p. 252). Ela objetiva fornecer um ensino de leitura precoce e de qualidade para todas as crianças, auxiliando leitores com dificuldades assim que os problemas são diagnosticados. Ela adota a consistência entre o ensino em sala de aula e os apoios especiais. Em cada nível, a fônica tem papel de destaque no letramento da criança.

FÔNICA COMO PARTE DE UM PROGRAMA ABRANGENTE

A fônica continua sendo uma parte relevante do ensino da leitura em um programa abrangente de leitura. O inglês – e o português – possuem um sistema alfabético de escrita, no qual sons falados (fonemas) são representados por símbolos escritos individuais (grafemas). O conhecimento dessa relação som-símbolo (fonema-grafema) é essencial para o letramento. Por isso, a fônica continua sendo uma parte fundamental do ensino inicial da leitura. Devido a esse sistema de escrita alfabético, pesquisas sugerem que o ensino sistemático e explícito da fônica faz uma enorme diferença no crescimento das crianças como leitoras.

A fônica é importante, mas é apenas uma dimensão da constelação do que as crianças precisam para aprenderem a ler. Quão importante é a fônica em relação a outros fatores? A maneira como se responde a questões sobre a fônica dependerá, em grande parte, das crenças da pessoa a respeito da leitura e de como ela deve ser ensinada. Em seu testemunho no Congresso, Reid Lyon (1997, p. 5) chamou a fônica de "[...] habilidade de leitura não negociável, que *todas* as crianças precisam dominar". Na outra ponta do espectro ideológico, Frank Smith (1999, p. 152) escreveu que a fônica "[...] só pode interferir e confundir qualquer um que esteja aprendendo a ler".

Routman (1996, p. 93-95) sugere a seguinte perspectiva de senso comum a respeito da fônica:
- A fônica é uma ferramenta no processo de leitura, e não um fim em si mesma.
- O conhecimento da fônica é necessário para ser um leitor e escritor competente.
- É mais fácil decodificar uma palavra que já se ouviu antes e da qual se sabe o significado.
- A fônica pode ser ensinada e reforçada durante a leitura e a escrita compartilhadas.
- A fônica pode ser ensinada e avaliada no tempo dedicado à escrita.
- A maior parte do tempo reservado na escola para ler deve ser dedicada à leitura de textos significativos.

Em outras palavras, a fônica é importante para a leitura e a escrita, mas não é a única coisa de que as crianças precisam para se letrar.

Em 1964, Arthur Heilman escreveu um livro chamado *Phonics in Proper Perspective* (Fônica sob uma perspectiva adequada, em tradução livre), que foi revisado diversas vezes ao longo dos anos e permanece popular entre os professores norte-americanos. A perspectiva adequada de Heilman (2002, p. 3) a respeito da fônica é a seguinte: "A quantidade ideal de fônica à qual uma criança deve ser exposta é o mínimo de que essa criança precisa para se tornar uma leitora independente". Embora ele forneça muitas ideias e sugestões para ajudar os alunos a aprenderem a fônica, Heilman com frequência alerta os professores para que evitem o exagero.

A fônica é um elemento essencial da aprendizagem da leitura. A consciência fonêmica é um poderoso prognóstico do bom desempenho na leitura, e o conhecimento dos nomes das letras e de seus sons está muito relacionado ao sucesso da leitura inicial. As crianças que não sabem como os sons e os símbolos se relacionam uns com os outros estão em enorme desvantagem no trato com palavras desconhecidas que encontram na leitura e na tentativa de escrever corretamente palavras em sua escrita. Mas a fônica não é uma habilidade isolada. Ela funciona em harmonia com outras competências que as crianças podem obter ao construírem o significado de um texto escrito.

Na realidade da maioria das salas de aula, professores criativos sintetizam habilidosamente aspectos de várias técnicas, criando, assim, um programa de leitura e escrita que faz sentido segundo o que Duffy (1992) chama de ensino inspirado: "O ensino inspirado não se origina em uma filosofia, uma teoria, uma abordagem ou um programa específicos. Origina-se na criatividade dos professores". O ensino inspirado envolve a instrução fônica direta e sistemática combinada com um rico regime de literatura e também muitas experiências de leitura e escrita.

O professor permanece sendo a chave para um ensino eficaz. "Repetidamente, pesquisas confirmaram que, deixando de lado o programa, os recursos e a estratégia, é o professor e a situação de ensino que fazem a diferença" (INTERNATIONAL READING ASSOCIATION, 2002). Depois de revisar extensivamente a pesquisa e a prática efetiva na sala de aula, Allington (2002, p. 740, 742) concluiu que

> [...] bons professores, professores eficazes, fazem muito mais diferença do que materiais curriculares específicos, abordagens pedagógicas ou "programas comprovados" [...]. Professores eficazes conseguem produzir desempenhos melhores, independentemente dos materiais curriculares, da abordagem pedagógica e dos programas de leitura que usam.

A maioria dos professores que encaram diariamente o trabalho prático de ensinar crianças a ler e a escrever no ambiente da sala de aula esforça-se para manter o lugar da fônica em um programa abrangente de letramento.

No capítulo de abertura, a fônica foi descrita como uma parte "necessária, mas não suficiente" da aprendizagem da leitura e da escrita. Isto é, as crianças precisam adquirir e aplicar o conhecimento das relações som-símbolo para que possam decodificar e codificar uma língua alfabética, mas apenas conhecer essas relações não é suficiente para que se tornem leitoras independentes e confiantes. O letramento é essencial para cidadãos de nossa sociedade tecnológica, contemporânea e democrática. Mas o letramento vai além das funções do dia a dia como ler o jornal, preencher uma ficha de emprego, ou interpretar corretamente a programação do guia de TV. O letramento é um processo "autoatualizante" que define, em parte, quem somos. Patricia Polacco resume a essência do letramento em seu livro infantojuvenil *Pink and Say*.

Pink and Say trata de dois jovens soldados da Guerra Civil, Pinkus Aylee (Pink), que é negro, e Sheldon Curtis (Say), que é branco. Feridos e separados de suas tropas, Pink leva Say para a sua casa e o ajuda a se recuperar. Pink, que aprendeu a ler com seu antigo senhor de escravos, promete ensinar o amigo iletrado a ler e explica a ele o poder do letramento: "Nascer um escravo não é nada bom, Say. Mas, depois que Aylee me ensinou a ler, embora ele fosse dono da minha pessoa, eu sabia que ninguém, nunca, poderia realmente ser dono de mim".

Como contribui para que as crianças alcancem a sua máxima potencialidade como seres humanos, a fônica continua sendo uma parte importante de suas vidas educacionais.

REFERÊNCIAS

ADAMS, M. J. *Beginning to read*: thinking and learning about print. Cambridge: MIT Press, 1990.
ALLINGTON, R. L. What I've learned about effective reading instruction. *Phi Delta Kappan*, v. 83, p. 740-747, 2002.
ALLINGTON, R. L. The other fi ve "pillars" of effective reading instruction. *Reading Today*, v. 22, p. 3, 2005.
ARMBRUSTER, B. B.; LEHR, F.; OSBORN, J. *Put reading first*: The research building blocks for teaching children to read. Jessup, MD: National Institute for Literacy, 2001.
BAUMANN, J.; IVEY, G. Delicate balances: striving for curricular and instructional equilibrium in a second-grade, literature/strategy-based classroom. *Reading Research Quarterly*, v. 32, p. 244-275, 1997.
CENTER FOR THE FUTURE OF TEACHING AND LEARNING. *30 years of NICHD research*: what We now know about how children learn to read. Washington, DC: Center for the Future of Teaching and Learning, 1997.
DUDLEY-MARLING, C. Explicit instruction within a whole language framework: teaching struggling readers and writers. In: McINTYRE, E.; PRESSLEY, M. (Eds.) . *Balanced instruction*: strategies and skills in whole language. Norwood, MA: Christopher Gordon, 1996.
DUFFY, G. G. Let's free teachers to be inspired. *Phi Delta Kappan*, v. 72, p.442-447, 1992.
FINN, C. E. Foreword. In: MOATS, L.C. (Ed.). *Language lives on*: the illusion of "Balanced reading" instruction. Washington, DC: Thomas B. Fordham Foundation, 2000. Disponível em: http://www.ldonline.org/article/6394/. Acesso em: 20 jun. 2014.
FITZGERALD, J. What is this thing called "balance?" *The Reading Teacher*, v. 53, p. 100-107, 1999.
FUCHS, D.; FUCHS, L. S. Responsiveness to intervention: multilevel assessment and instruction as early intervention and disability identification. *The Reading Teacher*, v. 63, p. 250-252, 2009.
HEILMAN, A. W. *Phonics in proper perspective*. 9th ed. Columbus: Merrill, 2002.
HUDSON, R. F.; LANE, H. B.; PULLEN, P. C. Reading fluency assessment and instruction: what, why, and how? *The Reading Teacher*, v. 58, p. 702-714, 2005.
INTERNATIONAL READING ASSOCIATION. *What is evidence-based reading instruction*: a position statement of the international reading association. Newark, DE: International Reading Association, 2002.
JUST, M. S.; CARPENTER, P. A. *The psychology of reading and language comprehension*. Boston: Allyn and Bacon, 1987.
LYON, G. R. Statement of G. Reid Lyon, Ph.D., Chief, Child Development and Behavior Branch, National Institute of Child Health and Human Development, National Institutes of Health before the Committee on Education and the Workforce, U.S. House of Representatives. Washington, DC: NICHD, 1997.
McINTYRE, E.; PRESSLEY, M. Preface. In: McINTYRE, E.; PRESSLEY, M. (Eds.). *Balanced instruction*: strategies and skills in whole language. Norwood, MA: Christopher Gordon, 1996.
McKEOWN, M. G.; BECK, I. L. Direct and rich vocabulary instruction. In: BAUMANN, J. F.; KAME'ENUI, E. J. *Vocabulary instruction*: research to practice. New York: Guilford Press, 2004.
MORRISON, V.; WLODARCZYLE, L. Revisiting read-aloud: Instructional strategies that encourage students' engagement with text. *The Reading Teacher*, v. 63, p. 110-118, 2009.
MOUNTAIN, L. ROOTing out meaning: more morphemic analysis for primary grade pupils. *The Reading Teacher*, v. 58, p. 742-747, 2005.
NAGY, W. E. *Teaching vocabulary to improve reading comprehension*. Urbana, IL: National Council of Teachers of English, 1998.
NATIONAL READING PANEL. *Teaching children to read: an evidence-based assessment of the scientific research literature on reading and Its implications for reading instruction*. Washington, DC: National Institute of Child Health and Human Development, 2000.
NOYCE, R. M.; CHRISTIE, J. F. *Integrating reading and writing instruction in grades K–8*. Boston: Allyn and Bacon, 1989.
PIKULSKI, J. J.; CHARD, D. J. Fluency: bridge between decoding and reading comprehension. *The Reading Teacher*, v. 58, p. 510-519, 2005.

ROUTMAN, R. *Literacy at the crossroads*: Crucial talk about reading, writing, and other teaching dilemmas. Portsmouth, NH: Heinemann, 1996.

SMITH, F. Why systematic phonics and phonemic awareness instruction constitute and educational hazard. *Language Arts*, v. 77, p. 150-155, 1999.

STRICKLAND, D. S. Reinventing our literacy programs: books, basics, and balance. *The Reading Teacher*, v. 48, p. 294-302, 1995.

UNIVERSITY OF TEXAS, COLLEGE OF EDUCATION. *Introduction to the three-tier reading model*. Austin: University of Texas, 2005.

VAIL, P. L. *Common ground*: whole language and phonics working together. Rosemont, NJ: Modern Learning Press, 1991.

WORTHY, J.; BROADDUS, K. Fluency beyond the primary grades: from group performance to silent independent readers. *The Reading Teacher*, v. 55, p. 334-343, 2002.

Livro infantil citado neste capítulo

POLACCO, P. *Pink and say*. New York: Philomel, 1994.

Miniglossário de termos da fônica

Aqui está uma lista básica de termos usados com frequência no ensino da fônica.

Acento A força ou ênfase vocal aplicada a sílabas das palavras em longos segmentos de fala; na palavra al-fa-be-to, a terceira sílaba é a acentuada.

Afixo Unidades portadoras de significado que são adicionadas a raízes para formar novas palavras; *prefixos* são adicionados ao início das raízes; *sufixos*, ao final.

Análise estrutural O processo de determinação da pronúncia e do significado das palavras pela análise de seus elementos estruturais, como raízes e afixos.

Automaticidade A decodificação rápida e sem esforço das palavras.

Base A palavra à qual são adicionados afixos para criar novas palavras.

Codificar Processo de seleção da sequência de letras apropriadas na escrita dos sons em palavras impressas.

Consciência fonêmica O conhecimento de que as palavras faladas são compostas por se-quências de sons individuais e a habilidade de manipular esses sons.

Consciência fonológica Consciência das características dos sons da língua falada, como rimas e sílabas.

Consoantes Sons produzidos com alguma interferência na passagem do ar pelo aparelho vocal; representadas por todas as letras excetuando-se **a**, **e**, **i**, **o**, **u**.

Decodificar Processo de derivação da pronúncia ou de identificação das palavras por meio da relação apropriada entre o som ou a sequência de sons à letra ou sequência de letras correspondente.

Dígrafo Duas letras consecutivas que, juntas, representam um único som – por exemplo, o **ch** de *chuva* e o **ss** de *massa* são dígrafos consonantais; já o **am** de *campo* e o **on** de *ponto* são dígrafos vocálicos.

Ditongo É o encontro de uma vogal e uma semivogal (ou glide) em uma sílaba, como o **oi** de *coisa* e o **ou** de *vassoura*.

Encontro consonantal Duas ou três consoantes com sons diferentes formando um encontro como **br**, **dr**, **pl**, entre outros.

Entonação O nível ao qual a voz se eleva e depois cai no processo de comunicação oral (Ver *sistema suprassegmental*.)
Escrita inventada Processo pelo qual escritores iniciantes criam sua própria versão de palavras impressas baseando-se em seu conhecimento das relações som-símbolo.
Exclusão Processo de remoção de elementos fonêmicos de palavras faladas, como tirar o fonema /r/ de prato para compor *pato*.
Fluência A habilidade de ler um texto rápida, expressiva e corretamente.
Fonema A unidade de som básica, mínima e indivisível; *uva* possui três fonemas: /u/ /v/ /a/.
Fonêmico Que tem a ver com fonemas.
Fônica O estudo cuidadoso e concentrado das relações som-símbolo com o propósito de aprender a ler e a escrever.
Fônica analítica Uma abordagem da fônica que envolve o aprendizado das relações letra-som em correspondência com palavras já aprendidas; também chamada de abordagem do todo para a parte.
Fônica explícita Quando um conjunto sequencial de elementos da fônica é claramente identificado, esses elementos são explicitamente ensinados em sequência.
Fônica integrada Uma abordagem que insere o ensino da fônica como parte da leitura de textos.
Fônica sintética Uma abordagem da fônica que envolve o aprendizado das relações letra-som e na síntese desses sons para formar palavras; também conhecida como abordagem parte para o todo ou indutiva.
Fônica sistemática Veja *fônica explícita*.

Glide Som produzido quando a língua desliza de uma posição para outra em vez de ficar parada.
Grafema A unidade básica e mínima da escrita; em geral são as letras do alfabeto, mas grafemas também podem ser numerais, pontuações e assim por diante.

Isolamento Processo de identificação de sons individuais nas palavras faladas; ser capaz de identificar que o primeiro som de *sal* é /s/.

Letramento O processo de leitura e escrita.
Letras sem som Letras que não possuem som correspondente na fala – como, no português, o h em início de palavra.

Método alfabético Um método de ensino inicial da leitura que envolve aprender os nomes das letras e relacionar os sons a essas letras como uma forma de aprender a ler.
Método da palavra inteira Abordagem de ensino da leitura em que as crianças memorizam palavras inteiras.
Método global Filosofia e abordagem segundo a qual se ensina a leitura e a escrita baseando-se na própria linguagem da criança, utilizando livros infantis e materiais autênticos de leitura.

Onset A parte da sílaba que precede a vogal, como em t**r**em.
Ortografia A norma que rege o sistema escrito de qualquer língua.

Palavra composta Uma palavra formada por dois ou mais morfemas ou unidades de sentido independentes, como supermercado, guarda-chuva, psicoterapia, etc.
Palavras homófonas Palavras que são pronunciadas da mesma maneira, mas que têm ortografias e significados diferentes – como *mal* e *mau, calda* e *cauda*.
Palavras reconhecidas automaticamente Palavras reconhecidas pelo leitor instantaneamente, sem que precise analisá-las.
Prefixo Um afixo adicionado ao início da palavra-base para alterar o seu sentido, como em **i**legal, **re**fazer.
Princípio alfabético O princípio que rege as línguas alfabéticas, baseado na relação entre sons falados e símbolos escritos e no fato de que cada som falado possui o seu correspondente gráfico.
Programas básicos ou basais de leitura Materiais instrucionais elaborados para ensinar a leitura da educação infantil até o sexto (e às vezes oitavo) ano do ensino fundamental americano; consistem em antologias de textos, edições para os professores, livros de exercícios para o desenvolvimento de habilidades, ferramentas de avaliação e outros materiais de suporte.
Psicolinguística Um campo interdisciplinar que envolve o estudo da interação da linguagem e do pensamento.

Resposta a Intervenção (RtI, na sigla em inglês) Um modelo de ensino em três níveis, no qual todas as crianças recebem instrução de qualidade e baseada em pesquisas (Nível Um). Crianças que não progridem adequadamente recebem instrução mais intensa (Nível Dois) e aquelas que continuarem com dificuldades recebem intervenção extensiva adicional (Nível Três).
Rima Elementos sonoros finais de palavras que consistem na mesma combinação de vogal e consoante; o reconhecimento e a produção de rimas faz parte da consciência fonológica/fonêmica. Por exemplo, *bola* e *cola* rimam, pois terminam com a mesma sequência sonora.
Rima silábica Constituinte silábico que vem após o *onset,* constituindo um núcleo e coda. Esse constituinte é muito explorado no ensino do inglês, como no exemplo *book*, também chamado de *fonogramas* ou famílias fonéticas.

Segmentação O processo de separar as palavras nos elementos fonêmicos que a compõem; reconhecer que a palavra *uva* consiste em três fonemas /u/ /v/ /a/.
Sílaba Combinações de fonemas que constituem unidades de som maiores nas palavras, consistindo em um único som vocálico ou na combinação de sons vocálicos e consonantais – por exemplo, sí-la-ba e com-bi-na-ção.
Sílaba aberta Sílaba com ausência de coda, também chamada de sílaba simples, como as sílabas da palavra *bo-la*.

Síntese O processo de juntar sons individuais para formar uma palavra, como unir os fonemas /u/ /v/ /a/ para compor a palavra *uva*.

Sistema fonético suprassegmental O sistema de aspectos do som que serve como base para a entonação na língua falada e para a expressão na leitura; consiste em *acento, entonação e duração*.

Sistemas sinalizadores Informação encontrada ao redor de uma palavra desconhecida no texto que permite ao leitor entender o significado (e às vezes a pronúncia) dessa palavra.

Substituição A habilidade de criar uma nova palavra substituindo um fonema por outro.

Sufixo Um afixo adicionado ao fim da palavra-base para mudá-la ou compor o seu significado, por exemplo *motorista*.

Vogal Som produzido quando há uma mínima interferência na passagem de ar pelo aparelho vocal; em geral representado pelas letras **a**, **e**, **i**, **o**, **u** e, às vezes, pela letra **y** (também pela **w** – embora as duas sejam consideradas consoantes) ou por uma combinação dessas letras.

Índice

A

ABC (método alfabético), 18
Abordagem
 olhar-dizer, 19-20
 Orton-Gillingham, 140
 sistemática da fônica. *Veja* ensino da fônica direto e sistemático
 Slingerland, 142
Abuela (Dorros), 117
Acento, 119
Afixos, 186-189
Al Supermercado, 116
Alertas de palavras, 184
Amarelinha do alfabeto, 77
Amos and Boris, 134
Análise estrutural, 203
Angel Child, Dragon Child (Surat), 117
Animalaia, 76
Antônimos, 184
Apoio multissensorial, 72
Aprendizagem em grupo, 117
Associação Internacional de Leitura (IRA), 34
Audiolivros, 121
Automaticidade, 122
Avaliação
 conhecimento do alfabeto, 78
 consciência fonêmica, 68-71
 elementos fônicos discretos, 107, 108
 ortografia, 191-193

B

Base (de uma palavra), 186
Beginning to read: thinking and learning about print (Adams), 22, 28
Bembo's zoo: an animal ABC book (de Vicq de Cumptrich), 76
Bingo, 103
 do alfabeto, 77
Bloomfield, Leonard, 21
Boa noite, Coruja! (Hutchins), 129
Brown Bear, Brown Bear, What Do You See? (Martin Jr.,/Carle), 55, 130
Buzz Said the Bee, 132

C

Cabeça, ombro, joelho e pés, 57
Cadernos
 de estudo de palavras, 183
 do som, 111
Caixa Elkonin, 59, 72
California achievement test, 191
Calkins, Lucy, 166
Cambourne, Brian, 22
Caminho do alfabeto, 75
Cat in the Hat, 133
Centros do alfabeto, 77
Chicken Soup with Rice (Sendak), 130
Círculos do som, 137
Classificando palavras, 52, 111
Clymer, Theodore, 106

Código, 25-28
  da língua escrita, 25-26
  de cores para pontos problemáticos, 182-183
Combinação, 51
Comitê Nacional de Leitura
  componentes principais, 199
  críticas, 31
  de tarefas simples para complexas, 49
  fluência, 118
  importância da fônica, 23, 92
  nota de alerta, 39
  resumo do relatório, 30
Companheiros de palavras, 52
Comparar e contrastar, 102
Complete a rima, 53
Compreensão de texto, 204-205
Comprehensive test of phonological processing (CTOPP), 68-69
Conhecimento de palavras, 183-189, 201, 202
Conhecimento do alfabeto, 73-80
  atividades de escrita, 77
  avaliação, 78
  crianças com dificuldades, 79-80
Conheço uma palavra, 65
Consciência fonêmica, 45-73, 199-200
  avaliação, 68-71
  componentes, 50
  consciência fonológica, contraste 45
  crianças com dificuldades, 70-73
  crítica da, 67
  definição, 44
  desenvolvimento, 49
  estudantes de língua estrangeira, 72-73
  exclusão, 61-63
  grafia, 66
  importância, 47-49
  isolamento, 60
  programas instrucionais, 66-67
  segmentação, 55-60
  síntese, 64-65
  substituição, 63-64
Consciência fonológica, 45. *Veja também* consciência fonêmica
Consciência fonológica em crianças pequenas, 66

Consciência metalinguística, 46
Consoantes, 93-104
Construção de palavras, 92-96, 180
Contando
  os sons, 59
  sílabas, 105
Credibilidade, 31
Crianças com dificuldades. *Veja* leitores com dificuldades
Crianças com transtornos de aprendizagem, 207-208. *Veja também* leitores com dificuldades
Curious George Learns Phonics, 154

D

Daisy Quest and Daisy's Castle, 67
Dança das cadeiras, 52
Decodificação, 27-28
Decoding skills test (DST), 107
Derivativos, 189
Descoberta, 102
Desenvolvimento do vocabulário, 183-184, 201-204
Dias de letras vermelhas, 77
Dicionário, 189
Dicionários ilustrados, 117
Dígrafo
  consonantal, 98-99, 101
Discurso digitalizado, 153-154
Disney's Phonics Quest, 153-154
Ditados, 193
Dominó das consoantes, 98
Donovan's Word Jar (DeGross), 183
Dr. Seuss Kindergarten Deluxe, 154
Dressman, Mark, 36
Duração, 119
Dynamic indicators of basic early literacy skills (DIBELS), 68-69, 107

E

Earobics, 67
Earobics Literacy Launch, 146
Elementos fônicos discretos, 86
  avaliação, 107, 108
  componentes, 91

consoantes. *Veja* consoantes
  estratégias de ensino, 92-92
  estudantes de língua estrangeira, 114-118
  generalizações da fônica, 106-107
  leitores com dificuldades, 109-118
  padrões comuns de palavras, 92
  sílabas, 104-106
  sons das letras, 87-90
  vogal. *Veja* vogal
Encontro, 100-101
  como os sons são produzidos, 90
  dígrafo, 98-99, 101
  final, 97-98
Ensino da fônica direto e sistemático, 136-147
  programas estruturados de linguagem, 140-147
  textos decodificáveis, 138-140
Ensino em andaimes, 112
Ensino inspirado, 210
Entonação, 118-119
Escrita inventada, 169-171
Estágio pré-fonético, 171-173
Estratégias de Pares para o Letramento para a Educação Infantil, 66
Estudantes de língua estrangeira
  consciência fonêmica, 72-73
  elementos fônicos discretos, 114-118
Estudo interdisciplinar de palavras, 184
Eu espio, 60, 77
Exclusão, 61-63
Exemplificando sons, 117
Experiências autênticas de leitura, 132

F

Falas, 120-121
Falando como robô, 65
Famílias de palavras, 92
  consoantes iniciais, 95-96
  dígrafos consonantais, 99
  encontros consonantais, 100
Fat cat sat on the mat, the (Karlin), 55
Ferramentas
  de ensino na internet, 155-156
  mnemônicas, 190

Figuras, 71
  mnenônicas, 79
  que rimam, 52
Finn, Chester E., 198
Fluência, 118-121, 205-207
Folhas de exercícios, 93
Fonema, 59-60, 87, 87-88
Fônica, 200, 210-211
  analítica, 126
  básica, 151
  Chall-Popp, 151
  compreensão e, 205
  consciência fonológica, contraste, 45
  definição, 25-26
  em movimento, 111
  integrada. *Veja* fônica integrada
  inventada, 169-170
  panorama histórico, 22-24
  princípios do bom ensino da fônica, 161
  prós/contras, 26-31, 29, 34-36
  unidades básicas, 102-111
  visão desapaixonada 36-39
Fônica integrada
  experiências autênticas de leitura, 132
  integrando fônica/contato com a literatura 132-136
  leitura compartilhada, 128-130
  leitura orientada, 131
Fonográfico, 39
Fonograma, 91
Frases sonoras, 95
Fries, Charles, 20-21

G

Glide, 104
Glossário, 213-216
Go Phonics/Fundações para o aprendizado, 145-146
Goodman, Kenneth, 22
Grafema, 87
Grafofônico, 39
Graves, Donald, 166
Group Achievement and Diagnostic Evaluation (GRADE), 68
Guerra da leitura, 25-26

H

Henny Penny, 50, 55
House Is a House for Me, A (Hoberman), 134

I

I can't, said the ant (Cameron), 54
Icky Bug Alphabet Book, The (Palotta), 76
Illuminations (Hunt), 76
Impressão neurológica, 121
In the Small, Small Pond (Fleming), 133
Indicações de contexto, 203
Individuals with Disabilities Education Act (IDEA), 112
Inventário de leitura informal (IRI), 69
Inventários ortográficos, 191-192
Is Your Mama a Llama? (Guarino), 50, 133
Isolamento, 60-61
Isso rima!, 52

J

Jogo de adivinhação, 56
Jogos, 11, 184
  de palavras, 92
Jogral, 120-121

L

Ladders to literacy, 66
Lanches do alfabeto, 77
Launch into reading success through phonological awareness training, 66
Learning to read: the great debate (Chall), 20-21, 27-28
Leitores com dificuldades
  conhecimento do alfabeto, 79-80
  consciência fonêmica, 70-73
  unidades básicas da fônica, 109-118
Leitura
  compartilhada, 128-130
  de expressões, 120
  em eco, 120
  orientada, 131
  repetida, 120
Ler, Escrever e Digitar, 67

Let's Go Read! 1: An Island Adventure, 154
Let's Go Read! 18, 154
Letramento, 39-41, 210
Letras
  no corpo, 77
  que rimam, 52
  sequenciais, 74
  Vivas, 146
Ligando letras maiúsculas e minúsculas, 74
Lindamood auditory conceptualization test, 68-69
Linguística estrutural, 20-21
Listas pessoais, 183
Literatura popular tradicional, 55
Livros
  de letra, 77
  do alfabeto, 76-77, 95
Louella mae, she's run away (Alarian), 55

M

Mágicos das palavras, 64
Mann, Horace, 19
Marcação diacrítica, 102
Maré, 24
Materiais para estudo doméstico, 157-160
McGuffey Eclectic Readers, 19
McQuillan, Jeff, 23
Medio Pollito/Half Chicken (Ada), 118
Método
  alfabético, 18
  da palavra inteira, 19
  Gillingham, 140
  global, 21
  Spalding, 141
Millions of Cats (Gag), 129
Modelos de ensino, 148-149
Mural de palavras, 92
  palavras homófonas, 185
  processamento fonético, 179-180
  raízes e afixos, 188
Murray, Donald, 166

N

National Council of Teachers of English (NCTE), 34

New American Spelling Book (Webster), 19
New England Primer, The, 18
Nham, nham!, 61
No Child Left Behind, 31-32

O
O que tem no nome?, 59, 95
Ortografia, 165
  aleatória, 171
  aos pares, 183
  aquisição da linguagem, 176-177
  avaliação, 190-193
  conhecimento de palavras, 183-189
  convencional, 175-176
  derivações, 189-189
  desenvolvimento de vocabulário, 183-184
  dicionário, 189
  estágio pré-fonético, 171-173
  ferramentas mnemônicas, 190
  fonética, 173-174
  inventada, 169-171
  padrão, 175-176
  palavras homófonas, 185-186
  palavras regulares e irregulares, 177
  processamento fonético, 179-181
  processamento visual, 181-183
  raízes e afixos, 186-189
  transicional, 174-175

P
Padrão, 91
  comuns de palavras, 92
  estaduais da Califórnia, 32
  estaduais de Massachusetts, 32
  nacionais, 32-34
  nas palavras no desenvolvimento da ortografia, 175
Padrões, 32-34
Palavras
  ao redor, 117
  com mais de uma sílaba, 58
  compostas, 56
  divertidas, 64
  homófonas, 185-186
  irregulares, 177
  reais e sem sentido, 117
  reconhecidas automaticamente, 202-203
  regulares, 177
  secretas, 65
  sem sentido, 99
Palmas no ar, 59-60
Panorama histórico, 17-24
  abordagem de decodificação, 20-21
  abordagem olhar-dizer, 19-20
  gregos e romanos, 17-18
  Idade Média, 18
  linguística estrutural, 20-21
  livros didáticos, 19-20
  método alfabético, 18
  método da palavra inteira, 19
  método global, 22
Pares
  de cores, 72
  mínimos, 52-52, 103
Passe a bola, 53
Passos gigantes, 58
Phonics Cards Games, 160
Phonics in Proper Perspective (Heilman), 209
Phonics Plus, 76
Phonological awareness kit - primary, The, 66
Phonological awareness literacy screening (PALS), 69
Pink and Say (Polacco), 210
Placas, 97
  de números, 58
  do alfabeto, 75
Poesia rimada, 121
Pós-escrita, 167-168
Prática multissenssorial, 79
Pré-escrita, 166
Prefixo, 186, 188
Preventing academic failure (PAF), 145
Preventing reading difficulties in young children (Snow et al.), 29-30
Princípio alfabético, 25-26, 27
Processo de escrita, 166-168
Produção da fala, 90
Professor, 192
Programa abrangente de leitura, 197
  compreensão, 204-205

consciência fonêmica, 199-200
fluência, 205-206-207
fônica, 200, 209-210
outros fatores, 206-207
vocabulário, 201-204
Programa Benchmark de identificação de palavras, 148-149
Programa Bradley de Linguagem e Leitura, 143
Programa Lindamood, 144
Programas de exercícios da fônica 151-153
Programas de Leitura Wisnia-Kapp (WKRP), 144
Programas estruturados de linguagem, 140-147
Projeto de leitura/Círculo de linguagem, 143
Psicolinguística, 22
Put reading first: the research building blocks for teaching children to read (Armbruster et al.), 30

Q
Quadrados de sons, 59
Quadros de palavras, 189
Quantas sílabas tem o seu nome?, 58
Quem disse isso?, 54
Quick Phonics Survey, 107

R
Raízes e afixos, 186-189
Read, Charles, 170
Reading First, 23, 32, 40-41
Reading Who, Reading You: Something Phonics, Something New, 154
Real ou não?, 101
Reconhecendo palavras erradas, 182
Reconhecimento da rima, 51-52
Recuperação da leitura, 148
Redes, 184
Reforço do vocabulário, 117
Relações
  derivativas, 175
  som-símbolo, 27-28
Relatório do Comitê Nacional de Leitura. *Veja* Comitê Nacional de leitura

Resposta à Intervenção (RtI), 112-113, 149, 208
Respostas a testes de conhecimento fonológico, 209
Rimas, 51-55, 64-65, 91
Road to the Code, 66
Routman, Regie, 23

S
Savage, Jennifer Edge, 155
Saxon Phonics Program, 160
Schema, 38
Schemata, 38
Scott, Foresman, 19-20
Segmentação, 55-60
Seleção do alfabeto, 79
Semântico, 39
SENTA!, 52
Separação de sílabas, 64
Separar, buscar e descobrir, 181
Sheep on a Ship, 134
Sílaba de ataque, 64, 65, 91
Sílabas, 57-59, 104-106, 188
Silly Sally (Wood), 55
Sinônimos, 184
Sintaxe, 39
Síntese, 137-138
  de sons, 64-65
Sistema Barton de Leitura e Escrita, 145
Sistema de leitura Wilson, 113, 142-143
Sistema fonético suprassegmental, 118-119
Sistemas de indicação, 39
Smith, Frank, 198
Sócrates, 17
Sons
  contínuos, 72
  da fala, 90
  das letras, 80, 87-90
  de animais, 53
  finais, 61
  iniciais, 61
  na xícara, 61
  secretos, 60
  vocálicos nas palavras, 61
Sounds Abound, 66

Stanford achievement test, 191-192
Stanford diagnostic reading test, 107
Substituição
   da consoante final, 97
   de fonemas, 63-64
Sucesso para todos, 148
Sufixo, 186, 188

T

Tentativas semifonéticas de escrita, 172-173
Terminologia (glossário), 213-216
Test of awareness of language segments, 68-69
Test of phonological awareness, 2. Ed., 68-69
Test of phonological awareness in Spanish, 68-69
Test of written spelling (TWS-4), 191-192
Teste de consciência fonológica, 68-69
Teste diagnóstico: ortografia, 191-192
Teste Iowa de habilidades básicas, 68-69, 107, 191-192
teste Roswell-Chall, 68-69
Teste Yopp-Singer de segmentação fonêmica, 70-71
Testes de ortografia, 191-192
Texto decodificável, 138-140
Tierman, L. S., 165
Too Many Tamales (Soto), 118
Toque o queixo, 57

Tornando-se uma nação de leitores, 27-30
Tortilla Para Mama and Other Spanish Nursery Rhymes (Griego), 118
Trava-línguas, 60
Triagem de palavras, 92
   os sons do C e do G, 97
   sílabas, 105
   Trocando encontros e dígrafos, 101
'Tronic Phonics, 153-154
TWS-4, 191-192

V

Vá pescar, 99
Verificadores de ortografia, 189
Versos infantis, 50, 53
Vinte questões, 188
Vogais aleatórias, 137
Vogal, 102-104
   como os sons são produzidos, 90
   y e w, 104
Vozeado/não vozeado, 89-90

W

Waterford early reading program (WERP), 68-69
Why Johnny Can't Read (Flesch), 20
Word Munchers, 153-154
Writing road to reading, The (Spalding), 141